鲁迅与他的北京

萧振鸣 著

北京燕山出版社

图书在版编目（CIP）数据

鲁迅与他的北京 / 萧振鸣著. -- 北京 : 北京燕山出版社，2014.4
ISBN 978-7-5402-3513-0
Ⅰ. ①鲁… Ⅱ. ①萧… Ⅲ. ①鲁迅（1881~1936）-生平事迹 Ⅳ. ①K825.6
中国版本图书馆CIP数据核字(2014)第055174号

鲁迅与
他的北京

作　　者　萧振鸣
策划编辑　夏　艳
责任编辑　张永奇　俞　伽
书籍设计　敬人书籍设计 JINGREN BOOK DESIGN 黄晓飞

出版发行　北京燕山出版社有限公司
社　　址　北京市西城区陶然亭路53号
邮　　编　100054
电话传真　86-10-65240430（总编室）

手绘插图　刘　欣
内文排版　北京麦莫瑞文化传播有限公司
印　　刷　北京盛源印刷有限公司
开　　本　787mmx1092mm 1/16
字　　数　388千字
印　　张　26
版　　别　2015年4月　第1版
印　　次　2015年4月　第1次印刷
书　　号　ISBN 978-7-5402-3513-0
定　　价　68.00元

鲁迅与他的北京

白塔寺庙会 2013.

东四牌楼 2013.

西交民巷 2

东交民巷 2013

大栅栏 2013

2013.3

未名社 2013

这也是生活（代序）

100年前，中国现代一位伟人——周树人来到北京。

他在北京生活了14年。中国文化的先驱者鲁迅的北京，作为帝都的北京，正处在民国初年最动荡的年代。在1918年5月15日出版的《新青年》杂志四卷五号上，周树人以“鲁迅”作笔名，发表了第一篇白话小说《狂人日记》，“鲁迅”便成了人们称呼他时常用的名号。此后他一发而不可收，又创作了大量的小说、散文、杂文，在新文化运动中起到了重要的作用。从这个意义上讲，“鲁迅”诞生在民国时代的老北京。

鲁迅1881年出生于浙江绍兴，至1898年去南京读书，他的青少年时代有17年在绍兴度过。北京是除他的出生地之外生活最久的一个城市。鲁迅的祖父周福清（1838—1904），也在北京生活了14年。周福清，字介孚，1871年就被钦点翰林院庶吉士，在鲁迅出生前三年即1879年就到北京做了京官，直到1893年因科场案入狱。鲁迅到北京也是来做京官的。

1909年8月，鲁迅结束在日本的留学生活后，在杭州两级师范学堂教化学、生理学，又在绍兴府中学堂任学监并教博物学。1912年初，南京临时政府教育部成立，蔡元培任教育总长。在教育部工作的好友许寿裳向蔡元培举荐鲁迅，蔡元培说：“我久慕其名，正拟驰函延请，现在就托先生代函敦劝，早日来京。”许寿裳即连写了两信给鲁迅，催促鲁迅到教育部赴任。2月中旬，鲁迅到南京临时政府教育部担任了部员。5月初，与许寿裳一起随教育部北上北京，5月5日晚7点到北京。在现存的“鲁迅日记”中所记的第一天的日记，鲁迅这样描写北方的景象：“途中弥望黄土，间有草木，无可观览。”鲁迅就在这样观感中踏上祖父曾生活过的地方。

在北京，鲁迅孤独地生活了七年后，终于1919年举家迁至北京，全家团聚。又七年后，鲁迅再次离家南下。

在北京，鲁迅参与缔造了中国第一个国立历史博物馆、第一个国立图书馆，对中国的博物馆事业、教育事业和美术事业做出了杰出的贡献。在北京，鲁迅创作了中国第一篇白话小说，创作了第一部中国小说史，逐渐成了伟大的作家、翻译家和思想家，新文化运动的主将，并在中国国学、文学、美术、书法等方面做出了卓越的成就。

北京城已有3000年的历史，在这座中国最著名城市中，无数的外国人、外乡人，都被同化成北京人。鲁迅在北京的生活丰富多彩，经历了呐喊，经历了彷徨，经历了悲欢离合的岁月。北京的红墙高瓦、灰砖胡同，留下了鲁迅很多的足迹。北京的文化名人、新文化运动的风云人物和鲁迅结下了不解之缘。鲁迅是北京城的骄傲，是北京城市历史中最优秀的一员。

这不是一本研究鲁迅思想的书，而是从史料出发，爬梳鲁迅在北京文化地图上的轨迹，回顾鲁迅与北京文化以至于中国文化的种种纠结，全面介绍鲁迅在北京的生活、足迹、创作、翻译、收藏、交友等方面的内容。通过鲁迅在北京的活动，折射出民国时期北京的生活状态，以及帝都北京带给鲁迅的种种影响及改变。

百年后的北京，已经沧桑巨变。城墙不在，代之高楼林立；黄包车不在，代之轿车如龙；首都还是首都，人群却是潮人了。1925年，鲁迅在北京写下《灯下漫笔》，至今重温，仍有震撼——鲁迅把史学家们对中国的历史归纳为两个时代："一，想做奴隶而不得的时代；二，暂时做稳了奴隶的时代。"鲁迅说："现在入了那一时代，我也不了然。但看国学家的崇奉国粹，文学家的赞叹固有文明，道学家的热心复古，可见于现状都已不满了。""我们在目前，还可以亲见各式各样的筵宴，有烧烤，有翅席，有便饭，有西餐。但茅檐下也有淡饭，路旁也有残羹，野上也有饿殍；有吃烧烤的身价不菲的阔人，也有饿得垂死的每斤八文的孩子。所谓中国的文明者，其实不过是安排给阔人享用的人肉的筵宴。所谓中国者，其实不过是安排这人肉的筵宴的厨房。"鲁迅期望"第三样时代"的到来，把希望寄托在青年人的身上。鲁迅及其同人所做的努力，是百年后的北京仍需努力做的。

如今是出版繁荣的时代，但本书并不是能带来经济效益的产品。住在北京西城的戴时焱先生是一位热衷北京史而且热情的学者，也是我的老书友，感谢他把这部不会畅销的书稿推荐给著名的北京燕山出版社；感谢陈果社长的眼光与魄力使得本书能在当下的时代出版；并感谢仪态万方的责编夏艳姑娘为本书辛勤的付出。

鲁迅走过的北京，很多历史遗迹如今已经不存，老的资料照片也不够清晰，为增加书的观赏性，书中的部分插图由我的同事刘欣据史料手绘，使得本书大为增色，在此并致谢忱。

谨以此书纪念鲁迅进京百年。

萧振鸣

2013年8月于而已斋

目 录

上编

知了世界——鲁迅的北京

拉·封丹的寓言中，辛苦做工的蚂蚁要比耽于享乐的知了高贵。然而，这毕竟只是童话。现实中，世界属于知了。在这样的世界中认真活着的鲁迅，始于呐喊，终于彷徨，于是有“影的告别”，有“逃的辩护”。

上编

知了世界——鲁迅的北京

拉·封丹的寓言中，辛苦做工的蚂蚁要比耽于享乐的知了高贵。然而，这毕竟只是童话。现实中，世界属于知了。在这样的世界中认真活着的鲁迅，始于呐喊，终于彷徨，于是有『影的告别』，有『逃的辩护』。

幸福的家庭

家庭为中国之基本，谁都渴望幸福的家庭，但在经济的压迫之下，却往往并不幸福。鲁迅说“英雄未必忘家”，但却只能感叹“客舍似家家似寄”，只能坦承“确是吐了几十口血”。

居 所

宣武门内绍兴会馆

1909年8月，鲁迅结束在日本的留学生活后，在杭州两级师范学堂教化学、生理学，又在绍兴府中学堂任学监并教博物学。1912年初，南京临时政府教育部成立，蔡元培任教育总长。在教育部工作的好友许寿裳向蔡元培举荐鲁迅，蔡元培说：“我久慕其名，正拟驰函延请，现在就托先生代函敦劝，早日来京。”许寿裳即连写了两信给鲁迅，催促鲁迅到教育部赴任。2月中旬，鲁迅即到南京临时政府教育部担任了部员。5月初，被任命教育部社会教育司第二科科员，与许寿裳一起随教育部北上，5月5日晚7点到北京。在现存的《鲁迅日记》中所记的第一天的日记，鲁迅这样描写北方的景象：“途中弥望黄土，间有草木，无可观览。”鲁迅就在这样的观感中踏上祖父曾生活过的地方。

这一年，是民国元年。刚刚经历过辛亥革命，孙中山在南京就任临时大总统。1月1日为民国建元的开始。2月12日宣统皇帝退出皇位，清王朝寿终正寝。3月10日袁世凯篡夺了辛亥革命果实，在北京宣誓就职临时大总统，开始了北洋政府统治时期。4月初，孙中山正式解除临时大总统职务，临时政府迁至北京，教育部也随之北迁北京。鲁迅也开始了新的生活。这一年，鲁迅32岁。

鲁迅初到北京，暂住在骡马市的长发客栈。当夜，就到山邑会馆访问许寿裳的长兄许铭伯。山邑会馆又称为绍兴县馆、绍兴会馆，建于清道光六年（1826），由山阴、会稽两县在京官员，为方便举子来北京应考或官员到京候补而建，原名山阴、会稽两邑会馆，宣统年间废除府制，山阴、会稽两县合为绍兴县，会馆遂改名为绍兴县馆或绍兴会馆。会馆坐落在宣武门外南半截胡同，有大小房屋84间，会馆前厅称“仰蕺堂”，供奉着汉代以来越中先贤240人的牌位。在祠堂门口，有会稽学者李慈铭撰写的一副楹联：

溯君子六千人，自教演富中，醪水脂舟，魁奇代育，乃谢氏传，贺氏赞，虞公典录，钟离后贤，暨孙问王赋以来，接迹至熙朝，东箭南璆，三管毫耑长五色。

表镇山一十道，更瑞图王会，篢金龠玉，钟毓尤灵，况浙名江，镜名湖，宛委洞天，桐柏仙室，应婺宿斗维而起，翘英遍京国，殊科合辙，一堂辇下共千秋。

会馆内还有两联，也是李慈铭所题：

先贤后贤其揆一；

在上在旁如见之。

——题京师浙绍乡贤祠

鉴湖八百里，望气遥来，书入帝城云物；

君子六千人，闻风兴建，勖成王国贤才。

——题京师浙绍乡贤祠

李慈铭（1830—1894），是著名的清代文史学家，祖籍绍兴，光绪进士，官至山西道监察御史。鲁迅曾读过他的《越缦堂日记》。李慈铭曾在绍兴会馆居住过。这里还住过许多绍兴名贤，清代书画家、篆刻家赵之谦（1829—1884），鲁迅的祖父周福清（1838—1904）都在这里居住过。许铭伯当时在财政部任主事，他送给鲁迅一部李慈铭所著《越中先贤祠目》。鲁迅一向留意搜集乡邦文献，这是鲁迅到北京后得到的第一本书，况且又是同乡所著、所赠，所以一直珍藏。

鲁迅到北京的第二天上午，就搬进了绍兴会馆中的藤花馆。藤花馆东面有一藤花池，屋子前院生长着一根古藤，看上去环境幽雅，但居住条件很差。鲁迅到藤花馆的第一个晚上，没睡上半小时，就看到有三四十只臭虫，只好挪到桌上去睡。周围环境也很差，常使鲁迅很难工作和休息。鲁迅的日记有这样的记载：9月18日，“夜，邻室有闽客大哗”。9月20日，“邻室又来闽客，至夜半犹大嗥如野犬，出而叱之，少戢”。1911年11月28日，“下午移入南向小舍”，1916年5月6日，“下午以避喧移入补树书屋住”。补树书屋在县馆的西部，周作人在《知堂回想录》中对补树书屋有这样的描写：“这补树书屋便在会馆南边的两个院子的里进。一进大门的过厅，右手的门里就是第一进的一个大院子，北京房屋在城外的与在城内的构造大不相同，城里都是‘四合房’，便是小型的宫殿式，城外却是南方式的，一个院子普通只是上下两排”，“从南边过道进去，是为第二进的院子”。院中有棵大槐树，因是补种的，所以称为“补树书屋”。鲁迅在《呐喊·自序》中有过描述：“S会馆里有三间屋，相传是往昔在院子里的槐树上缢死过一个女人

*绍兴会馆

的，现在槐树已经高不可攀了，而这屋还没有人住。许多年，我便寓在这屋里钞古碑。”

鲁迅住在绍兴会馆期间每日到教育部上班，1912年8月，被教育部任命为佥事，继而又被任命为社会教育司第一科科长，分管博物馆、图书馆、美术馆，美术展览、文艺、音乐、戏剧、通俗教育及演讲会和搜集古物等事宜。鲁迅先后参与了京师图书馆、京师图书馆分馆、通俗图书馆及历史博物馆的建设。1915年8月，鲁迅被教育部指定为通俗教育研究会会员；1915年9月，又被教育部指派为通俗教育研究会小说股主任。鲁迅在此期间对中国现代文化、美术等方面的事业做出过巨大的贡献。

除了工作，鲁迅用了大量的时间抄校、辑录中国古代典籍，研究佛经，搜集、校勘历代石刻拓片，研究金石学、小说史，写出《中国小说史略》、《汉文学史纲要》等著作。1918年4月，创作出五四新文化运动的第一篇反封建的白话小说《狂人日记》，并以“鲁迅”的笔名在《新青年》四卷五号上发表。此后又创作了白话诗数篇，小说《孔乙己》、《药》、《明天》，杂文《我之节烈观》、《我们现在怎样做父亲》及多篇随感，成为新文化运动的先驱者。

鲁迅住在绍兴会馆期间，经历过中国历史上发生的重大事件：

1912年5月28日，章太炎等在上海发起通俗教育研究会。

1912年6月29日，教育统一会成立。

1912年8月27日，京师图书馆馆址定为什刹海广化寺，开馆。

1913年1月，东西长安街通行，天安门广场开放。

1913年1月8日，教育总长范源濂辞职，海军总长刘冠雄任教育总长。

1913年3月20日，宋教仁遭暗杀。

1913年5月2日，美国正式承认中华民国政府。

1913年7月12日，前江西总督李烈钧在江西湖口举兵讨袁，二次革命爆发。

1913年7月19日，段祺瑞任代国务总理。

1913年7月31日，熊希龄任国务总理。

1913年9月，熊氏内阁任命汪大燮为教育总长。

1913年10月10日，袁世凯宣誓就任中华民国正式大总统。

1914年3月31日，中国第一个行政法院——平政院设立。

1914年4月21日，全国儿童艺术展览会在教育部礼堂举行。

1915年5月9日，国耻纪念日——袁世凯政府承认辱国丧权的“二十一条”。

1915年9月15日，《青年杂志》创刊。

1915年12月12日，袁世凯称帝。

1916年3月22日，袁世凯称帝82天后垮台。

1916年6月6日，袁世凯死，黎元洪任总统，段祺瑞任总理。

1917年1月4日，蔡元培就任北京大学校长，着手改革北大。

1917年1月，胡适在《新青年》发表《文学改良刍议》，成为“新文学”先声。

1917年1月26日，京师图书馆在北京方家胡同国子监南学宫旧址重新开馆。

1917年2月，陈独秀在《新青年》发表《文学革命论》，讨伐旧文化。

1917年6月14日，张勋“辫子军”开进北京城。

1917年7月1日，张勋复辟，将前清废帝溥仪重新拥上皇帝宝座，13日即退位。

1917年7月5日，段祺瑞任国务总理。

1917年8月1日，冯国璋代理大总统。

1917年8月14日，中国对德、奥宣战，加入第一次世界大战。

1917年9月1日，孙中山就任中华民国军政府大元帅。

1917年9月，直隶105县受水灾，灾民达430万。

1918年2月，北京大学成立歌谣征集处，由刘半农、周作人主持，为中国现代民俗学研究的开端。

1918年3月15日，《新青年》刊载钱玄同《文学革命之反响》。

1918年5月，孙中山愤而辞去大元帅职务。

1918年7月1日，李大钊发表《法俄革命之比较观》，介绍俄国十月革命。

1918年7月20日，据北京政府教育部统计：至1918年7月全国学校共有129339所，学生4294251人。

1918年9月，徐世昌当选大总统。

1918年10月13日，新潮社成立，由北大学生罗家伦、傅斯年等组织。

1918年10月，陈独秀、李大钊组织社会主义研究会。

1918年11月15日，北京大学在天安门举行演讲大会，李大钊演说《庶民的胜利》。

1918年12月22日，陈独秀、李大钊在北京创办《每周评论》。

1919年1月15日，陈独秀绍介“德先生”、“赛先生”。

1919年1月21日，巴黎和会。

1919年4月23日，北京女子师范学校改为北京女子高等师范学校。

1919年5月4日，中国在巴黎和会上的外交努力宣告失败，五四运动猛烈爆发。

1919年5月9日，蔡元培辞职。

1919年5月15日，李大钊发表《我的马克思主义观》。

1919年6月5日，北京5000多名学生自动要求入狱。

1919年6月11日，陈独秀在北京街头散发《北京市民宣言》时被捕入狱。

1919年6月12日，大总统徐世昌辞职，全体内阁辞职。

1919年10月10日，孙中山改组中华革命党为中国国民党。

1919年12月，北京政府发表1919年人口数据，全国总人口为427679214人。

鲁迅在《南腔北调集·〈自选集〉自序》中回忆这段历史：

“我做小说，是开手于一九一八年，《新青年》上提倡‘文学革命’的时候的。这一种运动，现在固然已经成为文学史上的陈迹了，但在那时，却无疑地是一个革命的运动。

“我的作品在《新青年》上，步调是和大家大概一致的，所以我想，这些确可以算作那时的‘革命文学’。

“然而我那时对于‘文学革命’，其实并没有怎样的热情。见过辛亥革命，见过二次革命，见过袁世凯称帝，张勋复辟，看来看去，就看得怀疑起来，于是失望，颓唐得很了。”

在绍兴会馆，鲁迅一直住到1919年11月21日，与周作人一家搬入八道湾。在绍兴会馆，他整整住了七年多。在这七年多的时间里，鲁迅曾经历失望、颓唐，但从参加“文学革命”到创作“革命文学”，最终成为新文化运动的先驱者和一员猛将。

现在，绍兴会馆成为一个居民大杂院，门口墙上镶有“宣武区文物保护单位”的石牌匾。

＊八道湾11号

西直门内八道湾

1912年鲁迅到北京后，一直孤身一人居住在绍兴会馆。1917年1月22日鲁迅在日记中写到：“旧历除夕也，夜独坐录碑，殊无换岁之感。”流露出他孤独苦闷的心态。1917年4月1日，经鲁迅向蔡元培推荐，二弟周作人来到北京大学任教。作为大哥的鲁迅热情地将补树书屋南头的一间房让与二弟居住，自己却住在北头一间阴暗的房子里。在五四新文化运动中，兄弟二人的作品都在《新青年》杂志上发表。二人共同生活、读书、作文、收藏，生活因此增添了很多情趣。周作人在北京大学任教，月薪200多元，鲁迅在教育部任职，月薪已由1912年初到北京时的120元涨到300元。他们写文章的稿费收入也较不菲，已经具备了在北京生活的经济实力。此时在绍兴的周氏家境已经败落，于是决定卖掉在绍兴的周家老宅，在北京购置新居，举家搬到北京居住和生活。

从1919年2月起，鲁迅就为买房的事四处奔走看房。鲁迅在《日记》中有如下记载：

1919年2月11日，“午后同齐寿山往报子胡同看屋，已售”。

1919年2月13日，“午后同齐寿山往铁匠胡同看屋，不合用”。

1919年2月24日，“午后看屋”。

1919年2月27日，“上午往林鲁生家，同去看屋二处”。

1919年3月1日，“午后同林鲁生看屋数处”。

1919年3月11日，“午后同林鲁生看屋”。

1919年3月12日，“午后看屋”。

1919年3月14日，“午后看屋”。

1919年3月19日，“午同朱孝荃、张协和至广宁伯街看屋”。

1919年4月13日，“洙邻兄来，顷之往鲍家街看屋”。

1919年5月2日，“下午同寿山至辟才胡同看屋”。

1919年6月29日，“下午与徐吉轩至蒋街口看屋”。

1919年7月10日，“约徐吉轩往八道湾看屋”。

1919年7月15日，“午后往八道湾量屋作图”。

终于选定了八道湾11号院，并决定购买。经过到警察总厅报告，再到市政公所验契，于1919年8月19日“买罗氏屋成，晚在广和居收契并先付现泉一千七百五十元，又中保一百七十五元”。10月9日，“收房九间，交泉四百”。11月4日，“交与泉一千三百五十，收房屋讫”。至此，交齐了购房款，这套院子总价3500元。加上中保费、购置税、装修费，总共用了约4400多元。这在当时可算得上一个大宅门。11月21日，鲁迅就与周作人一家搬进了装修好的新居。12月1日，鲁迅起程回绍兴接母亲、夫人朱安、三弟周建人一家。12月29日，全家住进八道湾。

八道湾胡同位于北京西直门内前公用库胡同北面，胡同内弯弯曲曲的转弯很多且不规则。鲁迅购买的11号院是一套三进的大四合院，鲁迅看中了其空地很宽大，宜于孩子们游玩。一进门便是一座影壁墙，穿过外院就是前院，有南房九间，鲁迅就住在中间的三间。著名的小说《阿Q正传》就是在这里创作的。鲁迅曾在房前种过两株丁香和一棵青杨树。前院与中院中间有一隔断墙，中院有正房三间，鲁迅的母亲鲁瑞住东房，鲁迅夫人朱安住西房，中间堂屋为大家吃饭的地方，堂屋后又接出一间，冬天为节约煤火，鲁迅就睡在这一间。后院有北房九间，周作人一家和他的书房“苦雨斋”就在西边三间，周建人一家住中间三间。东边三间为客房，1922年—1923年，俄国盲诗人爱罗先珂（1889—1952）曾住在这里。爱罗先珂是应蔡元培之请到北京大学教授世界语的，因他生活不能自理，蔡元培就委托鲁迅一家照顾他。后院还有一个小水池，鲁迅的小说《鸭的喜剧》记载了爱罗先珂曾在这里养蝌蚪的事情。

鲁迅居住在八道湾期间，创作了《一件小事》、《风波》、《头发的故事》、《故乡》、《阿Q正传》、《白光》、《端午节》、《兔和猫》、《社戏》、《不周山》10篇小说，发表杂文30余篇，译作40余篇，出版了第一本小说集《呐喊》，译文集《爱罗先珂童话集》、《桃色的云》和《工人绥惠略夫》，编定了《中国小说史略》上卷。

八道湾胡同的出名，是和周氏兄弟的出名与恩怨分不开的。周氏兄弟从1918年起，就参加《新青年》杂志的编辑工作，并成为主要撰稿人，发表小说、杂文、翻译作品100多篇。1921年初，文学研究会成立，周作人是发起人之一。兄弟二人对新文化运动的发展起到了重要作用。1919年末，鲁迅刚买过房，全家迁入北京，教育部从1920年起就开始欠薪。作人患肋膜炎，建人的儿子周沛患重病住院，二弟媳又挥霍无度，致使周家经济压力大增。鲁迅从1920年起在北京大学、师范大学等学校开始兼职授课也有经济上的原因。鲁迅作为周家老大，家中困难主要由他来承担。这样的大家庭的团聚生活维持了三年，终于，在1923年7月，积蓄已久的家庭矛盾爆发了。《鲁迅日记》7月14日载："是夜始改在自室吃饭，自具一肴，此可记也。"7月19日又载："上午启孟自持信来，后邀欲问之，不至。"周作人的信是这样写的："鲁迅先生：我昨天才知道——但过去的事不必再说了。我不是基督徒，却幸而尚能担受得起，也不想责难——大家都是可怜的人间。我以前的蔷薇的梦原来都是虚幻，现在所见的或者才是真的人生。我想订正我的思想，重新入新的生活。以后请不要再到后边院子里来，没有别的话。愿你安心，自重。七月十八日，作人。"8月2日，鲁迅"下午携妇迁居砖塔胡同六十一号"。关于兄弟失和的原因众说纷纭，但可考的史料都已公之于众，主要的原因在于：一是周作人之妻羽太信子的歇斯底里性，凶悍泼辣，持家无度，制造谣言；二是兄弟二人的思想取向产生了分歧。

八道湾之所以有名，还因为有文化名人来这里造访。鲁迅与周作人的同事、好友经常到八道湾做客。许寿裳、孙伏园、章廷谦、马幼渔、沈尹默、沈兼士、张凤举等都是常客。蔡元培、胡适、郑振铎、郁达夫、许地山等也都到过八道湾。

鲁迅住在八道湾11号期间，中国历史上发生的重大事件：

1920年1月，《北大学生周刊》创刊。

1920年1月18日，北大平民夜校开学，蔡元培、陈独秀莅临演说。

1920年2月，第一个女学生走进北大课堂。张竞生提倡计划生育。

1920年3月，胡适《尝试集》出版。

1920年4月，陈望道译出《共产党宣言》。

1920年5月，北方五省大旱，赤地千里，颗粒无收，灾民达2500万。

1920年6月9日，《图画周刊》在上海创刊，为我国首份铜版纸印刷的画报。

1920年7月14日，直皖大战爆发。

1920年7月，毛泽东在长沙筹办“文化书社”。

1920年8月，陈独秀、李达、李汉俊等在上海成立了第一个共产主义小组。同年9月，李大钊等在北京成立共产主义小组。

1920年11月16日，《卿云歌》被定为中华民国国歌。

1920年12月19日，北京大学歌谣研究会成立。

1921年1月4日，文学研究会成立。

1921年3月4日，北京八高校教师为索薪而罢工。

1921年4月6日，陈嘉庚创办厦门大学。

1921年5月5日，孙中山就任非常大总统。

1921年5月16日，北京八校长因政府空头支票辞职。

1921年6月16日，胡适首次提出“打倒孔家店”的口号，成为新文化运动的鲜明旗帜。

1921年7月，创造社成立。

1921年7月，中国共产党在上海举行第一次代表会议，宣告成立。

1921年10月27日，严复去世。

1921年11月，北京大学研究所国学门设立。

1922年4月29日，直奉战争爆发。

1922年6月2日，徐世昌下台，黎元洪复任大总统。

1922年11月27日，教育部员工索薪未遂，全体罢工。

1923年1月，《国学季刊》在北京创刊。

1923年4月，北京军警往国务院索薪。

1923年6月，北京中、小学教员全体罢教索薪，警察罢岗。

1923年7月13日，北京成立反帝大同盟。

从1919年11月21日迁至八道湾到1923年8月2日移入砖塔胡同，鲁迅在此地居住三年又八个月。其间所完成和发表的小说、杂文、散文等作品，在他一生著作中都是最具有代表性和影响力的，特别是以《阿Q正传》为代表的小说创作，积极推动了五四新文化运动。

八道湾鲁迅旧居现已拆除，成为北京第三十五中学的一部分。

西四南砖塔胡同

自1923年7月兄弟决裂后，鲁迅便另找住所，准备搬走。7月26日，《鲁迅日记》载："上午往砖塔胡同看屋。下午收拾书籍入箱。"29日，"终日收书册入箱，夜毕。雨"。30日，"上午以书籍、法帖等大小十二箱寄存教育部"。31日，"下午收拾行李"。8月1日，"午后收拾行李"。8月2日，"雨，午后霁。下午携妇迁居砖塔胡同六十一号"。鲁迅就在这阴雨的天气，带着几分兄弟失和的惆怅，迁入这所不大的院子。

* 砖塔胡同61号

砖塔胡同，是因胡同内有一古代建筑——"万松老人塔"而得名。该塔始建于元代，塔高16米，为八角形九级密檐式，是北京城区内唯一一座砖塔。万松老人，又称万松行秀禅师，是金、元间的佛教大师，又深通儒家经典。蒙元时期，大臣耶律楚材曾向他参学三年。主张“以儒治国，以佛治心”。万松老人圆寂后，后人修建了此墓塔纪念他。

鲁迅搬到砖塔胡同61号院，是通过当时《晨报·副刊》主编孙伏园找到许钦文，又通过许钦文的四妹许羡苏帮助促成的。许羡苏和俞芬都是周建人在绍兴女子师范学校教书时的学生。许羡苏到北京报考北京大学时，住在八道湾。许羡苏很会做绍兴菜，又经常陪鲁迅的母亲鲁瑞聊天打发寂寞，所以鲁瑞很喜欢她。鲁迅和周作人闹翻后，许羡苏就建议鲁迅搬到俞家姐妹住着的砖塔胡同。

砖塔胡同61号的院门坐南朝北，鲁迅住在三间北房，俞芬和她的两个妹妹俞芳、俞藻住在两间西屋。在这里，鲁迅和俞家姐妹相处得很好，并时常照顾她们，曾为俞芬在北京女子高等师范学校附属中学学习做保证人。鲁迅在北京大学讲课，俞芬也去旁听。俞芬的两个妹妹当时都在十岁左右。鲁迅给她们取绰号，一个叫“野猪”，一个叫“野牛”。她们把鲁迅叫作“野蛇”。鲁迅经常给她们买玩具、糖果，还带她们去看电影。和八道湾的生活相比，鲁迅在这里和孩子们一起倒是其乐融融。

砖塔胡同的住房不大，而且破旧。鲁迅当时正在编写《中国小说史略》下卷，屋里堆了许多线装书，桌上、床上都是书。鲁迅住在中间一间，吃饭、会客都在这里。鲁迅搬来后半个月，鲁迅的母亲鲁瑞也搬来和他一起居住了。显然这个房子是太小了，于是鲁迅又四处张罗看房，准备另买一处大些的房子。

鲁迅从自己经历千辛万苦购置的八道湾大宅，搬进狭窄破旧的砖塔胡同寓所，兄弟感情破裂的阴影笼罩在鲁迅受伤的心中，其苦闷是可想而知的。加上繁重的工作，从9月24日起，劳累致使鲁迅的肺病复发，发烧、腹泻断断续续持续了约有半年。鲁迅拖着带病的身体，又开始四处看房，日记中又有了这些看房的记录：

1923年8月16日，“午后李茂如、崔月川来，即同往菠萝仓一带看屋”。

1923年8月20日，“午后与李姓者四近看屋”。

1923年8月22日，“下午与秦姓者往西城看屋两处”。

1923年8月25日，“下午约王仲猷来寓，同往贵人关看屋”。

1923年8月28日，“午后同杨仲和往西单南一带看屋”。

1923年8月31日，“下午同杨仲和看屋三处，皆不当意”。

1923年9月13日，“下午同李慎斋往宣武门附近看屋”。

1923年9月15日，“下午往裘子元寓，复同至都城隍庙街看屋”。

1923年9月20日，“下午潘企莘来，同至西直门内访林月波君看屋”。

1923年9月23日，“秦姓者来，同至石老娘胡同，拟看屋不果”。

1923年9月24日，“欲买前桃园屋，约李慎斋同访林月波，以议写契次序不合而散，回至南草厂又看屋两处”。

1923年10月1日，“上午李茂如来，同出看屋数处”。

1923年10月10日，“访李慎斋，同出看屋数处”。

1923年10月12日，“午后往半壁街看屋”。

1923年10月14日，“午后往德胜门内看屋”。

1923年10月16日，“午后往针尖胡同看屋”。

1923年10月17日，“午后李慎斋来，同往四近看屋”。

1923年10月24日，“午后李慎斋来，同至阜成门内看屋”。

1923年10月27日，“午后杨仲和、李慎斋来，同至达子庙看屋”。

1923年10月30日，“午后杨仲和、李慎斋来，同至阜成门内三条看屋，因买定第廿一号门牌旧屋六间，议价八百，当点装修并丈量讫，付定泉十元”。

经过装修，终于1924年5月25日，“晨移居西三条胡同新屋”。这套房子就是现在被辟为北京鲁迅博物馆的鲁迅故居。由鲁迅独资购买，加上契税、改建装修费用，共用了2100多元。这是鲁迅一生中的又一次重大开销。

从1923年8月2日至1924年5月25日，鲁迅在砖塔胡同居住了9个多月。

鲁迅住在砖塔胡同61号期间，中国历史上发生的重大事件：

1923年10月5日，曹锟以1350万元巨额贿款，得到中华民国大总统职位。

1923年12月，新月社在北京成立。

1924年4月，印度诗人泰戈尔访华。

1924年5月，中国美术展览会在法国举办。

1924年10月，北京政变，冯玉祥囚禁曹锟。

1924年11月5日，溥仪被逐出宫。

1924年11月24日，段祺瑞就任中华民国临时执政。

1924年11月，语丝社成立。

1924年12月23日，《现代评论》创刊。

1925年3月12日，孙中山在北京铁狮子胡同逝世。

1925年4月，《京报》被禁止发行。

在砖塔胡同期间，鲁迅的第一本小说集《呐喊》于1923年8月由北京大学新潮社出版，列为新潮社文艺丛书之一。鲁迅在狭窄的房间里创作了《祝福》、《在酒楼上》、《幸福的家庭》、《肥皂》四篇小说，作论文《宋民间之所谓小说及其后来》，写定《中国小说史略》下卷，还校勘了《嵇康集》，在北京女子师范大学讲演《娜拉走后怎样》，在北京师范大学附属中学讲演《未有天才之前》，还为北京大学歌谣研究会《歌谣周刊》设计封面。家庭关系的突变导致鲁迅生活的巨大变化，而五四运动高潮之后，新文化战线的统一局面也被破坏了，鲁迅在《南腔北调集·〈自选集〉自序》中说："《新青年》的团体散掉了，有的高升，有的退隐，有的前进，我又经验了一回同一战阵中的伙伴还是会这么变化。”鲁迅在砖塔胡同创作的四篇小说收入小说集《彷徨》。鲁迅在《题〈彷徨〉》一诗中，写到：“寂寞新文苑，平安旧战场。两间余一卒，荷戟独彷徨。” 既写出了当时文坛的状况，又表达了在彷徨中仍荷戟战斗的坚持。

砖塔胡同现在为普通民居。

阜成门内西三条

1916年3月起，鲁迅的薪水为300元。教育部从1920年起就开始欠薪，到1923年上半年，鲁迅的工资是这样开的：

1923年1月19日，俸150元（去年9月下半）。

1923年2月3日，俸150元（去年10月上半）。

1923年2月14日，俸150元（去年10月下半）。

1923年2月14日，俸150元（去年11月上半）。

1923年2月20日，俸150元（去年11月下半）。

1923年3月15日，俸150元（去年12月上半）。

1923年4月30日，俸150元（去年12月下半）。

1923年5月3日，俸150元（正月上半）。

1923年5月28日，俸90元（正月三成）。

1923年6月19日，俸51元（正月之一成七）。

1923年6月21日，收特别流通券160元（二月三成三）。

鲁迅住在砖塔胡同期间，教育部发薪就更是不像话了，在鲁迅的收入账目中大多是兼课或稿费的收入，而兼课的收入是比较低的。鲁迅从1920年起在北京大学国文系和北京高等师范学校任讲师，月薪各为18元，在世界语学校月薪15元，在女子师范学校月薪13元5角，在中国大学月薪10元，在黎明中学月薪仅6元。从1924年开始，鲁迅的业余经济收入超过了教育部的收入。买房、养家等沉重的负担是鲁迅拼命工作的一个重要原因。鲁迅买下阜成门内西三条21号的房子，曾向好友许寿裳和齐寿山各借了400

元，这800元直到1926年鲁迅离开北京时才还清。

阜成门内宫门口西三条21号是鲁迅亲自设计、改建的一座平民四合院。鲁迅从1924年5月25日携母亲及夫人朱安入住，直到1926年8月26日离京赴厦门大学任教，共住两年多。这是鲁迅在北京的最后一处住所。1929年、1932年鲁迅从上海两次回家探望母亲，也住在这里。

宫门口西三条胡同位于阜成门城根，东面可以望见妙应寺白塔。民国时这里的庙会非常热闹。宫门口是因明代在此地建有朝天宫而得名，后朝天宫被火灾所毁，这一带只留下宫门口、东廊下、西廊下这样的地名。鲁迅买下的西三条21号是一个小四合院，约有400平方米。搬来之前，鲁迅亲自绘制了草图，并进行了修缮改建。院内有北房三间，母亲鲁瑞住东面一间，朱安住西面一间，中间堂屋为大家洗漱、吃饭的地方。许寿裳曾回忆："太夫人谈锋极健，思想有条理，曾用自修得到能够看书的学力。朱夫人是旧式的女子，结婚系出于太夫人的主张，因而'瑟琴异趣'。鲁迅曾对我说过：'这是母亲给我的一件礼物，我只能好好供养它，爱情是我所不知道的。'"

＊西三条21号

东西厢房各两间，东厢房是雇用女工的临时住房，西厢房是厨房。南房也是三间，是鲁迅藏书及会客的地方。南房的东壁上挂着画家陶元庆为鲁迅画的一幅素描像，画像下面有两张供客人坐的沙发式座椅和一个茶几，南墙摆放着从老家带来的一排书箱，书箱上有鲁迅亲自编的号码。南房西间有一木板床，是来客临时居住的地方。女师大风潮时，许广平等曾在这里避难。院子方方正正，北屋西侧有一夹道通往后园，后园中间有一口小水井。1925年4月5日，鲁迅请云松阁的花工在院内种树，“计紫、白丁香各二，碧桃一，花椒、刺梅、榆梅各二，青杨三”，使得小院四季皆有景致，十分幽雅。

堂屋后面接出一小间，北京人管这种接出来的房子叫“老虎尾巴”。这样修建的目的主要是便宜，造价低，既可扩大面积，冬天还可以节约煤火。鲁迅就在这里工作和休息，并将其称为“绿林书屋”，鲁迅在《华盖集·题记》和《华盖集·后记》的文末都署“绿林书屋东壁下”。鲁迅坐在“老虎尾巴”，透过玻璃窗，“可以看到墙外有两株树，一株是枣树，还有一株也是枣树”。窗下就是鲁迅用来休息的木板床。东墙壁下有一张普通的三屉桌，桌上有笔架、墨盒、茶碗和烟灰缸，还有一座闹钟和一盏煤油灯。三屉桌旁边有一个小书架。东墙上挂着一幅鲁迅在东京学习时日本教师藤野先生的照片，还有画家司徒乔的一幅素描画《五个警察一个O》，这是1926年6月在中央公园参观司徒乔画展时购买的。西壁上挂着一个条幅，上书鲁迅自集屈原《离骚》句“望崦嵫而勿迫，恐鹈鴂之先鸣”，是请友人乔大壮书写的，意思是激励自己珍惜时光，勤奋工作。三屉桌前有一张藤椅，鲁迅就是坐在这张藤椅上伴着昏暗的煤油灯，用他那支“金不换”毛笔写作的。

在这间不足8平方米的斗室里，鲁迅撰写了200多篇文章，散文诗集《野草》、小说集《彷徨》中的大部分作品，杂文集《华盖集》、《华盖集续编》、《坟》，回忆散文集《朝花夕拾》的大部分文章都是在这里完成的，又多次校勘《嵇康集》等古籍，还翻译了外国作品40余篇。创作之外，鲁迅还主编和指导编辑了《语丝》周刊、《莽原》周刊、《莽原》半月刊、《国民新报·副刊》（乙种）等刊物，组织领导了未名社和莽原社，培养了一大批青年作家，为新文学事业做出了巨大的贡献。

西三条21号在胡同深处，鲁迅搬来后，友人、学生拜访不断，使得这个僻静的胡同变得喧嚣热闹。鲁迅经常和学生们讨论时事，交流思想，热心指导学生写作。夜深时，他会亲自擎一盏煤油灯把青年学生送至门外。

鲁迅从1924年5月25日入住阜成门内宫门口西三条21号，至1926年8月26日离京赴厦门大学任教，共居住两年又三个月。

鲁迅住在西三条21号期间，中国历史上发生的重大事件：

1925年5月11日，女师大爆发驱杨运动。

1925年5月，上海爆发五卅运动。

1925年7月28日，段祺瑞任命章士钊为教育部长。

1925年8月1日，章士钊命女师大校长杨荫榆带警察到校，解散国文系等四个班。

1925年8月7日，章士钊下令解散女师大。

1925年8月18日，北大评议会宣布独立，脱离教育部。

1925年10月10日，故宫博物院成立。

1925年11月4日，京师图书馆委员会成立。

1926年3月18日，“三一八惨案”，“民国以来最黑暗的一天”。

1926年4月26日，《京报》创始人邵飘萍被枪杀。

1926年7月8日，北大校长蔡元培辞职。

在西三条居住的日子里，鲁迅经历了女师大风潮、“三一八惨案”，并与许广平结下战斗的师生情谊。1926年8月26日，鲁迅携许广平离京，赴厦门大学任教。母亲鲁瑞和夫人朱安仍住在这里。鲁瑞于1943年4月22日去世，朱安于1947年6月29日也离开人间。西三条鲁迅故居于1956年扩建为北京鲁迅博物馆，成为鲁迅在北京保留下来的唯一故居，2006年5月被国家文物局列为全国重点文物保护单位。

会　馆

《辞海·会馆》条说：会馆是“同籍贯或同行业的人在京城及各大城市所设立的机构，建有馆所，供同乡同行集会、寄寓之用”。明、清时期，会馆非常兴盛。在北京五百多所会馆中，有四百多所设在宣武区（现归西城区）。在近现代史上，这一地区称得上是文人荟萃。鲁迅自1912年到北京，曾住在南半截胡同的浙江绍兴会馆七年半之久。开始住在藤花馆，不久迁到西边的“补树书屋”。鲁迅在教育部任佥事，回来后就在屋里抄写古书和碑文，还经常到琉璃厂、小市等地方搜集古玩、书籍和碑帖拓本。这期间鲁迅在《新青年》上发表了他的第一篇白话小说——《狂人日记》，之后又创作了小说《孔乙己》和《药》，还有若干篇杂文和诗等。鲁迅在北京时还去过江西会馆、安庆会馆、吴兴会馆、南通会馆等地，看望朋友，参加婚礼，祝寿和听戏等。鲁迅所居住的绍兴会馆在“居所”一节已有详述，本节介绍鲁迅去过的其他会馆。

海昌会馆

海昌会馆又称海宁会馆，位于宣武门外西草厂胡同内的教佳胡同，原名敫家坑，1965年以谐音改称教佳胡同。会馆早年由宁波的定海、昌国两地在京的官员修建。1816年林则徐曾在这里居住过。

1912年5月13日，这是鲁迅到北京后的第八天。《鲁迅日记》载：“夕与季茀访燮和于海昌会馆。”季茀即许寿裳；燮和即张燮和，又作张协和。张协和是海宁人，早在南京矿路学堂时，和鲁迅就是同班同学，同住一个宿舍，一同毕业后，同赴日本弘文学院留学。1909年回国后又与鲁迅同在杭州浙江两级师范学堂任教。1912年，他们又一同到教育部工作，同为教育部佥事和科长。鲁迅在北京期间，二人过从甚密。他和许寿裳等几个教育部要好的同事经常一起饮酒吃饭，一起购物，生活上常互相关照。他们的友谊一直持续到晚年。《鲁迅日记》中还有三次去海昌会馆的记录：

1912年11月16日，“过敫家坑海昌会馆看张协和，不值”。

1913年1月2日，“同季市访协和于海昌馆，坐一小时”。

1913年4月26日，“往海昌会馆访戴芦舲，见沈君默、朱逷先，而马幼舆亦在”。

戴芦舲当时也住在海昌会馆。戴芦舲名克让，字螺舲。也是鲁迅在教育部的同事，供职于社会教育司，与鲁迅关系十分密切。他们经常一起办公务，生活上也互相关照，而且有共同的爱好，常一起逛古玩市场。戴芦舲还擅绘画，鲁迅曾向他索画一帧。此画现在仍藏于北京鲁迅博物馆。

海昌会馆现已成为民居。

吴兴会馆

吴兴即今湖州，吴兴会馆位于宣武门外菜市口北半截胡同，始建于清嘉庆年间，清光绪初年改名吴兴会馆。吴兴会馆距鲁迅居住过的南半截胡同绍兴会馆很近。

鲁迅的好友杨莘士就住在吴兴会馆。杨莘士，名乃康，字莘耜，浙江湖州人，1907年毕业于日本早稻田大学生物系，回国后在杭州浙江两级师范学堂任教，与鲁迅同事。1912年5月，鲁迅与许寿裳、张协和、杨莘士等6位日本留学生一同到南京临时政府教育部工作，后又到北京教育部普通教育司任职。鲁迅在北京时他们交往很密切。鲁迅第一次到吴兴会馆是在1912年6月8日，《鲁迅日记》载：“晚访杨莘士于吴兴会馆。”这也是鲁迅到北京后第一次访杨莘士。1913年，杨莘士任教育部视学，1913年后经常被派往四川、陕西等地视察教育情况。鲁迅那时正痴迷于搜集金石拓片，杨莘士便为鲁迅到处寻购，有时还亲自拓下赠予鲁迅。《鲁迅日记》显示，杨莘士与鲁迅见面次数不多，书信往来却不少，鲁迅到吴兴会馆去过三次，都是为访杨莘士。1917年9月杨莘士任吉林省教育厅厅长，1918年鲁迅与他通过一次信，以后便失去来往。

现在吴兴会馆因拆迁已荡然无存。

南通会馆

南通会馆位于宣武门外大街路东，《鲁迅日记》中还有“南通州会馆”、“ 南通州馆”和“ 南通县馆”的提法。有一副有名的对联，上联是“南通州北通州南北通州通南北”，其中所说的南通州指的就是江苏南通，北通州指的是北京的通州。

鲁迅第一次到南通会馆是访问季自求。1912年12月1日，《鲁迅日记》载：“至南通州会馆访季自求，以《或外小说》两册托其转遗刘雳青。而季自求则以《大隋开府仪同三司龙山公墓志铭》一枚，《大秦景教流行中国碑》暨碑额碑侧共四枚见赠。”

季自求名天复，字自求，江苏南通人，1902年曾与周作人同在南京水师学堂学习，后通过周作人认识鲁迅。辛亥革命后他在孙中山的参谋本部从事军事谍报工作，后在袁世凯总统府任侍从副官、参谋部参谋，1915年至1917年入四川任军务处一等参谋，回京后任陆军秘书。1912年至1920年，鲁迅与他交往很多次。这天他送给鲁迅的碑帖是鲁迅到北京后首次收藏的碑帖拓片，以后的几年，鲁迅的碑帖收藏便多起来。季自求和鲁迅有共同的爱好，经常互访，互赠书籍，同游书肆。据《鲁迅日记》记载，鲁迅去南通会馆九次，都是访问季自求。季自求还是一位集邮爱好者，鲁迅曾送他十多枚日本邮票。1917年后，他们的交往就比较少了。

南通会馆现在还在，只是变成了普通的民居。

全浙会馆

全浙会馆位于宣武门外下斜街中段路西，原是高阳李文勤的别墅，称李园。乾隆年间归赵吉士所有，改名寄园，后捐作全浙会馆。会馆内有正院、跨院各三进，有房281间。院内有紫藤精舍，是清嘉庆年间浙江人朴紫泉所建。会馆内有戏台、假山等景物。会馆中有两副李慈铭撰写的对联，题为《题京师全浙会馆》：

丹碧出蓬瀛，须知玉宇琼楼，俯仰何如天上乐；
烟霞满栏槛，奚啻青帘画舫，东西尽看浙中山。
旧记续名园，略参东浙西湖，别有洞天开日下；
先贤传胜事，相勖文章道德，长留典录照寰中。

1913年鲁迅曾到过全浙会馆。1912年9月，教育部决定在次年夏季举办全国儿童艺术展览会。1913年3月征集的展品陆续送到，鲁迅与夏曾佑司长等曾前往考察场地。1913年3月31日《鲁迅日记》载："午后同夏司长及戴螺舲往全浙会馆，视其戏台及附近房屋可作儿童艺术展览会会场不。"后因"二次革命"爆发，展

＊全浙会馆（手绘）

览延至1914年4月才展出，展览会会址最终选在教育部礼堂等处。

全浙会馆现为普通民居。

安庆会馆

安庆会馆在宣武门外骡马市大街路北的铁门胡同，建于清宣统三年（1911）。在会馆林立的宣武门外，安庆会馆是一个较小的会馆，四合院内有三层小楼，刻花的砖雕墙，抄手游廊，还有假山花园。在旧京城，铁门胡同因靠近杀人的法场菜市口而很有名，戊戌六君子就是在这条胡同的南口被砍头的。陈独秀反对袁世凯统治，鼓吹革命时常住在这里，孙中山也曾在这里应北京报界的邀请做过演讲。

鲁迅在1913年和1915年两次到过安庆会馆。1913年11月2日，《鲁迅日记》载："午后王仲猷在铁门安庆会馆结婚，往观。"王仲猷是教育部社会教育司第二科主事，兼京师图书馆主任，与鲁迅关系很好。鲁迅兄弟失和后，他曾陪鲁迅到处看房并帮忙办理购房手续。1915年10月19日，《鲁迅日记》载："晚常毅箴招饮于安庆馆。"常毅箴也是社会教育司主事，曾任京师图书馆分馆主任，与鲁迅关系很好，经常去看鲁迅并一同逛小市。

安庆会馆现因拆迁已踪影不在。

大荔会馆

铁鸟胡同，因原有一铁老鹳庙而得名，乾隆时称铁老观胡同，清末称老鹳庙直至民国，1965年改为今名。陕西大荔会馆、湖北襄阳会馆，都在这条胡同里。胡同内的聚兴报房是北京最早的报房，著名的《京报》也曾在这里出版发行。

大荔会馆建于清代，是一座有十几间房的三进小院。

鲁迅曾到大荔会馆一次，访问章介眉。《鲁迅日记》载：

1916年10月6日，"下午章介眉先生来"。

*《京报》馆（手绘）

1916年10月10日，“访章介眉先生，不值”。

章介眉是鲁迅姑祖父章介倩的族人，1907年做过浙江巡抚张曾敭的幕友，曾因秋瑾被害案被捕，捐田产后获释，还任过袁世凯政府财政咨议等职。鲁迅在被访后一般都有回访，但这次来访时未见，回访时也未见。这是鲁迅在北京与章介眉仅有的交往记录。

大荔会馆后成为普通民居。

江西会馆

江西会馆位于宣武门外大街路东，紧邻南通会馆，建于光绪九年（1883），是一所规模较大的省级会馆。会馆有四合楼、戏台等，可供2000人集会。江西会馆的牌匾为搞帝制复辟的张勋所题。张勋也是江西人，曾常在这里召集名角为他演出堂会。蔡元培、李石曾等在这里出席过会议。辛亥革命著名将领蔡锷、鲁迅好友陈师曾的追悼会都在这里举行。

鲁迅有三次光顾江西会馆的记录。《鲁迅日记》载：

1920年4月16日，“下午往江西会馆，赴国乐研究会”。

4月25日，“晚赴高阆仙招饮于江西会馆”。

5月2日，“上午以高阆仙母八十寿辰，往江西会馆祝，观剧二出而归”。

鲁迅为高阆仙母80大寿，于4月10日还送份礼3元，并在寿辰之日前去祝贺。高阆仙即高步瀛，字阆仙，1902年赴日本留学，毕业于日本东京弘文学院速成师范科，1912年到教育部任社会教育司第一科主事，后任编审处主任。1915年8月任教育部社会教育司司长和通俗教育研究会经理干事，是鲁迅的上级，后为北京师范大学国文系教授。在1925年以前，两人交往很多，经常互赠书籍，研究学问。1929年鲁迅回京探亲，在直隶书局买书时见过高阆仙一次，这是他们最后一次见面。

热闹一时的江西会馆现已无存，代之以高楼大厦。

南昌会馆

南昌会馆在宣武门外大街路东，始建于清雍正二年（1724）。因为会馆由清末“辫帅”张勋捐资重修，并被其看作自己的府邸，所以又被称为“张勋花园”。南昌会馆由三个院子并连而成，在会馆众多的宣武门外，属较有规模的一个会馆。

鲁迅曾去南昌会馆访问过北大同事张凤举。1921年8月23日，《鲁迅日记》载：“上午往南昌会馆访张凤举。”

张凤举，名定璜，字凤举，江西南昌人，毕业于日本东京帝国大学，1921年回国，后在北京大学、女师大、中法大学等校任教。鲁迅于本年8月22日与张凤举相识。《鲁迅日记》载：“晚尹默在中央公园招饭，并晤士远、玄同、幼渔、兼士及张君凤举，名黄。”第二天，鲁迅就去南昌会馆拜访张凤举，以后他们的交往颇多。张凤举还是周氏兄弟的朋友，1924年鲁迅兄弟失和时，还请张凤举出来主持公道。1925年底至1926年4月鲁迅与张凤举按月轮流主编《国民新报·副刊》（乙种）。1926年“三一八惨案”后，二人都被当局通缉。鲁迅1926年离京南下后，他们一直保持良好的关系。1930年张凤举去法国，还给鲁迅写过信。这以后便无联系了。

南昌会馆现已成为百姓的大杂院。

郢中会馆

郢中会馆位于宣武门外红线胡同，南面是琉璃厂大街，北面是西琉璃厂。郢中在湖北荆州钟祥市，春秋战国时期，钟祥为楚别邑，称郊郢，系楚国陪都，曾有辉煌的文化。郢中会馆是湖北人进京的落脚地。郢中会馆建于何时已不可考。鲁迅曾到过这里一次。《鲁迅日记》载：1914年3月2日，“晨往郢中馆要徐吉轩同至国子监”。

徐吉轩名协贞，字吉轩，湖北钟祥人，1912年起任教育部佥事、科长，兼任历史博物馆馆长，对金石文字颇有研究。《鲁迅日记》中最早出现在1914年1月10日：“午与齐寿山、徐吉轩、戴芦苓往益昌食面包、加非。过石驸马大街骨董店选得宋、元泉十三枚，以银一元购之。”这几位教育部同事都有共同的爱好，一起工作、聚餐、逛小市购古玩。徐吉轩为父祝寿、设奠，鲁迅都出资参与。一般鲁迅在同事或朋友婚丧嫁娶时，都是两块大洋，可徐吉轩的事，鲁迅出了三块大洋，说明鲁迅和他关系非比寻常。徐吉轩还在鲁迅搬迁时帮鲁迅四处看房、办手续和修建房屋。鲁迅与徐吉轩的关系一直保持到1925年。1929年鲁迅回京探亲时还特意拜访了他。再以后，他们就失去了联系。

郢中会馆现已破损，成为民居。

番禺新馆

番禺新馆即番禺会馆，位于宣武门外上斜街。清道光年间龚自珍曾在此地居住，前有住宅，后有花园。1831年他将这所宅院卖给广东番禺人潘仕成，后者又赠予番禺同乡会，使之成为番禺会馆。鲁迅曾到这里买过书。

1924年8月27日，《鲁迅日记》载：“往番禺新馆买《晨风阁丛书》一部十六本，八元。”沈宗畸（1857—1926），晚清文人，广东番禺人，曾在袁世凯手下做官，后为南社社员，1926年逝于番禺会馆。《晨风阁丛书》，沈宗畸于宣统元年（1909）辑校刊刻，共23种48卷16册，多为旧抄本或稿本，其中不乏珍本秘籍，如其中有王念孙撰《说文解字校勘记残稿》，极为稀见。鲁迅无疑看中了此书的价值，所以花重金买下。

如今番禺会馆已成为民宅。

医　疗

鲁迅一生多病。生活的苦难与奔波、工作的劳累，以及嗜好烟酒的不良习惯都是造成他多病的原因。鲁迅在北京生活14年多，曾患过胃痛、腹痛、肋痛、肩背痛、牙痛和失眠症，支气管炎和肺病更是鲁迅长期看病吃药的原因。鲁迅在北京看病，基本去日本人开设的池田医院、山本医院。崇文门内信义药房和信昌药房则是他买些常用药的地方，现在这些小药房的具体地址已考证不出。鲁迅去过的医院、药房记录了他多病的身体状态。本节着重介绍鲁迅去过的医院和看病的经历。

池田医院

池田医院位于石驸马大街东口路北，是日本人池田由友开办的私立医院。从1912年至1919年底住在绍兴会馆的鲁迅，到教育部上班必经过池田医院，这期间他主要在这家医院看病。《鲁迅日记》载：

1912年8月12日，“数日前患咳，疑是气管病，上午就池田医院诊之，云无妨，惟神经衰弱所当理耳。与水药、粉药各二日分，价一元二角，又初诊费二元”。

1912年8月14日，“上午至池田医院就诊”。

1912年8月17日，“上午往池田医院就诊，云已校可，且戒勿饮酒”。

这是鲁迅到北京后第一次生病。1912年5月鲁迅到教育部上班后苦闷而且劳累，六七月间被聘教育部举办的夏期讲演会的主讲，暑热的天气里往虎坊桥奔波，每日里还要坚持写作，加上吸烟、饮酒不断，最终导致生病。鲁迅的死因就与肺部有关，这次大约是最早的病历。

这年的年底，鲁迅因胃病又到池田医院看病，12月5日，“赴池田医院乞药，云气管支及胃均有疾，馀良，付初诊费二元，药资一元二角。……是日始晚餐啜粥”。这次病了一周，连着去池田医院看了三次才好。

1913年3月，鲁迅再次生病。18日，“夜颇觉不适，似受凉”。19日，“头痛身热，就池田诊，云但胃弱及神经亢奋耳，付诊及药资三元二角”。22日，“午往池田医院取药，付资一元二角”。休息期间，鲁迅的同事陈子英、钱稻孙等都到家里去看望他。26日、29日，鲁迅又赴池田医院看病取药，这次生病大约有十多天。在病中鲁迅还在做辑校古籍的工作，抄写了谢承《后汉书》，有十余万字。

1914年5月12日，“下午大发热，急归卧，并服鸡那丸两粒，夜半大汗，热稍解”。13日，“热未退尽，服规那丸四粒。午后会议”。14日，“服规那丸一粒。……上午至石驸马大街池田医院拟就诊，而池田他出，遂至其邻北京医院，医士为侯希民，云热已退，仍与药两瓶，一饮一嗽，资一元三角，又诊资一元”。15日，“下午服规那丸二粒”。规那丸，《日记》中又称鸡那丸，是当时一种治感冒头痛的药，也是鲁迅常吃的药。

1916年10月30日，鲁迅大姨母的儿子阮久荪来京看望，次日便因神经错乱发病了，《鲁迅日记》载：“下午久孙病颇恶，至夜愈甚，急延池田医士诊视，付资五元。旋雇车送之入池田医院，并别雇工一人守视。”接下来几天，鲁迅每日到医院探视。

11月16日，鲁迅请人将他送回老家。

1917年6月14日，鲁迅“午后发热，至夜不解”。16日，“上午就池田医院诊，云是中暑”。

1918年7月6日，“患咳，就池田医院诊，云是气管炎也，与药二种”。8日、17日又往池田医院看过两次。

1920年1月10日，“下午往池田医院为沛取药”。12日，“午后往池田医院延医诊沛，晚复往取药。晚背痛”。16日，“午后往池田医院为沛取药”。文中的“沛”指鲁迅三弟周建人的次子，1919年底，鲁迅全家从绍兴来京入住八道湾时才不到一岁。鲁迅搬入八道湾后，离池田医院就远了，此后再没有到过这家医院。

池田医院20世纪30年代就已停业，现在旧址踪迹全无。

北京医院

1914年5月14日，《鲁迅日记》载：“服规那丸一粒。……上午至石驸马大街池田医院拟就诊，而池田他出，遂至其邻北京医院，医士为侯希民，云热已退，仍与药两瓶，一饮一嗽，资一元三角，又诊资一元。”这所北京医院在石驸马大街东口路南，与池田医院相邻不远，院长侯希民、副院长王衡都是留日学医出身。诊资比池田医院要便宜一半。这所医院鲁迅后来没再去过。医院旧址是一座二层小楼，现已成为民居。

城南医院

1914年11月14日，《鲁迅日记》载：“晴，大风。午后往城南医院访毛漱泉。”毛漱泉，名毓源，字漱泉，浙江余姚人。他曾与鲁迅同在日本求学，1914年至1915年与鲁迅交往颇多。城南医院现已无任何资料记载。

山本医院

山本医院在北京西单牌楼旧刑部街，院长是日本人，名叫山本忠孝，在德国获得过医学博士学位。1920年山本医院在旧刑部街开业。1920年以后，鲁迅一家基本都在山本医院看病，鲁迅对山本的医术也非常信任。鲁迅第一次到山本医院是在1920年7月6日，《鲁迅日记》载："母亲病，夜延山本医士诊。"1920年底，鲁迅的二弟周作人患了肋膜炎，在山本医院住院治疗约两个月，三弟媳芳子曾在山本医院住院治疗四个月。1925年周作人的次女若子患脑炎，也是在山本医院治好的；1929年，若子患盲肠炎，却因山本医院的误诊而死去，受到周作人在报纸上的公开攻击。鲁迅一家与山本医院关系非常密切，有时还将山本忠孝请到家里为家人看病。鲁迅还介绍他的朋友或同事到山本医院看病。

1926年"三一八惨案"之后，《京报》披露段祺瑞执政府将通缉鲁迅等进步人士，在友人劝告下，鲁迅于3月29日进入山本医院避难，4月8日出山本医院回家。鲁迅在医院中写出了《记念刘和珍君》、《空谈》、《如此"讨赤"》、《淡淡的血痕中》四篇战斗文章。

从《鲁迅日记》上看，从1920年到1926年鲁迅离京南下，共去山本医院一百多次。最后一次去山本医院是1926年8月21日，"上午往山本医院续行霍乱预防注射"。26日，鲁迅离京南下。

现在，山本医院旧址已被新建的高楼大厦取代。

徐景文医寓

鲁迅自称为"牙痛党之一"，从小就受牙病困扰，在北京时更是经常牙痛，曾作文《从胡须说到牙齿》，文中说："我从小就是牙痛党之一，并非故意和牙齿不痛的正人君子们立异，实在是'欲罢不能'。听说牙齿的性质的好坏，也有遗传的，好么，这就是我的父亲赏给我的一份遗产，因为他牙齿也很坏。于是或蛀，或破……终于牙龈上出血了，无法收拾。” 他到北京后的1913年5月3日，《鲁迅日记》载：“午后赴王府井牙医徐景文处治牙疾，约定补齿四枚，并买含嗽药一瓶，共价四十七元，付十元。”这是鲁迅第一次在北京治牙。徐景文医寓位于王府井，是一家私人诊所，专治牙病。大概是治得不错，鲁迅从1913年至1916年曾18次到这个诊所治牙。最后一次是1916年3月18日，“午后往徐景文寓治齿,付一元讫”。

徐景文医寓现已无考。

陈顺龙牙科医院

陈顺龙牙科医院在前门廊房头条西口路南。陈顺龙是台湾人，曾在德国学医，曾给慈禧太后看过牙。1917年后，鲁迅就在这家医院看牙。《鲁迅日记》载：1917年12月29日，“下午以齿痛往陈顺龙寓，拔去龋齿，付泉三元。归后仍未愈，盖犹有龋者”。30日，“复至陈顺龙寓拔去龋齿一枚，付三元”。最后一次是在1923年1月19日，“午后往牙医陈顺龙寓，切开上腭一痈，去其血”。

陈顺龙牙科医院现已无考。

伊东牙医院

伊东牙医院在崇文门内的八宝胡同，是由日本人伊东丰作开办的医院。鲁迅经常在这家医院看牙。第一次去伊东牙医院是带他的母亲看牙。《鲁迅日记》载：1920年12月7日，“午后同母亲至八宝胡同伊东牙医院疗齿”。从1923年至1926年鲁迅共去伊东牙医院补牙、拔牙十余次，1929年鲁迅回京探亲时还去过三次。鲁迅的10颗牙齿是在伊东牙医院拔掉的，可见他对这家医院的信任。鲁迅在《马上日记之二》一文中对伊东牙医院有过描述：“七月八日上午，往伊东医士寓去补牙，等在客厅里，有些无聊。四壁只挂着一幅织出的画和两副对，一副是江朝宗的，一副是王芝祥的。署名之下，各有两颗印，一颗是姓名，一颗是头衔；江的是‘迪威将军’，王的是‘佛门弟子’。”

八宝胡同的伊东牙医院现已无考。

德国医院

德国医院位于东交民巷西口路北，1905年德国政府用部分庚子赔款建造。院长是德国医师狄博尔，医护人员大部分也是德国人。1926年4月15日，冯玉祥的国民军全部退出北京，奉军占领京郊通州。在好友齐寿山和许寿裳的安排下，鲁迅由山本医院转入德国医院暂避。这天的《鲁迅日记》载：“往山本医院。……晚移住德国医院。”许寿裳在《亡

＊德国医院（手绘）

友鲁迅印象记》中回忆：在德国医院，鲁迅和十多个人聚在“一间破旧什物的堆积房”，“夜晚在水门汀地面上睡觉，白天用面包和罐头食品充饥”。由于德国医院规模较小，医生也不大赞成无病的人在医院多住，22日，鲁迅“晚自德国医院回家”。

德国医院的旧址已建成规模宏大的北京医院。

法国医院

法国医院位于当时是使馆区的东交民巷西口路北，于1911年建成。1926年4月26日凌晨，《京报》主笔邵飘萍在天桥被奉系军阀杀害，北京处于一片白色恐怖之中。当日，鲁迅“夜往法国医院”避难，5月2日返回家中。在这段避难期间，鲁迅仍坚持写作，鲁迅在《朝花夕拾·小引》中说：“中三篇（《二十四孝图》、《五猖会》、《无常》）是流离中所作，地方是医院和木匠房。”

法国医院旧建筑还在，现已挪作他用。

同仁医院

同仁医院位于东单三条原清豫王府花园，在今协和医科大学斜对面。该医院由日本同仁会所办，最初称为日华同仁医院，1920年更名为同仁会北京医院。

《鲁迅日记》载，1920年5月16日鲁迅一家为周建人的儿子周沛过了周岁生日。19日，“沛大病，夜延医不眠”。20日，“黎明送沛入同仁病院，芳子、重久同往，医云肺炎。午归，三弟往。下午作书问三弟以沛状，晚得答，言似佳”。至7月13日，“下午沛退院回家”。其间，鲁迅几乎每天都到医院探视，有时还陪住看护。过了两天，即7月15日，周沛又腹泻，故而16日又将其送往医院治疗。在7月14日，为争夺北京政府统治权，直系军阀曹锟、吴佩孚与皖系军阀段祺瑞在京津地区爆发了直皖战争，18日，溃败的皖军企图窜入北京，使市民惶恐不安。《鲁迅日记》18日载：“消息甚急。夜送母亲以下妇孺至东城同仁医院暂避”。19日，段祺瑞因战败通电辞职，鲁迅一家人就离开医院回家。

这所同仁医院后来一度是东单三条儿童医院所在地，现已拆除，建成东方广场。

未有天才之前

灰尘之中长不出乔木，所以，与其徒然要求天才的产生，不如先作培养天才的土壤。教育佥事周树人、大学讲师周豫才、作家鲁迅，无论何种身份，他都在努力耕耘着。

公　务

教育部

1912年1月1日，中华民国建立，孙中山在南京就任临时大总统。南京临时政府教育部成立，蔡元培任教育总长。由当时在教育部工作的好友许寿裳向蔡元培举荐，2月中旬，鲁迅即到南京临时政府教育部担任了部员。由于辛亥革命的不彻底，封建势力乘机掠取胜利果实。3月10日袁世凯篡夺了政权，在北京宣誓就职临时大总统，开始了北洋政府统治时期。4月初，孙中山正式解除临时大总统职务，临时政府迁至北京，教育部也随之北迁。5月初，鲁迅被任命为教育部社会教育司第二科科员，与许寿裳一起随教育部北上，5月5日到达北京，6日，到教育部报到，10日，正式上班办公。直到1926年鲁迅离京赴厦门大学教书，鲁迅在北洋政府教育部供职十四年半。

北洋政府教育部位于西单路口西南角，原为敬谨亲王尼堪的府邸。原府坐北朝南，东院有花园。清光绪三十一年（1905），清政府在此设立学部。辛亥革命后，学部改为教育部。

鲁迅到教育部后负责社会教育司的工作。教育总长蔡元培不赞成尊孔读经，提倡“以美育代替宗教”，鲁迅支持蔡元培的主张，到教育部后积极工作。6月，与同事齐宗颐同赴天津考察新剧，又与同事赴天坛及先农坛考察能否建公园。为筹建历史博物馆，视察了国子监及学宫。6月到7月，又在教育部夏期讲演会上连续演说《美术略论》。由于蔡元培7月1日提出辞职，临时教育会议决定删除美育。12日，鲁迅听闻此事，气愤地在当天日记中写到：“此种豚犬，可怜可怜！” 14日蔡元培辞职。17日鲁迅仍去讲演会讲演，“初止一人，终乃得十人，是日讲毕”。鲁迅从小热爱美术，到北京后，注意搜集美术方面的书籍、汉画像，翻译并研究中外美术理论，倡导和扶持新兴版画，对中国美术做出了巨大的贡献。1913年2月，《教育部编纂处月刊》发表了鲁迅的《拟播布美术意见书》，对中国美术的教育和发展起到了重要作用。

1912年8月21日，临时大总统发布任命状：“任命周树人为教育部佥事，此状。中华民国元年八月二十一日，荐字第肆拾玖号。”26日，鲁迅被任命为教育部社会教育司第一科科长。鲁迅在社会教育司所司管的主要事务有：

关于博物馆、图书馆事项；

关于动植物园等学术事项；

关于美术馆、美术展览会事项；

＊教育部旧影

关于文艺、音乐、演剧等事项；

关于调查及搜集古物事项；

关于通俗教育及讲演会事项；

关于通俗图书馆及巡行文章事项。

鲁迅在教育部工作期间，为中国的教育、文化事业认真地履行了他的职责。

1912年8月底，因总统府要定国徽，鲁迅与同事钱稻孙、许寿裳共同完成了国徽图的设计并上交教育总长。国徽图由钱稻孙起草，图案以中国古代的十二章作为主要元素。鲁迅作了《致国务院国徽拟图说明书》，发表在《教育部编纂处月刊》上。文章说，“今中华民国，已定嘉禾为国徽，而图象简质，宜求辅佐，俾足以方驾他徽，无虑朴素”，故“远据前史，更立新图”，“以表华国之令德，而弘施于天下已”。钱稻孙回忆说，鲁迅的文章是用六朝文写的，教育部的人都很佩服他。后钱稻孙将自己珍藏的“袁世凯时期国徽图案铅模”捐赠北京鲁迅博物馆。1923年天津造币厂还曾用“十二章国徽图案”铸出龙凤币。

博物馆、图书馆的建设，是鲁迅在教育部司管的重要事务。京师图书馆、京师图书馆分馆、通俗图书馆的建设和搬迁，都有鲁迅的心血；历史博物馆、古物陈列所也都有鲁迅的关怀和指导。1912年7月，教育部决定在国子监筹设历史博物馆，并在彝伦堂内设筹备处，鲁迅多次到那里检查工作进展情况。关于调查及搜集古物事项，鲁迅也尽其职责。鲁迅在教育部还参加筹办过两次展览。

1912年9月，教育部决定在次年夏季举办全国儿童艺术展览会。1913年3月征集的展品陆续送到，31日《鲁迅日记》载：“午后同夏司长及戴螺舲往全浙会馆，视其戏台及附近房屋可作儿童艺术展览会会场不。”后因“二次革命”爆发，展览延至1914年4月才展出。展览会会址最终选在教育部礼堂等处。展览会4月21日开幕，展出了字画、刺绣、玩具等，共展出一个月。鲁迅对此次展览非常用心，经常到会场值班。《鲁迅日记》有记录：

4月26日，“上午仍至教育部理儿童艺术展览会事，下午五时始归寓”。

5月3日，“午后仍赴展览会理事至晚”。

5月10日，“上午仍至展览会办事，晚六时归寓”。

5月17日，“上午仍至展览会治事，下午六时归寓”。

5月20日，“下午四时半儿童艺术展览会闭会，会员合摄一影”。

此次展览会办得非常轰动，展览后又进行评选，评出甲等奖151人，乙等奖423人，出版了《全国儿童艺术展览会纪要》，后又选出125件展品参加巴拿马太平洋万国博览会。

1916年3月15日，全国专门以上学校成绩展览会在教育部礼堂开幕。此次展览由教育部专门教育司负责，1915年8月开始筹备，本年2月18日鲁迅被任命为干事，筹办展览。此次参展的学校共68所，展览于4月15日结束。

从1912年到1926年近15年的时间，政治上军阀混战，总统、总理、部长都频繁更换，教育总长更是如走马灯一样，教育总长先后换过34人，更换次数有42次。北洋政府时期的教育部，基本就是一个人浮于事的官僚机构，很多人上班打牌、聊天、下棋，无所事事。鲁迅在《世故三昧》一文中曾写过在教育部中的一件事：“那是十多年前，我在教育部里做‘官僚’，常听得同事说，某女学校的学生，是可以叫出来嫖的，连机关的地址门牌，也说得明明白白。有一回我偶然走过这条街，一个人对于坏事情，是记性好一点的，我记起来了，便留心着那门牌，但这一号，却是一块小空地，有一口大井，一间很破烂的小屋，是几个山东人住着卖水的地方，决计做不了别用。待到他们又在谈着这事的时候，我便说出我的所见来，而不料大家竟笑容尽敛，不欢而散了，此后不和我谈天者两三月，我事后才悟到打断了他们的兴致，是不应该的。”

鲁迅在社会教育司做了很多有历史意义的工作。中间鲁迅曾两次脱离教育部，一次是1917年张勋复辟时，鲁迅于7月3日与教育部几个部员愤而离职，乱平后于16日返回教育部。一次是章士钊做部长时，因鲁迅支持女师大学生的正义斗争，章士钊于1925年8月14日非法免去鲁迅教育部佥事职务。经过鲁迅向平政院控诉，教育部于1月17日发表“复职令”，鲁迅于18日回部复职。

现在的教育部旧址已改建成招待所。

鲁迅在教育部大事一览：

1912年8月6日，勉强应允加入通俗教育会。

1912年8月21日，被任命为教育部佥事。

1912年8月26日，被任命为社会教育司第一科科长。

1912年8月28日，拟国徽图告成。

1912年12月12日，听取教育部部员从沈阳调核清宫古物工作报告。

1912年12月26日，赴铁狮子胡同见袁世凯，袁述教育之意见。

1913年3月12日，简作读音统一会会员。

1913年4月1日，考察前青厂胡同京师图书馆新赁房屋。

1913年6月2日，检查国子监筹设历史博物馆工作。

1913年10月2 1日，参加通俗图书馆开馆式。

1913年11月6日，布置全国儿童艺术展览会。

1913年11月20日，在部里值夜班，守护历史博物馆赴莱比锡雕刻展览会展出的展品。

1914年4月21日，出席全国儿童艺术展览会开幕式，5月20日闭幕合影。

1915年2月23日，受大总统批准的五等嘉禾章。

1915年9月1日，被指派为通俗教育研究会小说股主任。

1915年9月1日，前往内务部协议移交京师图书馆《四库全书》办法。

1915年9月6日，赴京师图书馆参加通俗教育研究会成立大会。

* 儿童艺术展览会合影

1915年9月15日，主持召开通俗教育研究会小说股第一次会议。至12月22日共召开11次会议。次年2月14日辞去小说股主任职务。

1916年2月18日，被任命为全国专门以上学校成绩展览会干事。

1916年2月27日，出席京师图书馆分馆开馆茶话会。

1916年3月15日，出席全国专门以上学校成绩展览会开幕式。

1916年10月4日，被通俗教育研究会推定小说股审核干事。

1916年11月9日，因筹办全国专门以上学校成绩展览会，得教育部颁发的三等奖章。

1917年1月26日，出席京师图书馆开馆式。

1917年2月4日，参加通俗教育会茶话会并观字画。

1917年7月3日，鲁迅辞离教育部，16日复部。

1917年11月12日，往北京高等师范学校审听国歌。

1918年春，赴国子监西花厅整理大内档案。

1919年9月22日，往市政公所 “议公园中图书馆事” 。

1919年12月10日，被指派为国歌研究会干事，先行筹备一切事务。

1920年4月17日，被派往故宫清理德文图书。

1921年3月24日，为历史博物馆购瓦当二个。

1923年7月23日，赠历史博物馆大镜一。

1925年8月14日，被章士钊非法免去教育部佥事职务；次年1月18日，回教育部复职。

1925年11月5日，被加派为清室善后委员会助理员。

国子监·学宫·历史博物馆

因教育部拟在国子监设立历史博物馆，鲁迅在1912年6月25日首次视察了国子监及学宫，在那里看到一些古代青铜器，还有著名的古代石鼓，上面的文字有很多已经剥落了，其中一个石鼓还被剜成了舂米或捣物用的石臼，为此鲁迅感慨道："中国人之于古物，大率尔尔。"这是鲁迅第一次到国子监及学宫造访。

国子监，位于北京东城区安定门内成贤街，东面紧邻的学宫又称孔庙。现在叫作孔庙和国子监博物馆，是全国重点文物保护单位。成贤街东西向，全长400米，西面出口为安定门内大街，东面出口正对着雍和宫。东西两端和国子监大门两侧均有彩绘牌楼，这是北京仅存的建有四座牌楼的古街道。成贤街内两侧有槐荫夹道，两侧路北各有一座用满文和汉文镌刻的"文武官员到此下马"的石碑。

国子监始建于元代，元大德十年（1306）建成，是元、明、清三代的最高学府，院内柏树参天，静谧肃穆。清代每一位皇帝即位，都要到此讲学一次。国子监位于成贤街中间，整体建筑坐北朝南，共三进院，中轴线上分布着集贤门、太学门、琉璃牌坊、辟雍、彝伦堂、敬一亭。东西两侧有四厅六堂，格局对称。国子监的中心建筑——辟雍是我国现存唯一的古代"学堂"，是皇帝讲学的地方。彝伦堂原为藏书处，上有清康熙所书匾额。堂前有宽阔的灵台，为太学生唱名之处。台右有石制日晷。四周有参天古槐，旁有汉白玉雕栏，俯身可观游鱼。

学宫即孔庙。孔庙紧邻国子监，在国子监的东面，是按照

“左庙右学”的传统规制，与国子监同时建造的。元、明、清三朝皇帝祭祀孔子就在这里。孔庙规模宏伟、红墙黄瓦、金碧辉煌。孔庙有三进院落，中轴线上的建筑依次为先师门、大成门、大成殿和崇圣祠。孔庙与国子监中间的持敬门使两座建筑相连，所以通常人们把这一带统称为国子监。鲁迅文字中记载的国子监，也是泛指这两个地方。孔庙先师门内两侧有数排高大的石碑，就是闻名遐迩的元、明、清三代进士题名碑。进士题名碑共198通，其中元代3通，明代77通，清代118通，刻有51624名进士的姓名、籍贯和名次，其中不乏历史上的有名之士。在清代进士题名碑上，还有同治十年（1871）三甲十五名、鲁迅祖父周福清的名字。鲁迅于1912年6月25日日记所说的铜器和石鼓就是在这里收藏的。石鼓文是我国最早的石刻文字，世称“石刻之祖”，刻于十座花岗岩石上，因石墩形似鼓，故称为“石鼓文”。 考古考证认为是出自秦穆公时代，宋朝时收集的。上面刻有的文字已经残缺不全。鲁迅对它非常重视，考察的次日就有“太学守者持来石鼓文拓本十枚”，鲁迅“以银一元两角五分易之” 。

孔子死后第二年，即公元前478年，就开始有祭孔活动。汉代以后，祭孔活动延续不断。规模也逐步提升，明清时期达到顶峰，被称为“国之大典”。清代，顺治皇帝定都北京，他在京师国子监立文庙，设大成殿，尊孔子为“大成至圣文宣先师”。每年举行祭孔大典，直至帝制废除。袁世凯做总统后，为复辟帝制，下令恢复祭孔典礼。旧时每年农历二月、八月上旬丁日，为祭孔日，称为“丁祭”。1913年9月28日，教育部奉命在孔庙兴办祭孔活动。《鲁迅日记》载：“星期休息。又云是孔子生日也。昨汪总长令部员往国子监，且须跪拜，众已哗然。晨七时往视之，则至者仅三四十人，或跪或立，或旁立而笑，钱念敏又从旁大声而骂，顷刻间便草率了事，真一笑话。闻此举由夏穗卿主动，阴鸷可畏也。”表达了对祭孔活动的不满和嘲笑，同时也表达出对当时的教育总长汪大燮和社会教育司长夏曾佑的不满。

从1913年至1924年，鲁迅参加教育部在孔庙举行的祭孔活动20多次，从《鲁迅日记》中可以看出活动的隆重与参加者的艰辛：

1913年9月28日，“又云是孔子生日也。昨汪总长令部员往国子监，且须跪拜，众已哗然。晨七时往视之，则至者仅三四十人，或跪或立，或旁立而笑，钱念敏又从旁大声而骂，顷刻间便草率了事，真一笑话”。

1914年3月2日，“晨往郢中馆要徐吉轩同至国子监，以孔教会中人举行丁祭也，其举止颇荒陋可悼叹，遂至胡绥之处小坐而归，日已午矣”。

1915年3月10日，“赴孔庙演礼”。

1915年3月15日，“赴孔庙演礼”。

1915年3月16日，“夜往国子监西厢宿”。

1915年3月17日，“黎明丁祭，在崇圣祠执事，八时毕，归寓”。

1915年9月11日，“午后赴文庙演礼”。

1915年9月12日，“晚访陶念卿先生，夜就国子监宿”。

1915年9月13日，“黎明祭孔，在崇圣祠执事，八时讫归寓”。

1917年2月22日，“午后赴孔庙演礼”。

1917年2月23日，“夜至平安公司观影戏后赴国子监宿”。

1917年2月24日，“晨丁祭，在崇圣祠执事”。

1918年3月19日，“午后往孔庙演礼”。

1918年3月20日，“夜往国子监宿”。

1918年3月21日，“晨祀孔，执事毕，归寓卧”。

1919年3月4日，“午后赴孔庙演礼”。

1919年3月6日，“晨五时往孔庙为丁祭执事，九时毕，在寓休息”。

1919年9月30日，“午后赴孔庙演礼”。

1919年10月2日，“晨二时往孔庙执事，五时半毕，归”。

1920年3月18日，“午后往孔庙演礼”。

1920年3月20日，“向晨赴孔庙，晨执事讫归睡，午后起”。

1921年3月14日，“午后往孔庙演礼”。

1921年3月15日，“未明赴孔庙执事”。

1921年9月11日，“未明赴孔庙执事”。

1923年3月25日，“黎明往孔庙执事，归涂坠车，落二齿”。

1924年9月3日，“午后往孔庙演礼”。

1924年9月4日，“夜半往孔庙，为丁祭执事”。

1925年10月30日，鲁迅撰写了杂文《从胡须说到牙齿》，文中讲述了祭孔活动的繁缛可笑，自己所付出的辛苦以及落齿的经历：“袁世凯也如一切儒者一样，最主张尊孔。做了离奇的古衣冠，盛行祭孔的时候，大概是要做皇帝以前的一两年。自此以来，相承不废，但也因秉政者的变换，仪式上，尤其是行礼之状有些不同：大概自以为维新者出则西装而鞠躬，尊古者兴则古装而顿首。我曾经是教育部的佥事，因为‘区区’，所以还不入鞠躬或顿首之列的；但届春秋二祭，仍不免要被派去做执事。执事者，将所谓‘帛’或‘爵’递给鞠躬或顿首之诸公的听差之谓也。民国十一年秋，我‘执事’后坐车回寓去，既是北京，又是秋，又是清早，天气很冷，所以我穿着厚外套，戴了手套的手是插在衣袋里的。那车夫，我相信他是因为瞌睡，胡涂，绝非章士钊党；但他却在中途用了所谓‘非常处分’，以‘迅雷不及掩耳之手段’，自己跌倒了，并将我从车上摔出。我手在袋里，来不及抵按，结果便自然只好和地母接吻，以门牙为牺牲了。于是无门牙而讲书者半年，补好于十二年之夏，所以现在使朋其君一见放心，释然回去的两个，其实却是假的。”

历史博物馆筹备处就设在国子监彝伦堂内。1912年7月，在教育总长蔡元培的关怀下，国立历史博物馆筹备处正式成立，聘请京师大学堂教授胡玉缙为主任，以国子监为馆址，收集各地文物。1913年6月2日，《鲁迅日记》载：“下午同夏司长、戴芦舲、胡梓方赴历史博物馆观所购明器土偶，约八十余事。”记录了当时征集文物的情况。

因鲁迅所司管的社会教育司第一科主管博物馆事项，所以就经常到这里来检查工作。他对历史博物馆的工作非常重视，1913年，因德国“万国书业雕刻及他种专艺赛会”准备于1914年5月至8月在德国莱比锡举办展览，委托在华留学的米和伯博士在北京设筹办处，征集中国展品。1913年11月20日，历史博物馆送藏品十三种至教育部，鲁迅“以其珍重，当守护”，回家取了两条被毯，住在教育部中看守，“不眠至晓”。

1918年，鲁迅还在国子监参加整理过“大内档案”。

“大内档案”是指清朝存放在内阁大库、方略馆大库、国史馆大库及宫中各处所藏档案的统称，是清代档案的一部分。它们在清宫积累了近300年，又在国子监堆了10年，其中有内阁红本、史书、实录、圣训、起居注、诏令、朱批奏折、上谕、履历

* 国子监彝伦堂（手绘）

* 太庙（手绘）

单、档簿、呈稿、历科殿试试卷等，还有国史馆所纂各种史书、传记、志表的稿本等，内容繁杂，是关于清史的重要史料。1898年大库墙塌，发现其中的一些珍本书。1900年八国联军进北京后，窃走了大批地图等物，后又不断为人偷盗。清政府倒台后，这些档案被装进8000只麻袋，堆在国子监敬一亭里。鲁迅在1927年曾著《谈所谓“大内档案”》一文，对这一事件有详细的描述。1917年傅增湘做教育总长，“他是藏书和‘考古’的名人。我想，他一定听到了什么谣言，以为麻袋里定有好的宋版书——‘海内孤本’。这一类谣言是常有的，我早先还听得人说，其中且有什么妃的绣鞋和什么王的头骨哩。有一天，他就发一个命令，教我和G主事试看麻袋。即日搬了二十个到西花厅，我们俩在尘埃中看宝贝，大抵是贺表，黄绫封，要说好是也可以说好的，但太多了，倒觉得不希奇。还有奏章，小刑名案子居多，文字是半满半汉，只有几个是也特别的，但满眼都是了，也觉得讨厌。殿试卷是一本也没有；另有几箱，原在教育部，不过都是二三甲的卷子，听说名次高一点的在清朝便已被人偷去了，何况乎状元。至于宋版书呢，有是有的，或则破烂的半本，或是撕破的几张。也有清初的黄榜，也有实录的稿本。朝鲜的贺正表，我记得也发见过一张。”后来这批档案被移至午门，进行大举翻检。后北洋政府因财政困难，将其中大部分档案，计十五万斤，以四千银元的价格当废纸卖给了西单同懋增纸店，做再生纸的原料。清朝遗老罗振玉知道后，以高出两倍的价格买下，后以更高的价格卖给前清驻日公使李盛铎。1928年中央研究院语言研究所又以1.8万元将这批档案买回。鲁迅说：“中国公共的东西，实在不容易保存。如果当局者是外行，他便将东西糟完，倘是内行，他便将东西偷完。而其实也并不单是对于书籍或古董。”揭露了官僚们对档案文件的不负责任和偷盗行为的可耻。

据《鲁迅日记》中记载，他曾两次游历史博物馆：

1913年8月12日，“午后同戴芦舲、许季上游雍和宫，次至历史博物馆”。

1914年4月1日，“访蒋抑卮，见蒋孟平、蔡国青，往福全馆午饭，后同游历史博物馆”。

1917年，教育部以国子监“地处偏僻，屋舍狭隘”为由，将馆址改设在端门至午门一带的建筑内，1918年7月迁入午门城楼及两翼朝房内。1926年10月10日历史博物馆正式开馆，在午门城楼及东西雁翅楼开设了十个专题陈列。

鲁迅还把自己买到的一些文物捐献给历史博物馆。《鲁迅日记》载，1921年3月24日，“为历史博物馆买瓦当二个，三元”。1923年7月23日，“上午以大镜一枚赠历史博物馆”。现在鲁迅博物馆馆藏的一只铜镜和一只大碗就是鲁迅当时捐赠给历史博物馆的文物。

虎坊桥·夏期讲演会

鲁迅于1912年5月到北京教育部，其时仅仅是一名社会教育司第二科科员。6月，便接受了夏期讲演会的任务。1912年作为教育总长的蔡元培在《对于新教育之意见》中提出“五育”的教育方针，认为世界观教育须通过美感教育来实现，而世界观与美育主义二者为“超轶政治之教育”。鲁迅赞同蔡元培的观点并积极实施这一教育方针，欣然承担了教育部夏期美术讲习会中关于《美术略论》的课程。

夏季讲演会是为解决辛亥革命后教育荒阙问题而应急设立的，是一种临时教育训练班，目的是“从事学问，阐发理术，宏深造诣”，开设的科目近30种，涉及社会科学、自然科学、军事学科中的许多领域。教育部聘请了中外专门学家担任教员，第一批聘任的教员有严复、许寿裳等十七人，开设的课程有进化天演、教育学、算学、化学、植物学、经济学、货币学等。这之后，又增聘了章太炎、鲁迅等十一人，开设了东洋哲学史、美术略论、海军军制学、英文文法、佛学等课程。听讲生不拘资格，“凡有志求学，自问能领会讲旨者”都可报名听讲。

6月21日，鲁迅到宣武门虎坊桥法律学堂进行首次讲演，题目是：“美术略论”。《鲁迅日记》载：“下午四时至五时赴夏期讲演会演说《美术略论》，听者约三十人，中途退去者五六人。”尽管如此，鲁迅仍按时授课。第二讲是在6月28日，“四时赴夏期讲演会述《美术略论》，至五时已”。第三讲在7月5日，“下午四时赴讲演会，讲员均乞假，听者亦无一人，遂返”。由于蔡元培7月1日提出辞职，消息传开，讲员都请了假，学堂更是空无一人了。鲁迅仍然坚持进行了第四讲，7月10日，“上午九时至十时诣夏期讲习会述《美术略论》，听者约二十余人”。这时又生事端，由于蔡元培提出辞职，临时教育会议决定删除美育。7月12日，鲁迅听到临时教育会删掉美育的事情，气愤地在当天日记中写到：“此种豚犬，可怜可怜！”7月14日，蔡元培辞职。在时政混乱、教育思想混乱的情况下，鲁迅于7月17日坚持讲完最后一讲，“上午九时至十时在夏期讲会述《美术略论》，初止一人，终乃得十人，是日讲毕”。鲁迅读书范围甚广，深谙中国美术的真谛，留学日本期间又接触到大量外国美术理论和作品。

《美术略论》的讲稿虽然现在佚失，但从鲁迅后来的美术思想及对中国美术的贡献来看，应有不俗的见解。听众少的原因：一是动乱时代使人们对美术理论没有兴趣，二是没有认识到美育的重要性。正如鲁迅在《坟·娜拉走后怎样》一文中所说的："可惜中国太难改变了，即使搬动一张桌子，改装一个火炉，几乎也要血；而且即使有了血，也未必一定能搬动，能改装。不是很大的鞭子打在背上，中国自己是不肯动弹的。我想这鞭子总要来，好坏是别一问题，然而总要打到的。但是从那里来，怎么地来，我也是不能确切地知道。"

宣武门虎坊桥法律学堂旧址现已无从查找，但人们应记住鲁迅在那里的足迹。

京师图书馆

19世纪末，20世纪初，欧风东渐，一些有识之士倡言仿效外国，建立公共图书机构。光绪三十一年（1905），清政府兴学校，废科举，湖南建立了全国第一个图书馆。光绪三十三年（1907），张之洞调任军机大臣并以内阁大学士身份兼掌管学部，次年为筹建京师图书馆购湖州姚觐元"咫进斋"和扬州徐乃昌"积学斋"私人藏书入京，常熟瞿氏铁琴铜剑楼雇人把若干种书抄成副本，原本供于京师。宣统元年（1909），学部上《筹建京师图书馆折》，9月9日奏准兴建京师图书馆，任命缪荃孙为监督，设馆于什刹海广化寺。所藏图书取自国子监南学和内阁大库，包括明代皇家图书馆文渊阁藏书和南宋辑熙殿珍本，还采进敦煌石室所藏唐人写经本8000卷以及著名私家藏书，总计藏书不到10万册。1912年，中华民国建立后，蔡元培任教育总长。5月，教育部任命江瀚（叔海）为京师图书馆馆长，馆址仍为广化寺。

广化寺坐落在风景秀丽的什刹海后海的北岸，始建于元代。史书记载，元朝时有一高僧，每日持钵诵经，诵一声拿一粒米，二十年间积累到48石米，用积累的布施筹建寺庙，后感动四众弟子，开始建广化寺。明、清两代，广化寺经数度重修。寺庙共有五进院落，院内南侧有山门殿。山门内有钟鼓楼、天王殿、五佛宝殿和藏经阁等。整座寺庙建筑宏伟绚丽，寺内古柏苍翠，曲径通幽。

鲁迅于1912年8月被任命为教育部社会教育司第一科科长，负责管理博物馆、图书馆、美术馆等事项。20日鲁迅随夏曾佑司长到京师图书馆视察，《鲁迅日记》载：“上午同司长并本部同事四人往图书馆阅敦煌石室所得唐人写经，又见宋、元刻本不少。”

1912年8月27日，京师图书馆正式开馆，开始接待读者。1912年12月19日，鲁迅又踏雪访问京师图书馆，《日记》载：“大雪

* 位于方家胡同的京师图书馆旧影（手绘）

终日，午后同夏司长赴图书馆，途中甚冷。”

京师图书馆馆长江瀚（叔海）在《鲁迅日记》中有几次记录：1912年9月30日，“上午致江叔海信，又致蒋抑卮信，为之介绍阅图书馆所藏秘笈也”。1913年1月13日，“午后得江叔海信，即复之”。1913年2月17日，“午后同沈商耆赴图书馆访江叔海问交代日期”。鲁迅与江叔海的往来信件现已佚失，但《日记》中的文字可以说明鲁迅对京师图书馆建设的关心与操劳：

1913年3月7日，“午后同沈商耆赴图书馆交代事务”。

1913年3月19日，“午后同夏司长、戴芦舲往图书馆”。

1913年4月15日，“午后同夏司长及戴芦舲往图书馆”。

1913年5月16日，“午后同夏司长赴图书馆，又步什刹海半周而归”。

1913年6月6日，“午后同关来卿先生往图书馆并还所假书，别借宋本《易林注》二册”。

1913年10月1日，“午后往图书馆寻王佐昌还《易林》，借《嵇康集》

＊京师图书馆开馆典礼与教育部同事合影

一册，是明吴匏庵丛书堂写本”。

1913年11月1日，“午后同夏司长往什刹海京师图书馆”。

1913年6月，因广化寺地处偏僻，房屋低洼潮湿，不宜保存图书，经教育部批准，在另觅新馆址的同时，租用宣武门外前青厂民房一座，当作分馆。1913年4月1日，《鲁迅日记》载：“午后同夏司长、齐寿山、戴芦舲赴前青厂观图书分馆新赁房屋，坐少顷出。”23日，“午后同夏司长、戴芦舲往前青厂图书分馆”。6月，分馆开馆。10月26日，“往前青厂图书馆分馆访关来卿先生”。关来卿是京师图书馆分馆主任，鲁迅此来是洽谈图书馆工作。29日，“在部终日造三年度豫算及议改组京师图书馆事，头脑岑岑然”。30日，“下午前往图书馆分馆交撤旧馆员回本馆函一件”。1913年2月江瀚调任他职，教育部命夏曾佑负责管理该馆，但实际上是由鲁迅负责管理。鲁迅为京师图书馆的建设呕心沥血，做出了巨大贡献。同时京师图书馆也为鲁迅的学术研究提供了方便，他经常到图书馆借阅书籍，还介绍日本友人前往参观。

1914年1月23日，“教育部欲买石桥别业为图书馆，同夏司长及同事数人往看之”。

1914年7月21日，“午前同沈商耆往看筹边学校房屋可作图书馆不”。

1915年6月20日，“午后往方家胡同图书馆”。

1916年7月18日，“午后往京师图书馆”。

1917年1月26日，“上午赴京师图书馆开馆式”。

1914年分馆迁至前青厂西口永光寺街。4月4日，《鲁迅日记》载：“至前青厂图书分馆。”10月，京师图书馆停止阅览，暂时由广化寺移至国子监。1915年，确定以安定门内方家胡同国子监南学旧址为京师图书馆。1916年初，分馆又迁至宣武门外香炉营四条胡同。1917年1月26日，京师图书馆在方家胡同重新开放，鲁迅与教育部部分同人出席了开馆活动并留影纪念。此时的京师图书馆已粗具近代图书馆的规模。

1917年1月，教育部获准在午门设置京师图书馆，在端门设置历史博物馆，鲁迅前往视察数次，后来京师图书馆终未迁至午门。

现在，京师图书馆已经发展演变为中国最大的国家图书馆，鲁迅功不可没。据国家图书馆的资料，京师图书馆开馆之初，为充实馆藏，鲁迅在1912年秋季以教育部名义咨调各省官书局所刻书籍入藏京师图书馆。1913年，将一部铜活字版大型类书《古今图书集成》拨予京师图书馆。1916年4月，通过政事堂取得内政部同意，明文规定，凡经内务部立案的出版物均须分送京师图书馆一份庋藏，标志着京师图书馆开始履行国家图书馆的重要职能。同年，鲁迅又为京师图书馆征取各省区最新修刊的志书，征求各种著名碑碣石刻拓本。《永乐大典》（残本）和文津阁《四库全书》也是经鲁迅据理力争，于1915年移藏京师图书馆的。

位于方家胡同的京师图书馆现已改为学校。

通俗图书馆

鲁迅于1912年8月被任命为教育部社会教育司第一科任科长，管辖图书馆。继1912年8月27日京师图书馆开馆之后，通俗图书馆也于1913年10月21日开馆。地址在北京宣武门内大街路西抄手胡同口外。这是第二座向公众开放的图书馆，也是我国最早的一个面向大众的图书馆。主要服务对象是普通群众和儿童，向大众进行通俗文化教育。图书馆还设立了新闻阅览处和儿童阅览处,提供免费阅览服务。还附设了一个儿童体育场，供读者休息时进行锻炼，以健身心，这在当时是非常先进的。鲁迅在10月21日这一天亲临现场参加了开馆式。

关于通俗图书馆的建设，鲁迅认为：“于通俗图书馆，则鄙意以为小说大应选择；而科学书等，实以广学会所出者为佳，大可购置，而世多以其教会所开而忽之矣。”（1918年8月20日致许寿裳）鲁迅对通俗图书馆非常关心，还把自己校阅过的翻译小说《炭画》及参与撰稿的《新青年》杂志等捐献给图书馆以丰富馆藏。鲁迅还经常到那里检查工作，借阅图书，他的小说史研究从通俗图书馆受益颇多。鲁迅在《〈小说旧闻钞〉再版序言》中说："《小说旧闻钞》者，实十余年前在北京大学讲《中国小说史》时，所集史料之一部。时方困瘁，无力买书，则假之中央图书馆，通俗图书馆，教育部图书室等，废寝辍食，锐意穷搜，时或得之，瞿然则喜，故凡所采掇，虽无异书，然以得之之难也，颇亦珍惜。"对通俗图书馆非常赞赏。通俗图书馆的藏书以大众通俗读物为主，所藏的一千多种戏曲、小说，在当时甚至超过了京师图书馆的收藏。

1925年10月鲁迅写下了小说名篇《伤逝》，其中描写的主人公涓生在图书馆的情节："……我终于在通俗图书馆里觅得了我的天堂。那里无须买票；阅书室里又装着两个铁火炉。纵使不过是烧着不死不活的煤的火炉，但单是看见装着它，精神上也就总觉得有些温暖。书却无可看：旧的陈腐，新的是几乎没有的。"这段描写显然是鲁迅的生活体验，他把自己亲历的生活场景融入文学作品中，使人感到真实生动。至少也让研究者知道那时图书馆的取暖设备是用火炉。

为增加读者，扩大普及教育，教育部与内政部协商将通俗图书馆迁至中央公园（今中山公园）。1917年8月，通俗图书馆搬进中央公园大殿。但由于图书馆与公园产生矛盾，只好再次搬家。《鲁迅日记》载：1919年9月22日，"同陈仲骞、徐森玉、徐吉轩往市政公所议公园中图书馆事"。就是议迁馆之事。1924年，通俗图书馆和京师图书分馆均迁至宣武门内头发胡同22号，同属教育部管辖，合署办公，分治馆务。这里是宣统年间翰林院讲习馆旧址，是一个环境幽雅的大四合院，南屋为阅报室，北屋为阅书室，后面是书库。鲁迅和当时的学界名流经常到那里查阅图书资料。《鲁迅日记》载：

1913年10月21日，“通俗图书馆开馆，赴之”。

1913年11月13日，“下午赴通俗图书馆”。

1913年12月31日，“下午赠通俗图书馆《绍兴教育会月刊》第一至第三期各一册”。

1914年3月28日，“午后往通俗图书馆”。

1914年4月28日，“上午赠通俗图书馆《炭画》一册”。

1914年8月18日，“下午同徐吉轩至通俗图书馆小坐，次长亦至”。

1914年12月22日，“午后同徐吉轩、许季上至通俗图书馆检阅小说”。

1915年8月8日，“至通俗图书馆访王仲猷”。

1915年11月24日，“下午往通俗图书馆假《顺天通志》二册”。

1918年2月23日，“午后寄季市《新青年》一册，赠通俗图书馆一册”。

1918年3月1日，“下午往通俗图书馆”。

1919年9月22日，“同陈仲骞、徐森玉、徐吉轩往市政公所议公园中图书馆事”。

1920年2月25日，“午后往通俗图书馆借书”。

1920年6月12日，“午往通俗图书馆”。

1923年10月22日，“往通俗图书馆还书、借书”。

1923年12月8日，“往通俗图书馆查书”。

1923年12月15日，“上午往通俗图书馆借书”。

1923年12月26日，“往通俗图书馆还书并借书”。

1923年12月29日，“午后往通俗图书馆换书”。

1924年1月5日，“上午往通俗图书馆借书”。

1924年1月22日，“午后往通俗图书馆还书”。

1925年，教育部令中央公园图书阅览所改称京师第三普通图书馆，1926年又令京师图书馆分馆改称京师第一普通图书馆，通俗图书馆改称京师第二普通图书馆。1927年7月，通俗图书馆与京师图书馆分馆合并，统称京师第一普通图书馆。北伐后，三馆合并为北平特别市立第一普通图书馆。20世纪50年代改称首都图书馆。

天坛·先农坛

天坛公园位于北京市城南崇文区正阳门外、永定门内路东，是明、清两代皇帝祭天、祈雨和祈谷的地方。1912年6月14日，鲁迅到北京的第二个月就因公务到这里考察过。这天的《鲁迅日记》载：“午后与梅光羲、吴君玉搢赴天坛及先农坛，审其地可作公园不。”1912年鲁迅在教育部社会教育司工作，社会教育司所司管的主要事务就有“关于动植物园等学术事项”。 梅光羲为教育部秘书，胡玉缙（《鲁迅日记》中误写为“吴君玉搢”）也是教育部同僚，后曾做过历史博物馆筹备处处长，三人都是教育部的骨干。

天坛建于明永乐十八年（1420）。每年 “三孟”皇帝都要到天坛来祭祀，祈求天帝保佑，五谷丰登，风调雨顺。孟春（正月上辛日）祈谷，孟夏（夏至）祈雨，孟冬（冬至）祀天。天坛有外坛墙和内坛墙。北面外坛墙呈圆弧形，南墙与东、西墙相交成方角，取“天圆地方”之意。初建天坛时，称为天地坛，不仅祭天，而且祀地，直到嘉靖九年（1530）在北郊另建地坛后，才天地分祭，名称也改为天坛。天坛的建筑布局严谨，装饰瑰丽，气势宏大。天坛东西长1700米，南北宽1600米，总面积为273万平方米，面积辽阔，遍植苍松翠柏。建筑包括圜丘和祈谷二坛，外坛墙东、南、北三面均没有门，西边有圜丘坛门和祈谷坛门（也称天坛门）两座大门。而内坛墙四周则有东、南、西、北四座天门。内坛建有祭坛和斋宫，并有一道东西横墙，南为圜丘坛，北为祈谷坛。此外，天坛还有两组建筑群，斋宫和神乐署。斋宫实际是座小皇宫，是专供皇帝举行祭祀礼前斋戒时居住的宫殿，外面有城河围护。神乐署则是隶属于礼部太常寺之下，专门负责祭祀时进行礼乐演奏的官署。它是一个常设机构，拥有大型乐队和舞队，平时进行排练，祭祀时演奏礼乐。署衙的位置在外坛西部，与斋宫隔墙相邻，是一组标准的衙署建筑。

祈谷坛又称祈年殿，是天坛最有名的建筑。位置在天坛的北部，原名大祈殿、大享殿，始建于明永乐十八年（1420），是天坛最早的建筑物。乾隆十六年（1751）修缮后，改名为祈年殿。光绪十五年（1889）毁于雷火，数年后按原样重建。目前的祈年殿是一座直径32.72米，总高38米的圆形建筑，殿顶莲座上为鎏金宝顶，三重蓝瓦屋檐攒尖顶，层层收进，中间4根龙柱高19.2米，殿内雕梁画栋，富丽堂皇。

天坛在1860年曾遭英法联军洗劫，1900年又遭八国联军的蹂躏。斋宫曾设联军司令部，圜丘坛上架设了轰击前门和紫禁城的大炮。当时，天坛内外各设一个火车站，内站运兵员，外站运军火。1916年，袁世凯登基，也在天坛演出了一场祭天的丑剧。军阀混战期间，辫帅张勋曾在祈年殿设司令部，与段祺瑞巷战时，天坛内成为战场。天坛建筑及园林遭到严重破坏。鲁迅等考察天坛公园后并没有结果，公园归内务部管理。1918年，天坛辟为公园，正式向公众开放。1998年11月，北京天坛被列入《世界遗产名录》。

鲁迅等在同一天考察的先农坛坐落在正阳门西南，与天坛隔街相对。先农坛建于明永乐十八年（1420），又称山川坛，为明、清两代皇家祭祀先农诸神的场所。先农坛内建筑雄伟，古木参天。著名建筑有庆成宫、太岁殿、神厨、神仓、俱服殿、宰牲亭、观耕台、一亩三分地等。明、清两代，成为皇帝重要的祭祀典礼，每年仲春亥日皇帝率百官到先农坛祭祀先农神，在俱服殿更换亲耕礼服，随后到亲耕田举行亲耕礼。亲耕礼毕后，在观耕台观看王公大臣耕作。帝制被推翻后，先农坛也归内务部管理。

1913年元旦，是“共和大纪念日”，内务部礼俗司在先农坛设立的古物保存所免费开放，游人众多，鲁迅与好友许寿裳前去参观过一次。

1915年，内务部经费拮据，拆除了先农坛外墙，树木、地皮标价变卖，北部开辟为市场，南部辟为城南公园向公众开放。20世纪30年代后东南角又被辟为体育场。现在，在保留的主体建筑物内成立了古代建筑博物馆。

故宫

故宫为明、清两代的皇宫，又称紫禁城，是北京的中心。始建于明永乐四年（1406），至永乐十八年（1420）落成。1911年，辛亥革命推翻了清王朝，1924年清代最后的皇帝爱新觉罗·溥仪被逐出宫。在这前后五百余年的历史中，这里曾居住过共24位皇帝。故宫建筑红墙黄瓦，金碧辉煌。殿宇楼台，雄伟壮观。外有城墙和护城河，城墙四面各设城门一座，南面午门，北面神武门，左右为东华门、西华门。经古建筑专家实地调查统计，故宫有宫殿、楼堂980余座，房屋8707间。故宫建筑主要分“外朝”和“内廷”。前半部分以太和殿、中和殿、保和殿三大殿为中心，东西辅以文华、武英二殿，统称为“外朝”，是明、清两代皇帝办理朝政及重要庆典的场所。“内廷”以乾清宫、交泰殿、坤宁宫为中心，左右有东、西六宫，后面为御花园，是皇帝、皇后、嫔妃们的寝宫和活动场所。故宫的建筑是中国现今保存最完整、规模最宏伟的古代宫殿建筑群，也是世界建筑史上的奇迹。

1911年辛亥革命胜利，1912年2月清宣统帝宣布退位，临时革命政府拟定《清室优待条件》，允许末代皇帝溥仪“暂居宫禁”（内廷），并决定将承德避暑山庄和沈阳故宫的文物移至故宫 “外朝”，于1914年成立了古物陈列所。因为溥仪一直与亡清残余势力图谋复辟，且以赏赐、典当、修补等名目，从宫中盗窃大量文物，所以引起了社会各界的严重关注。1924年，冯玉祥发动“北京政变”，将溥仪逐出故宫，并成立“清室善后委员会”。1925年9月29日，委员会制定并通过了《故宫博物院临时组织大纲》，设临时董事会“协议全院重要事物”，董事由严修、卢永祥、蔡元培、熊希龄、张学良、张璧、庄蕴宽、鹿钟麟、许世英、梁士诒、薛笃弼、黄郛、范源濂、胡若愚、吴敬恒、李祖绅、李仲三、汪大燮、王正廷、于右任、李煜瀛等21人组成。又设临时理事会“执行全院事物”，有理事9人。李煜瀛为临时董事兼理事长，易培基任古物馆馆长，陈垣任图书馆馆长。“清室善后委员会”对故宫文物进行了清点，整理刊印出《故宫物品点查报告》共6编28册，计有9.4万余个编号117万余件文物。据1925年公开出版的《清室善后委员会点查报告》一书所载，清宫文物包括三代鼎彝、玉器、字画、陶瓷、珐琅、漆器、金银器、图书典籍、文献档案，等等。奇珍异宝，天下财富，尽聚于此。1925年10月10日故宫博物院宣布正式成立，下设古物馆、图书馆、文献馆，分别组织人力继续对文物进行整理，并在宫内开辟展室，举办各种陈列。

鲁迅在北京的时期亲历了故宫的变迁。太和殿、保和殿、武英殿、文华殿、午门都有他的足迹。

太和殿，俗称“金銮殿”，明永乐十八年（1420）建成，清康熙三十四年（1695）重建，是故宫最辉煌的主建筑。初名奉天殿，明嘉靖时改名皇极殿，清顺治时始称太和殿。它是明、清两代皇帝举行大典的场所。皇帝登基、大婚、册立皇后、公布进士黄榜、派将出征等，都在这里举行庆典。

保和殿，明永乐十八年（1420）建成。清乾隆时重修。原名谨身殿，明嘉靖时改名建极殿，清顺治时始称保和殿，是清代科举考试“殿试”的场所。

1925年7月27日，《鲁迅日记》载：“上午往太和殿检查文溯阁书。”

1925年7月29日，“上午往保和殿检书”。

1925年7月31日，“上午往保和殿检书”。

1925年8月1日，“往保和殿检书”。

鲁迅之所以到故宫检书，是因为1925年7月6日张作霖要求段祺瑞政府送还1914年运到北京的原沈阳文溯阁所藏《四库全书》，鲁迅奉教育部命令前往参加启运前的检查工作。

《四库全书》是乾隆皇帝在“文字狱”的背景下亲自组织编写的中国历史上一部规模最大的丛书，1772年开始，经十年编成。丛书分经、史、子、集四部，故名四库。据文津阁藏本，该书共收录古籍3503种，79337卷，装订成36300册。乾隆皇帝为《四库全书》建造了南北七阁——文渊阁、文溯阁、文源阁、文津阁、文宗阁、文汇阁和文澜阁，加以分贮珍藏。七部之中，文源阁本、文宗阁本和文汇阁本已荡然无存，只有文渊阁本、文津阁本、文溯阁本和文澜阁本传世至今。

关于《四库全书》，鲁迅历来持有自己的看法。他曾在《且介亭杂文·病后杂谈之余》一文中说：“清人纂修《四库全书》而古书亡，因为他们变乱旧式，删改原文。”“现在不说别的，单看雍正、乾隆两朝的对于中国人著作的手段，就足够令人惊心动魄。全毁，抽毁，剜去之类也且不说，最阴险的是删改了古书的内容。乾隆朝的纂修《四库全书》，是许多人颂为一代之盛业的，但他们却不但捣乱了古书的格式，还修改了古人的文章；不但藏之内廷，还颁之文风较盛之处，使天下士子阅读，永不会觉得我们中国的作者里面，也曾经有过很有些骨气的人。”鲁迅还举出确切的证据：“嘉庆、道光以来，珍重宋元版本的风气逐渐旺盛，也没有悟出乾隆皇帝的‘圣虑’，影宋元本或校宋元本的书籍很有些出版了，这就使那时的阴谋露了马脚。最初启示了我的是《琳琅秘室丛书》里的两部《茅亭客话》，一是校宋本，一是四库本，同是一种书，而两本的文章却常有不同，而且一定是关于‘华夷’的处所。这一定是四库本删改了的；现在连影宋本的《茅亭客话》也已出版，更足据为铁证，不过倘不和四库本对读，也无从知道那时的阴谋。”在古籍版本方面，鲁迅是众所周知的行家，所以教育部会派他到故宫检查整理《四库全书》的工作。

故宫武英殿始建于明初，武英殿位于外朝之东，与文华殿相对，形成一文一武的格局。武英殿自乾隆以后，成为专司校勘、刻印书籍的地方。文华殿则是举行“经筵”的地方。每年春秋两季，皇帝在这里讲学，君臣之间相互讨论《诗经》、《尚书》、《易经》、《春秋》等。1914年2月，中国近代第一座国立博物馆——古物陈列所成立，地点就设在武英殿和文华殿。该机构的主要职能是保管、陈列前清沈阳、热河两处行宫的文物。1914年10月11日前后，古物陈列所正式对外开放。两周后，鲁迅参观了古物陈列所。10月24日《鲁迅日记》载：“下午与许仲甫、季市游武英殿古物陈列所，殆如骨董店耳。”由于当时的展览手段较简单，鲁迅说它像个古董店。

1916年9月10日，鲁迅陪着来北京的三弟周建人又游武英殿古物陈列所。

1917年10月7日，鲁迅又陪二弟周作人游览了故宫，并参观了文华殿陈列展出的书画。

1928年6月，南京国民政府行政院内务部接管了古物陈列所，1933年古物陈列所及故宫文物均南迁南京。1948年古物陈列所并入故宫博物院。

午门是紫禁城的正门，建成于明永乐十八年（1420），清顺治四年（1647）重修，嘉庆六年（1801）又修。它位于紫禁城南北轴线，东西北三面城台相连，呈凹字形，中间环抱成一个方形广场。其北面有五个门洞，各有用途。中门为皇帝出入专用，此外只有皇帝大婚时皇后可由此门进一次，而通过殿试的状元、榜眼、探花在宣布殿试结果后也可从中门出宫。东侧门供文武官员出入，西侧门供宗室王公出入。左右拐角处设两个掖门，只在举行大型活动时开启。午门城台上有5座崇楼，整座建筑形若朱雀展翅，故有“五凤楼”之称。

1912年8月，京师图书馆在什刹海广化寺开馆。1913年6月，因广化寺地处偏僻，房屋低洼潮湿，不宜保存图书，教育部决定另辟新址。因故宫午门有大量空房，教育部为此写了一个呈文，称：“端门、午门一带地方，位置适中，门楼高敞，于设立图书馆，收藏观览，均极相宜，现在共和时代，此项雄伟建筑废弃不用，殊为可惜。拟请将午门、端门两门楼及端门内左右朝房，一并拨归教育部，略事修葺，以午门为京师图书馆，端门为历史博物馆。”（《教育部文牍汇编》第二册）1917年1月，教育部获准在午门设置京师图书馆，在端门楼设历史博物馆。鲁迅受命前往视察。2月5日，《鲁迅日记》载：“赴午门阅屋宇，谓将作图书馆也，同行部员共六人。”以后又去视察多次。

1917年4月18日，“午后往午门”。

1917年12月17日，“午后视午门图书馆”。

1917年12月19日，“下午复往午门图书馆”。

后来京师图书馆并未设在午门而设在了方家胡同。午门上只开设了一个小型图书馆。

1917年，教育部以设在国子监的历史博物馆“地处偏僻，屋舍狭隘”为由，将馆址改设在端门至午门一带的建筑内，1918年7月迁入午门城楼及两翼朝房内，鲁迅多次前往：

1919年11月24日，“往历史博物馆”。

1920年1月8日，“往历史博物馆”。

1920年1月23日，“午后往历史博物馆”。

1920年3月25日，“午后往历史博物馆”。

1920年6月24日，“往历史博物馆”。

1924年10月9日，“午后往历史博物馆”。

1925年4月20日，“午后往女师校讲，并领学生参观历史博物馆”。这次参观的学生中就有鲁迅后来的夫人许广平。她在《鲁迅的写作和生活·青年人与鲁迅》这篇回忆文章中讲述了这件事，这是一个天气晴好、树枝吐芽的春天，鲁迅让同学们到皇宫聚齐，大家都去了，“原来这个博物馆是教育部直辖的，不大能够走进去，那时先生在教育部当佥事，所以那面的管事人都很客气地招待我们参观各种陈列：有大鲸鱼的全副骨骼，各种标本，和古时用的石刀、石斧、泥人、泥屋，有从外国飞到中国来的飞机，也保存在一间大房子里。有各种铜器，有一个还是鲁迅先生用周豫才名捐出的。其他平常看不到的东西真不少，胜过我们读多少书，因为有先生随处给我们很简明的指示。”

1926年10月10日历史博物馆在午门城楼及东西雁翅楼正式开馆。历史博物馆1959年从午门、端门迁出至天安门广场东面。现在历史博物馆已经与革命博物馆合并为中国国家博物馆。

1920年4月17日，鲁迅曾到午门，整理德国商人俱乐部藏书。鲁迅在《华盖集续编·记谈话》中记录了这件事：“提到我翻译《工人绥惠略夫》的历史，倒有点有趣。十二年前，欧洲大混战开始了，后来我们中国也参加战事，就是所谓‘对德宣战’；派了许多工人到欧洲去帮忙；以后就打胜了，就是所谓‘公理战胜’。中国自然也要分得战利品——有一种是在上海的德国商人的俱乐部里的德文书，总数很不少，文学居多，都搬来放在午门的门楼上。教育部得到这些书，便要整理一下，分类一下——其实是他们本来分类好了的，然而有些人以为分得不好，所以要从新分一下。——当时派了许多人，我也是其中的一个。后来，总长要看看那些书是什么书了。怎样看法呢？叫我们用中文将书名译出来，有义译义，无义译音，该撒呀，克来阿派忒拉呀，大马色呀……每人每月有十块钱的车费，我也拿了百来块钱，因为那时还有一点所谓行政费。这样的几里古鲁了一年多，花了几千块钱，对德和约成立了，后来德国来取还，便仍由点收的我们全盘交付——也许少了几本罢。至于‘克来阿派忒拉’之类，总长看了没有，我可不得而知了。”德国在欧战中战败后，在上海的德国商人俱乐部所藏德、俄、法、日等外文书由教育部作为战利品接收，堆放在午门楼上。鲁迅受教育部命参加，并负责德、俄文书籍的分类整理工作。后来鲁迅翻译《工人绥惠略夫》的底本，就是从那时整理着的德文书里挑出来的。为了这项工作，鲁迅从4月至11月共去午门十余次。

学　苑

北京大学

北京大学创办于1898年，初名京师大学堂，是中国近代第一所国立大学，也是中国近代正式设立的第一所大学，被公认为中国的最高学府，其成立标志着中国近代高等教育的开端。最初校址在景山东街马神庙。

民国元年（1912），京师大学堂更名为国立北京大学，成为中国近代最早以国立大学为名称建立的机构。它建立了中国最早的现代学制，是近代最早的综合性大学。在中国现代史上，北大是新文化运动与五四运动的中心发祥地，也是多种政治思潮和社会理想在中国的最早传播地，有“中国政治晴雨表”之称，享有极高的声誉和重要的地位。1917年，蔡元培出任北京大学校长，他“循思想自由原则，取兼容并包主义”，对北京大学进行了大刀阔斧的改革。他首先革除了腐败的官气陋习，网罗了各派的杰出人才，其中既有提倡新文化的陈独秀、胡适、李大钊、钱玄同、刘半农、周作人等，又有张扬旧学的辜鸿铭、黄侃、陈汉章、林损等，北大由此人才云集。蔡元培进而发扬学术民主，倡导自由辩论，营造新鲜空气，促进思想解放和学术繁荣，开创了北大精神。

1918年沙滩红楼建成，北大文科及图书馆就设在这里，称北

＊北京大学第一院——北大红楼（手绘）

京大学第一院。马神庙的京师大学堂旧址称北京大学第二院，校本部及理科各系设在第二院。北河沿的原京师大学堂译书馆称北京大学第三院，法科各系及研究所国学门设在第三院。

蔡元培一向很佩服鲁迅的学问和见识，对其美术功底和美术观点也是非常了解的。1917年他出任北大校长后，委托鲁迅为北大设计校徽。本年8月7日《鲁迅日记》载："寄蔡先生信并所拟大学徽章。"鲁迅设计的北大校徽采用中国传统的瓦当造型，简洁的轮廓给人现代的感觉。用小篆字体书写的"北大"上下排列，突出以人为本的理念，给人以"北大人肩负着开启民智的重任"的想象。现在北大使用的校徽仍然采用鲁迅的设计，正说明其设计具有长久的艺术生命力。陈独秀、李大钊、蔡元培、鲁迅等都是五四运动的领导者和支持者。

1920年8月起，鲁迅接受时任北大校长的蔡元培的邀请到北大做讲师。1921年8月6日，《鲁迅日记》载："晚马幼渔来送大学聘书。"马幼渔是鲁迅在日本东京时同在章太炎门下听讲的同窗好友，时任北大国文系主任。鲁迅从1920年12月24日起开始在北大授课，1926年5月24日是在北大最后一次授课，6月30日鲁迅把小说史考试的分数寄北大注册部，7月29日收北大薪水15元，8月26日离京南下。鲁迅在北大的授课时间相比在其他学校来说是最长的。

在北大，鲁迅主要讲授中国小说史，后又以日本厨川白村的《苦闷的象征》为教材讲授文艺理论，共授课60多次。鲁迅讲授中国小说史是以他自己编写的、油印本或铅印本的《中国小说史大略》作为讲义。该书于1923年12月和次年6月，分上下册由北京大学新潮社正式出版，书名为《中国小说史略》。这是中国第一部小说史专著，胡适在《白话文学史》中曾评价说“是一部开山的创作，搜集甚勤，取材甚精，断制也甚谨严”。

1922年1月14日，鲁迅被聘为北京大学研

* 北京大学第二院——京师大学堂旧址（手绘）

究所国学门委员会委员。他还为北大《学生会周刊》、《文艺季刊》撰写过稿件，为《国学季刊》、《歌谣周刊》设计封面，对北大的文学社团——新潮社、春光社都给予积极支持。

1925年8月，鲁迅与北大40多名教员联名发表《反对章士钊的宣言》，揭露章士钊摧残教育的行径，并宣告“我们要出来抵抗他，反对他为教育总长”。1925年12月，在北大建校27年的时候，在《北大学生会周刊》创刊号上发表《我观北大》一文，表达了对北大的看法与期待：“北大是常为新的，改进的运动的先锋，要使中国向着好的，往上的道路走。虽然很中了许多暗箭，背了许多谣言；教授和学生也都逐年地有些改换了，而那向上的精神还是始终一贯，不见得弛懈。”“北大是常与黑暗势力抗战的，即使只有自己。”他坚信“北大究竟还是活的，而且还在生长的。凡活的而且在生长者，总有着希望的前途”。

鲁迅于1926年8月离京南下，1927年10月初与许广平在上海定居。1929年和1932年两次回平探亲，都曾应邀到北大进行演讲。

1929年5月29日，鲁迅应北大国文学会之邀到北大进行演讲。当日《鲁迅日记》载：“七时往北京大学第二院演讲一小时。”那天因为听众有上千人，临时改在第三院礼堂演讲。台上台下都坐满了听众，讲完之后听众还层层围住他不散。当晚鲁迅给许广平写信说：“大约北平寂寞已久，所以学生们很以这类事为新鲜了。”遗憾的是，鲁迅此次演讲稿佚失。

＊鲁迅设计的北京大学校徽

1932年11月22日，《鲁迅日记》载：“下午，静农来，坐少顷，同往北京大学第二院演讲四十分钟。”这是著名的“北平五讲”中的第一讲。在台静农的陪同下，鲁迅来到北大第二院礼堂，观众有七八百人，演讲的题目是“帮忙文学与帮闲文学”。鲁迅在演讲中揭露了所谓“为艺术而艺术”派“不但没有反抗性而且压制新文学的发生”，并指出，历代的统治阶级都有供他们自己利用的文学，即“帮忙文学与帮闲文学”。那些臣子和奴仆，总是要为主人效力的，倘若无“忙”可“帮”，他们就要“帮闲”。无论“帮忙文学”或“帮闲文学”，它们的实质都是“官僚文学”。

这是鲁迅最后一次到北大，也是最后一次来北京。

北京大学平民夜校

1916年，蔡元培任北京大学校长，提倡普及义务教育、平民教育、男女同校，积极推动了中国近代平民教育事业的发展。1920年1月18日，北大平民夜校开学。蔡元培亲临法科礼堂，并在开学典礼上演讲，称这一天是“北京大学准许平民进来的第一日”。鲁迅一向赞同和支持蔡元培的教育思想，1926年2月9日，《鲁迅日记》载：“赠平民夜校书籍三本。”表示了对平民学校的关注与支持。

国立北京医学专门学校

国立北京医学专门学校旧址，在北京和平门外后孙公园。

这里曾是清慈禧太后的御医院。1903年，清朝政府在京师大学堂设立医学实业馆，1904年，改称医学馆，迁入和平门外八角琉璃井由兴胜寺庙宇改建的馆舍，1907年停办。1910年，此馆舍被施医总局买下。民国建立后，西学东渐之风日盛，西医逐渐被中国民众认可。1912年9月，教育部电召从日本留学归来正在筹建浙江省立医学专门学校的汤尔和到京，筹划创立医学校事宜。教育部以价银1万两购买了已经停办的医学馆馆舍，划拨给国立北京医学专门学校使用，10月16日，教育部任命汤尔和为北京医学专门学校校长，10月26日，中国第一所国立西医学校正式诞生。当时教职工9人，首批学生72人。这是中国政府教育部依靠中国自己的力量开办的第一所专门传授西方医学的国立学校。

＊国立北京医学专门学校（手绘）

因鲁迅与校长汤尔和有交往，曾多次到北京医学专门学校造访。汤尔和（1878—1940），浙江省杭州人，组织学、解剖学专家，医学教育家。他比鲁迅大两岁，1903年留学日本学习军事，不久回国，1907年再赴日本，改学医学，后毕业于日本金泽医学专门学校。归国后任浙江两级师范学堂校医。1912年10月受政府的委托，在北京建立起中国第一所国立医学校——北京医学专门学校。曾于1912年10月至1915年12月、1916年8月至1922年4月两次出任北京医学专门学校校长。1915年，他创立中华民国医药学会，任会长，1917年，在中华医学会第二次大会上被选为副会长。他曾起草中国第一部《解剖条例》，领导审定、统一中国医学名词。他在授课的同时，撰写和翻译了《组织学》、《局部解剖学》等学术著作30余部。

鲁迅与汤尔和在北京最早的交往记录是在1913年8月18日，《鲁迅日记》载："晚何燮侯以柬招饮于广和居，同席者吴雷川、汤尔和、张稼庭、王维忱、稻孙、季市。"这些全是浙江籍到北京的官员，召集宴会的何燮侯在留学日本时就与鲁迅相识，当时是北京大学校长。吴雷川、张稼庭、王维忱、钱稻孙、许季市都是鲁迅当时在教育部的同事。汤尔和、张稼庭则是他此前在浙江两级师范学堂的同事。以后鲁迅与汤尔和多有来往。《鲁迅日记》载："1914年1月5日，汤尔和来部见访，似有贺年之意。"1915年10月26日，"医学专门学校三年记念，下午往观，不得入，仍回部"。1916年1月17日，"参观医学专门学校"。11月27日，"晚至医校访汤尔和，读碑，乞方"。从《日记》看，鲁迅请他开药方，说明鲁迅对他的医术还是信服的。1920年5月29日，《鲁迅日记》载："午后访汤尔和。"此时正值鲁迅三弟周建人的儿子周沛生病住院，鲁迅访汤尔和的目的很可能是访病问药之事。这是鲁迅与汤尔和交往的最后一次记录。此外，他们之间还有书信的往来。

汤尔和在医学专门学校先后任职10年。1922年后，他历任教育总长、内务总长、财政总长。七七事变后投降日本，任"议政委员会"委员长、伪政府教育总长等职。1939年汤尔和任北京大学总监督，1940年因肺癌在北平病逝。

20世纪三四十年代胡适任北平大学校长时，国立医学专门学校曾一度改名为北平大学医学院，并入北平大学。1952年北京大学医学院脱离北京大学独立建院，改名为北京医学院，1985年更名为北京医科大学，2000年又与北京大学合并更名为北京大学医学部。

国立北京医学专门学校旧址后孙公园现在为北京第四十三中学。

国立北京工业专门学校

国立北京工业专门学校，创建于光绪三十年（1904），在清末是由农工商部直辖的工业学堂，民国后隶属教育部，初名北京工业专门学校，后改称北京工业大学，有机械、电气、化学等科。校址在西北城祖家街端王府夹道。

* 国立北京工业专门学校旧影（手绘）

1914年鲁迅为几个学生做入学保证人，曾到过该校。《鲁迅日记》载：1914年9月9日，“晨童亚镇、王式乾、徐宗伟来，各贻以《炭画》一册，又同至工业专门学校为作入学保人”。童亚镇、王式乾、徐宗伟都是鲁迅在绍兴府中学堂时的学生，分别在1913年或1914年考入北京工业专门学校。童亚镇等几个学生与鲁迅在北京开始交往，是由许铭伯之子许诗荃介绍的。许铭伯是鲁迅好友许寿裳的长兄，鲁迅初到北京时就是由许铭伯安排接待的。鲁迅对这几个来自家乡的学生非常关照，亲自陪他们到工业专门学校，并为他们作保。同时鲁迅作保的还有韩寿晋、王镜清等，也是绍兴府中学堂时的学生。鲁迅经常借钱给他们，还为他们划汇学费，帮助他们解决很多困难。从《鲁迅日记》看，他们的交往从1913年至1915年有20多次，大部分都是借钱还钱之类。1915年2月12日，《鲁迅日记》载：“得工业专门学校函，索所保诸生学费，即函童亚镇，令转催之。”1915年9月还有一次还钱记录，之后就是1916年1月2日的最后一次记录：“下午童亚镇来函假资用，即答谢之。”之后二人就再也没有了交往记录。

端王府夹道旧址现已荡然无存，北京工业专门学校在1923年改称北京工业大学，1928年并入北平大学改称北平大学工学院。抗战时期又并入西北联合大学。1946年后归入北京大学。北京工业专门学校与现在的北京工业大学没有传承关系。

西什库第四中学

《鲁迅日记》载：1914年9月29日，“下午往西什库第四中学，其校开纪念日也，小立便返”。西什库第四中学在北京西安门内西什库后库，创立于1906年，1912年9月更名为京师公立第四中学。

1906年顺天府在原西什库“天财库”旧址上筹建顺天中学堂。1907年顺天中学堂正式开学。辛亥革命以后，临时政府1912年1月9日废除晚清学部，创建了中国最早的教育部——南京临时政府教育部。1912年5月，裁撤前清京师督学局和八旗学务处，改为京师学务局。顺天中学堂就由教育部下属的京师学务局管辖。1912年9月29日改校名为京师公立第四中学校，并定9月29日为校庆日。1914年在教育部工作的鲁迅来到四中，参加了校庆纪念活动。

民国初年，四中反对林琴南“保存国粹”的教育思想，尊崇蔡元培要发展科学的教育思想。五四新文化运动中，四中的学生冯至等创办了新文化刊物《青年》，后来又办了《浅草》杂志，鲁迅在《中国新文学大系·小说二集序》中曾称他为“中国最为杰出的抒情诗人”。

北京四中现在仍是北京第一流的中学，为国家输送了大量优秀人才。

国立北京高等师范学校附属小学

《鲁迅日记》载：1914年10月11日，“高等师范附属小学开二周年纪念会，下午赴观，遇戴螺舲，至晚回寓”。鲁迅说的高等师范附属小学全称是国立北京高等师范学校附属小学，创办于1912年，隶属鲁迅供职的教育部，地址在和平门外琉璃厂。

国立北京高等师范学校附属小学首任校长是由当时北京高等师范学校校长陈宝泉兼任。他拟定的办学目标是“吸纳世界最新学理加以试验，为全国小学改进之先导”。这是北京第一所全新的、有实验和示范性质的国立小学。这一天，鲁迅和他的同事戴螺舲参加了该校的建校两周年纪念会。1955年10月，学校改名为北京第一实验小学。

国立艺术专门学校

民国初年，首任教育总长蔡元培倡导美术。1917年，教育部指示筹办中国第一所国立的美术学校。1918年4月15日，国立北京美术学校正式成立，郑锦被任命为第一任校长。1923年更名为国立北京美术专门学校，1925年更名为国立北京艺术专门学校。鲁迅曾数次到过这里。

《鲁迅日记》载：1920年10月10日，“午后往美术学校国歌研究会听演唱”。

辛亥革命后不久，教育部于1912年2月发布征集国歌的广告。截至同年11月30日，共征集到歌词三百余件。这些稿件不少曾刊载于报刊，以征求各方面的意见。经评审，稿件无一入选。主持者遂变更办法，于1913年2月26日分函约请蔡元培、张謇、梁启超等15位大家各自撰写歌词，再行征求曲谱。这些人中仅章太炎、张謇、钱恂、汪荣宝四人应约撰写了歌词。1919年11月24日，教育部呈请国务院批准成立了国歌研究会。到1920年4月，研究会决定将原汪荣宝创作的《卿云歌》末两句删去，作为新国歌。1920年10月，教育部将萧友梅谱曲的《卿云歌》提交国务会议讨论。1921年3月25日，国务院请总统徐世昌核准，自7月1日起，“准如拟办理，即由教育部通行遵照”，教育部“通咨各省施行”。《卿云歌》成为当时的国歌。在这过程中，鲁迅作为教育部部员被指派为国歌研究会干事，与沈彭年等一起主持研究会日常事务，并多次参加评选。《鲁迅日记》载：1921年2月25日，“下午往美术学校”。就是参加这项活动。

1926年3月15日，鲁迅又去美术学校：“上午往美术学校看林风眠个人绘画展览会。”

林风眠（1900—1991），原名林凤鸣，广东梅县人。19岁赴法勤工俭学进修西洋画，是“中西融合”最早的倡导者和主要代表人物，也是中国美术教育的开辟者和先驱，1925年回国后经蔡元培推荐任国立北京艺专校长兼教授，1926年受中华民国大学院院长——蔡元培之邀出任中华民国大学院艺术教育委员会主任。1927年林风眠受蔡元培之邀赴杭州西子湖畔筹办中国第一个艺术高等学府暨中国美术高等学府——国立艺术院（现为中国美术学院），并任校长，后来隐居于上海淡泊名利，20世纪70年代定居香港，1979年在巴黎举办个人画展，取得极大成功。

鲁迅对于林风眠的画展未置一词，也可能是由于鲁迅参观画展之后的第三天，就爆发了震惊全国的“三一八惨案”，而这一天，林风眠在北京艺专，也在支持学生参加各界示威游行。1928年2月29日，林风眠在上海美丽川菜馆招待了鲁迅及其三弟周建人。1931年5月，国立杭州艺专的“一八艺社”和上海的“一八艺社研究所”在上海联合举办了“一八艺社1931年习作展览会”，在出版的《一八艺社习作展览会画册》的扉页上，有林风眠的题记：“西湖国立艺专一八艺社一九三一年习作展览会画册——林风眠题”，卷首便是鲁迅所作《一八艺社习作展览会小引》，说明他们对中国美术的关注是一样的。

1928年，美术学校又更名为国立北平大学艺术学院，1934年恢复为国立北平艺术专科学校。抗日战争时期，它于1938年南迁至湖南沅陵，与国立杭州艺术专科学校合并，成立了国立艺术专科学校。后来在北京的中央美术学院和在杭州的中国美术学院的前身都是鲁迅去过的这所学校。

美术学校旧址最初设在北京西城京畿道，民族饭店的后面。此地现在属金融街，高楼林立中已无旧踪。

国立北京高等师范学校

1898年戊戌变法，清政府创办了京师大学堂。校址设在地安门景山东街马神庙和嘉公主旧第。

1900年，“庚子之乱”后，京师大学堂停办。1902年12月17日，恢复后的京师大学堂开学。1908年，京师优级师范学堂建立，11月14日正式开学。这是我国高等师范学校独立设置的开始。次年，校址迁往厂甸五城学堂。1911年，辛亥革命爆发，京师优级师范学堂停办。1912年，民国成立，京师优级师范学堂改称国立北京高等师范学校。1923年更名为北京师范大学，成为中

* 鲁迅在北京师范大学演讲

国历史上第一所师范大学。

高等师范学校第一任校长是陈宝泉。他在民国建立后，曾任教育部司长兼代教育次长。担任校长8年中，延揽名师，制定校训，首开教育研究科。从《鲁迅日记》看，1920年9—10月间鲁迅与高师有很多书信往来，但这些信件现已遗失，鲁迅受聘于北京高等师范学校应该就在这段时间。1921年1月12日《鲁迅日记》载："午后往高师讲。"这是鲁迅在北京高等师范学校第一次讲课，讲授的内容是《中国小说史略》，授课至1925年初结束。

1924年1月17日，《鲁迅日记》载："下午往师大附中校校友会讲演。"北京师大附中始建于1901年，它的前身是五城学堂，是我国成立最早的公立中学，1923年校名改为国立北京师范大学附属中学。这天鲁迅讲演的题目是"未有天才之前"。鲁迅在演讲中就当时的背景，谈天才生长的条件。他认为"天才并不是自生自长在深林荒野里的怪物，是由可以使天才生长的民众产生，长育出来的，所以没有这种民众，就没有天才"，批判了社会上"一面固然要求天才，一面却要他灭亡，连预备的土也想扫尽"的论调和趋势，阐明"天才的产生需要民众的土壤"。

1925年上海五卅惨案之后，师范大学成立了沪案后援会，并筹款声援。7月15日，鲁迅去师大取薪水时捐款12.5元，以示声援，1926年还为师大学生自治会编印的北京师范大学《五卅惨案周年纪念册》封面题字。

1927年10月初，鲁迅与许广平在上海定居，1929年和1932年两次回平探亲，都应邀在师大演讲。1928年11月至1929年8月，国立北京师范大学改称国立北平大学第一师范学院。《鲁迅日记》载：1929年6月2日，“晚往第一师范学院演讲一小时”。演讲是在靠近操场的大教室进行的，听讲的人挤得满满的。鲁迅分析了当时政治、文艺界的形势，提出多学外国文艺理论，做革命文学家。1932年 11月，因母亲生病，鲁迅第二次赴北平探亲，在北平进行了五次演讲。25日《鲁迅日记》载：“晚师范大学代表三人来邀讲演，约以星期日。”次日在写给许广平的信中，鲁迅又说：“受师大学生之坚邀，只得约于下午去讲。”请鲁迅演讲的师范大学代表三人为王志之、张松如和潘炳皋，三人都是当时北方左联的成员。27日，应师范大学文艺研究社之请进行了题为“再论‘第三种人’”的演讲。潘炳皋曾写有当时的回忆录：“星期日下午一点钟，师大风雨操场已经都挤满了人，两点钟门外都是人了。鲁迅先生在半途中已经就被人包围了，蜂拥着走上讲演台，讲的题目是‘再论“第三种人”’，开讲还没有三分钟，就有人提议在外边作露天讲演，于是人们又都出去了。在大风中讲了一小时之久，四围的人都没有人听见，只是瞻仰风采而已。”听鲁迅演讲的听众约有2000人。鲁迅在演讲中对“第三种人”进行了揭露和批判，指出了文艺的阶级性、现实性和群众性。他指出任何作家在写作时只有着眼于现在，才对将来有意义，为了将来而将来，是没有意义的。同时，他还强调文艺的群众性：“因为作品懂的人越多，力量就越大，价值就越高，艺术作品普遍的，需要大众化的。”北平教联的人给鲁迅在演讲时拍下了5张照片。

1929年8月至1937年9月，学校更名为国立北平师范大学。1949年2月，北平解放。9月，北平改称北京，学校也相应改为北京师范大学。

北京女子师范大学

北京女子师范大学位于西城区石驸马大街。

1908年，清朝学部在石驸马大街（今新文化街）斗公府旧址建筑校舍，1909年建成，初名为京师女子师范学堂。1912年民国成立后归教育部，改称北京女子师范学校。1916年到1918年期间，筹建女子高等师范学校。1919年秋招收国文部、图画专修科、家事科等科学生。1924年改为北京国立女子师范大学。1922年，鲁迅的好友许寿裳在该校任校长。1923年7月应许寿裳之聘，担任国文系小说史科兼任教员，开设小说史和文艺理论课，10月13日起开始授课。1926年2月又被聘为国文系教授，直至8月离京。此间共授课80多次。

鲁迅在女师大还做过两次演讲。

1923年12月26日，《鲁迅日记》载："往女子师校文艺会讲演，半小时毕。"女子师校文艺会即北京女子高等师范学校文艺研究会。鲁迅应该会之邀，做了《娜拉走后怎样》的讲演。这是关于中国妇女解放的一个世纪命题。鲁迅在讲演中指出："可惜中国太难改变了，即使搬动一张桌子，改装一个火炉，几乎也要血；而且即使有了血，也未必一定能搬动，能改装。不是很大的鞭子打在背上，中国自己是不肯动弹的。我想这鞭子总要来，好坏是别一问题，然而总要打到的。"鲁迅认为，只有经济制度改革，妇女解放才有出路。

1929年5月—6月间，鲁迅因母亲生病回平探亲。6月2日，《鲁迅日记》载："上午往第二师范院演讲一小时。""第二师范院"即当时已改名为国立北平大学第二师范学院的女师大。鲁迅在这次讲演中指出："中国人的眼光太近视，是一般的通病，往往为了眼前一块小石头绊了一下脚，就抛开了正事不向前走，而与小石头相争持一辈子。文艺界是如此，别的界也无不如此。"鲁迅还指示青年："青年人要求出路，第一必须把眼光放远，着眼现实社会的内部；另一方面又要抱有牺牲的精神，但我所说的牺牲，须以不受人利用、作少数人的傀儡为限。为大多数的人而牺牲，则从事多么大的牺牲也决不至于蚀本的了。”

1924年2月18日，杨荫榆任女师大校长。5月7日，女师大学生要求参加国耻纪念日游行，不被允许，学生要求教育部更换校长。8月13日，因不满杨的封建治校方针，鲁迅退还女师大聘书，宣布辞职，后因学生热情挽留才继续留任。这一时期政局混乱，军阀混战，11月段祺瑞被拥为“中华民国临时总执政”。同月，国文系3名学生因不满杨荫榆被勒令退学，再次引起风潮。1925年1月，学生代表赴教育部要求撤换杨荫榆。2月1日，学生自治会在中央公园来今雨轩开记者茶话会，发表“驱杨宣言”。5月7日，女师大学生会召开会议纪念国耻日，纪念孙中山，杨荫榆登台演讲，学生们坚持要她退席。9日，她假借校评议会的名义，将学生自治会干部许广平、刘和珍等6人开除。11日，女师大学生召开全校紧急大会，决定驱逐杨荫榆出校，并出版了《驱杨运动特刊》；同时请鲁迅、马裕藻等人出面伸张正义，维持校务。5月27日，鲁迅、马裕藻、沈尹默、钱玄同等7人联名在《京报》上发表由鲁迅起草的《对于北京女子师范大学风潮的宣言》，坚决支持女师大学生。8月初，杨荫榆被迫辞职。

1925年8月7日，教育部下令，以北京女子师范大学闹学潮为由，解散并封闭其校舍。8月10日，段祺瑞政府下令停办女师大，另成立国立女子大学。鲁迅坚决反对，并参加了女师大维持会，站在学生一边。12日，教育总长章士钊呈请段祺瑞，下令免去鲁迅的教育部佥事的职务，呈文写到：“本部佥事周树人，兼任国立女子师范大学教员，于本部下令停办该校以后，结合党徒，附合女生，倡设校务维持会，充任委员。似此违法抗令，殊属不合，应请明令免去本职，以示惩戒。”14日，《鲁迅日记》载：“我之免职令发表。上午裘子元来。诗荃来。季市、协和来。子佩来。许广平来。午后长虹来。仲侃来。高阆仙来。下午衣萍来。小峰、伏园、春台、惠迭来。潘企莘来。徐吉轩来。

* 北京女子师范大学（手绘）

钦文、璇卿来。李慎斋来。晚有麟、仲芸来。夜金钟、吴季醒来。得顾颉刚信。”从《日记》可以看出有如此多的人对鲁迅表示支持与关心。鲁迅以章士钊免职令时间倒填在校务维持会成立之前为由，向平政院提起诉讼。1925年冬，章士钊离职，女师大复校。1926年1月17日，教育部决定恢复鲁迅教育部佥事职务。1926年3月，北京临时执政府发布了“撤销对周树人免职处分”的训令。至此，历时一年半的女师大风潮以鲁迅为代表的进步势力获得胜利。

1926年3月12日，日本侵略者的军舰侵入大沽口并开炮轰击，打死、打伤我军人员。事后，日本借口国民军违反《辛丑条约》并联合英、美等八国，向北京政府提出在津沽地区停止军事行动和撤除国防设施的无理要求，限48小时内答复。面对如此侵略行径，3月18日下午，北京各团体、学校学生5000人在天安门集会抗议，然后到铁狮子胡同段祺瑞执政府请愿示威，要求拒绝八国的无理要求。北京女子师范大学学生自治会长刘和珍走在队伍的前头。但当游行群众刚到执政府门前，反动军警竟开枪，当场枪杀游行群众，死47人，伤150多人。造成历史上骇人听闻的“三一八惨案”。鲁迅在女师大的学生刘和珍、杨德群惨遭杀害。

鲁迅在这一天愤怒地写下《无花的蔷薇之二》，文中说：

“这不是一件事的结束，是一件事的开头。

“墨写的谎说，决掩不住血写的事实。

“血债必须用同物偿还。拖欠得愈久，就要付更大的利息！

“实弹打出来的却是青年的血。血不但不掩于墨写的谎语，不醉于墨写的挽歌；威力也压它不住，因为它已经骗不过，打不死了。三月十八日，民国以来最黑暗的一天， 写。”

4月1日，鲁迅又写下了《记念刘和珍君》，指出：“苟活者在淡红的血色中，会依稀看见微茫的希望；真的猛士，将更奋然而前行。”

1928年7月，教育部设立北平大学，学校改为北平大学第二师范学院。1931年与北平师范大学合并，定名国立北平师范大学，现为北京师范大学。1949年后，女师大旧址成为女八中校舍，现为鲁迅中学。校内有1931年北平女子师范大学毕业生为在“三一八惨案”中遇难的刘和珍、杨德群二烈士所立的纪念碑，纪念碑上刻有文天祥所撰《正气歌》中的名句：“是气所磅礴，凛然万古存，当其贯日月，生死安足论。”

宗帽胡同女师大临时校舍

宗帽胡同女师大临时校舍位于阜成门内。

1925年8月7日，教育部以北京女子师范大学闹学潮为由，解散并封闭其校舍。8月19日，时任教育部专门教育司司长的刘百昭率领了十余个部员来到女师大宣布接收，但在学生抵制之下，没有成功。于是，8月22日下午，刘百昭组织了一支更庞大的队伍，混杂了部员、巡警、茶役、老妈子等等，分头蜂拥而入，十多人挟持一人，强拖出校。坚守学校的骨干分子刘和珍、许广平等13人被打伤，拖出校门。从女师大毕业的女作家石评梅在《京报·妇女周刊》上发表了《女师大惨剧的经过——寄告晶清》一文，详细描述了事件的经过：

“自从报上载着章士钊、刘百昭等拟雇女丐强拖女生出校的消息后，她们已经是一夕数惊，轮流守夜，稍有震动，胆破欲裂，在她们心惊胆跳的时候，已消极地封锁校门，聚哭一堂，静等着强暴的来临，她们已抱定‘校存校亡，共此休戚’的决心，八月二十二号上午八点钟，女师大的催命符，女子大学筹备处的降主牌就挂在门口了。下午二时余，刘百昭带着打手，流氓，军警，女丐，老妈，有二百多人，分乘二十余辆汽车，尘烟突起处，杀向女师大而来！这时候我确巧来女师大看她们。

“虽然有高壁堑立在我面前，使我看不见里面女同学们挣扎抵抗的可怜，但是在那呜咽的哭声里，已告诉我这幕惨剧已演成血肉横飞，辗转倒地了。正在用心的眼瞭望她们狼狈状况时，忽然擦、擦的鞭打声起了，于是乎打声哭声绞成一片，我的心一酸，懦弱的泪先流了！这时哭喊声近了，参政胡同的小门也开了，由那宽莫有三尺的小门里，拖出一个散发披襟，血泪满脸的同学来，四个蛮横的女丐，两个强悍的男仆，把她捉上汽车。

"……琼告我当她们严守大门时，殊未想到打手会由后边小门进来，进来后，她们牵作一团抵抗着这般如虎似狼的敌人。一方面有人捉人拖人，一方面便有许多人跑到寝室里去抢东西。一位女同学被拖走时，要同去拿点钱预备出来用，回到寝室时见床褥已满翻在地下，枕头边的一个皮包已不翼而飞。她气极了，向刘百昭骂他强盗，刘百昭由皮夹里拿出五十元给她，她掷在地下，刘又笑嘻嘻地捡起。这次女丐流氓混入女师大之后，定有许多人发财不少，然而这万里外无家的同学们此后无衣食无寝栖，将何以生存，教育部是否忍令其流离失所，饿毙路旁？"就这样，女师大被强行解散，在原地成立了"国立北京女子大学"。

学生无辜遭难失学，鲁迅感到非常愤怒。通过教职员组织的教育维持会四处奔走和社会各界提供援助，于1925年8月底募得半年的经费，并租得阜成门内南小街宗帽胡同14号为女师大临时校舍。9月，一面通知原有学生返校上课，一面招收部分新生。9月18日至20日，在外国语专门学校进行了考试，鲁迅亲自出了博物试题，并监考阅卷。9月21日上午9点，女师大在宗帽胡同新校址开学，教员、学生、家长、保证人和社会各团体代表200多人出席。鲁迅在会上讲话说："我相信被压迫的决不致灭亡，但看今天有许多同学教员来宾，可知压力是压不倒人的。"许寿裳作为教务长也在会上讲了话。鲁迅、马幼渔、郑奠、徐炳昶都是校务维持会会员，又兼任教员。鲁迅主动把他的任课时间增加了一倍，和女师大学生在宗帽胡同上课三个月。11月30日，章士钊辞职。女子大学十多位代表到宗帽胡同欢迎女师大同学返校。12月1日，鲁迅率宗帽胡同学生回到石驸马大街参加复校招待会，宣告胜利复校。

北京世界语专门学校

1923年6月，蔡元培等人为造就世界语的专门人才和师资，普及世界语，创办了北京世界语专门学校。蔡元培被推举为校长。6月7日，《鲁迅日记》载：“午后往世界语学校筹款游艺会。”这是由陈空三、陈声树、冯省三等人发起的世界语学校筹款游艺会，鲁迅、蔡元培、爱罗先珂、周作人、钱玄同连同陈空三、陈声树、冯省三等11人，共同组成该校董事会。鲁迅为发起人和董事之一，并于本年9月至1925年3月在该校讲授小说史。

早在1908年，鲁迅在日本东京《民报》社就听过世界语讲座，当时听讲座的还有宋教仁、章太炎、朱执信、周作人、苏曼殊。鲁迅对世界语的历史、世界语的特点和世界语创始人柴门霍夫的理想有了深刻的理解。1912年蔡元培任教育总长时，还通令全国师范学校开设世界语课。1916年11月，《新青年》杂志曾为此开展过一场历时三年的讨论，鲁迅、胡适、钱玄同等都阐发了自己的观点。这场讨论推动了世界语运动在中国的发展。1918年11月4日，鲁迅在《渡河与引路》一文中发表了自己的对世界语赞同的观点：“要问赞成的理由，便只是依我看来，人类将来总当有一种共同的言语，所以赞成Esperanto（世界语）。至于将来通用的是否Esperanto却无从断定。大约或者便从Esperanto改良，更加圆满；或者别有一种更好的出现，都未可知。但现在既是只有这Esperanto，便只能先学这Esperanto。现在不过草创时代，正如未有汽船，便只好先坐独木小舟，倘使因为豫料将来当有汽船，便不造独木小舟，或不坐独木小舟，那便连汽船也不能发明，人类也不能渡水了。”他还并强调说：“学Esperanto是一件事，学Esperanto的精神，又是一件事。”“灌输正当的学术文艺，改良思想，是第一事；讨论Esperanto，尚在其次；至于辩难驳诘，更可一笔勾消。”

鲁迅从1923年9月23日到1925年3月11日，在世界语专门学校讲授小说史，每周一讲，每讲两课时，一共讲了40多次课，直到学校因学潮停办。当时学校有学生近200人，选修鲁迅课的，先是40多人，在小教室讲，可一两个星期后，听课的人越来越多，只好改在大教室里讲。由于世界语专门学校的经费困难，鲁迅的讲课多是义务的。据《鲁迅日记》，从1923年9月至1924年3月共取得薪水55元，以后就不见有关于世界语专门学校“薪水”的记载。到1925年3月讲课结束，鲁迅都是义务授课。在这两年间，鲁迅自己经历着兄弟失和的感情挫伤，经济上有教育部的欠薪、借款购房的债务压力，身体又患重病。但鲁迅仍然尽自己的努力支持世界语这一新生事物。

鲁迅离开北京后，直到去世前都在关心世界语在中国的发展，并发表支持世界语的演讲，支持青年用世界语翻译，多次为世界语组织捐款。1936年8月，当时鲁迅已身患重病，他在给《答世界社信》中说：

“我自己确信，我是赞成世界语的。赞成的时候也早得很，怕有二十来年了吧。但是理由却很简单，现在回想起来：

“一是因为可以由此联合世界上的一切人——尤其是被压迫的人们；二是为了自己的本行，以为它可以互相绍介文学；三是因为见了几个世界语家，都超乎口是心非的利己主义者之上。

“后来没有深想下去了，所以现在的意见也不过这一点。我是常常如此的：我说这好，但说不出一大篇它所以好的道理来。然而确然如此，它究竟会证明我的判断并不错。”

世界语专门学校的地址在西城孟端胡同，离白塔寺很近，旧屋已大部分被拆除，面貌已荡然无存。

黎明中学

1925年，五卅运动爆发，各地的反帝爱国运动蓬勃开展。北京、天津、通州、烟台等地觉悟起来的教会学校学生纷纷自动退学。魏建功与陈仲益等在北京筹办了黎明中学，李宗桐任校长，魏建功任教务主任，聘请鲁迅、钱玄同、黎锦熙等到校授课。黎明中学除招收文商两科高、初中各班学生外，免试收容各地从教会学校自动退学的学生插入原有班次。为了支持学生的反帝爱国运动，鲁迅应魏建功之邀担任了黎明中学高中文科小说教员，采用周作人翻译的外国短篇小说集《点滴》为教材，每周讲课两小时。从1925年9月10日起至12月中旬，共授课12次。查阅民国时期老北京地图，可以发现，黎明中学的位置即丰盛中学的位置，丰盛中学在2008年9月与北京市教育学院西城分院附属中学合并，更名为北京教育学院西城附属中学。

大中公学

大中公学创立于1924年4月29日，是由北大的校友邹德高等人

＊大中公学旧址（手绘）

创办的一所私立中学。时任北大校长的蔡元培兼任了大中公学的校长。起名叫“大中”，意在增大中山主义在北方的影响。学校以传播现代教育，面向平民进行民主教化为办学宗旨。大中公学最初的地址在骑河楼蒙福禄馆5号，1925年2月，学校迁到交道口东大街，并开办初中部。

1925年9月至11月鲁迅在该校兼任高中部新文艺学科教员。当时正是包括鲁迅在内的女师大进步师生与教育部斗争最激烈的时候，而同时在几所学校兼课，又正肺病复发的鲁迅，之所以来大中公学任教，大约是因为办学者均为北大校友，而蔡元培又诚意相邀。 1925年9月18日，《鲁迅日记》载：“上午往大中公学讲。”到1925年11月27日为止，共讲课8次，领薪水4元。

1930年1月，学校更名为北京私立大中中学校。现为北京第二十二中学。

北京外国语专门学校

北京外国语专门学校，全称为私立北京外国语专门学校，由马叙伦、宋春舫等创办。校址在西城东斜街。

1925年9月19日，《鲁迅日记》载：“午后往外国语校。”即指这所学校。

1925年，女师大被教育部以闹学潮为由关闭，鲁迅和教职员组织的“教育维持会”租得阜成门内南小街宗帽胡同14号为女师大临时校舍，9月招收部分新生，鲁迅亲自出了博物学科试题。9月18日至20日，借外国语专门学校进行了新生入学考试，这天鲁迅前往观看考试情况，第二天考博物学，鲁迅又去监考并于当晚阅卷。

中国大学

中国大学创办于1913年4月13日。1912年孙中山仿日本早稻田大学在北京筹办中国大学，宋教仁、黄兴为第一、第二任校长，孙中山自任校董。学校初名国民大学，开学前，第一任校长宋教

* 中国大学旧址（手绘）

仁在3月20日在上海遇刺身亡，于是改由黄兴出任第二任校长，由彭允彝代行校长职务。1913年4月13日以西城根愿学堂为校址正式开学。1917年春，校名改为中国大学。1925年6月校址迁往二龙路口袋胡同郑亲王府旧址。

1925年9月至1926年5月，鲁迅在中国大学兼任大学部文科国文系小说学科讲师。1925年时校长为被称为“中国奥运之父”的王正廷。1925年9月5日，鲁迅接到王正廷签署的聘书，聘请他为该校大学部本科国文系小说科讲师。9月23日起到该校授课，以后每周三上午都到校讲授中国小说史。直到1926年5月31日，“寄中国大学信，辞续讲”。

1932年11月，鲁迅因母亲生病第二次赴北平探亲，在北平进行了五次演讲。11月28日，《鲁迅日记》载：“午前往中国大学讲演二十分钟。”这是五讲中的最后一讲，这次讲演是应中国大学时代读书会的邀请，在中国大学逸仙堂进行的，演讲题目为“文艺与武力”，可惜讲稿已佚。鲁迅在1934年12月16日致杨霁云的信中曾回忆此事：“在北平共讲五次，手头存有记录者只有二篇，都记得很不确……还有两回是上车之前讲的，一为‘文艺与武力’，其一，则连题目也忘记了。其时官员已深恶我，所以也许报上不再登载讲演大略。”演讲的当天，会场挤满了听众，门外窗外都站满了人，只好改在露天，站在一张八仙桌上讲。鲁迅在演讲中指出，文学是有阶级性的，无产阶级革命文学是劳苦大众的文学，它与统治阶级的旧文学必然形成尖锐的对立。鲁迅痛斥统治者对进步作家的迫害，并指出，先驱者的鲜血必将在新文艺的园地浇灌出更多的烂漫的鲜花来。

演讲结束后的当天下午，鲁迅即离京返沪。

中国大学旧址现称大木仓胡同，为教育部所在地。

孔德学校

孔德学校位于东城方巾巷。

1917年12月25日，北京大学校长蔡元培和北大教授李石曾、沈尹默、马幼渔、马叔平等，在东城方巾巷的华法教育会的会址创办了孔德学校。孔德学校是用法国实证主义哲学家孔德的名字来命名的，开始称孔德女学校，1919年改称孔德学校。1922年，孔德学校就从方巾巷迁到北河沿，1928年，国民政府下令划拨东华门大街宗人府为孔德学校校址。孔德学校的创办人蔡元培、李石曾、沈尹默、马叔平、陈大齐、钱玄同、马隅卿、马幼渔、马季明、沈士远、沈兼士、朱希祖等，都是北京大学的教授，又是五四新文化运动的倡导者。办学者提倡民主和科学，注重美育和实践。学校的国文老师均为师大、北大的毕业生。北大的教授沈尹默、周作人、钱玄同也都亲自为中学高年级讲过课。鲁迅曾在孔德学校留下过足迹。

《鲁迅日记》载：1919年7月10日，“夜刘半农、钱玄同来，即托其带去孔德学校捐款见泉十元”。孔德学校在当时的京师学务局立了案，学务局每月补助100元，其他办学经费由创办人向社会募捐。鲁迅也向该校捐款10元。1920年以后，学校办学经费就由中法教育基金委员会直接拨款了。

1926年3月24日，“往孔德校”。

1926年6月1日，“往孔德学校访品青未遇，留书而出”。品青名叫王品青，与鲁迅交往甚密，是北大语丝社发起人之一，当时在孔德学校任教员。鲁迅常托他在孔德学校借书，他也常去鲁迅家。

1926年8月10日，“夜，小峰来并交泉百，品青同来，并赠孔德学校国文教材十余册，常维钧所赠《托尔斯泰寓言》一本，又尹默所代买《儒学警悟》七集一部共十本，泉二十四”。常维钧、沈尹默当时也在孔德学校任教，鲁迅与他们来往都很密切。

1929年5月25日，“往孔德学校访马隅卿，阅旧本小说，少顷幼渔亦至”。这是鲁迅从上海回平探望母亲时抽空来到孔德学校。在当晚给许广平的信中，鲁迅写到：“往孔德学校，去看旧书，遇金立因，胖滑有加，唠叨如故，时光可惜，默不与谈。”“金立因”即钱玄同，原为鲁迅好友，五四运动后思想上失去锐气，与鲁迅产生分歧。所以鲁迅此次见到他，竟至无话可说。

1952年，孔德学校改为北京市第二十七中学。

辅仁大学

辅仁大学坐落在什刹海西定阜街。

1925年由英敛之、马相伯受美国天主教会之托创办，最初名为北京公教大学，第一任校长是美籍教士奥图尔，后由陈垣任校长至1952年。1927年经北洋政府准予试办，称为私立北京辅仁大学，1929年呈请国民政府教育部正式立案，改称私立北平辅仁大学。校址原为载涛贝勒府，以府邸为校舍。后在府邸花园南部和马圈旧址建造了一座中西合璧式的新楼，1930年建成。校名源自《论语·颜渊》：“君子以文会友，以友辅仁。”

1932年11月，鲁迅回京探亲。辅仁大学文学院院长沈兼士热情地邀请鲁迅到校演讲。沈兼士是曾与鲁迅并肩战斗过的老友。1925年，在女师大风潮中，沈兼士同鲁迅、马幼渔、钱玄同等一起发表了七人签名的《对于北京女子师范大学风潮宣言》，声援女师大同学的正义斗争。1926年，他随鲁迅同赴厦门大学国文系任教，不久回北京任故宫博物院文献馆馆长。1929年，他任辅仁大学文学院院长。1929年5月鲁迅探亲回京，见过沈兼士，在给许广平的信中这样评价他：“南北统一后，‘正人君子’们树倒猢狲散，离开北平，而他们的衣钵却没有带走，被先前和他们战斗的有些人拾去了。未改其原来面目者，据我所见，殆惟幼渔、兼士而已。”

1932年11月22日，《鲁迅日记》载：“静农来，坐少顷，同往北京大学第二院演讲四十分钟，次往辅仁大学演讲四十分钟。”演讲的题目是“今春的两种感想”。辅仁大学大礼堂里坐满了人，但很静。鲁迅在演讲中说："中国实在是太不认真，什么全是一样。文学上所见的常有新主义，以前有所谓民族主义的文学也者，闹得很热闹，可是自从日本兵一来，马上就不见了。我想大概是变成为艺术而艺术了吧。中国的政客，也是今天谈财政，明日谈照像，后天又谈交通，最后又忽然念起佛来了。"鲁迅批评中国人："我们常将眼光收得极近，只在自身，或者放得极远，到北极，或到天外，而这两者之间的一圈可是绝不注意的。"鲁迅赞扬那些勇敢的开拓者："第一次吃螃蟹的人是很可佩服的，不是勇士谁敢去吃它呢?螃蟹有人吃，蜘蛛一定也有人吃过，不过不好吃，所以后人不吃了。像这种人我们当极端感谢的。"鲁迅对青年提出希望，要多注意社会上的实际问题。

1952年辅仁大学并入北京师范大学。鲁迅演讲过的辅仁大学，现在已成为北京师范大学化学系校舍。

＊辅仁大学（手绘）

燕京大学

燕京大学是由美、英两国教会在北京创办的三所教会学校合并，于1916年建成的，校址定在崇文门内盔甲厂。学校最初管理混乱，直到司徒雷登于1919年任校长，才有所改观。1921年在北京西郊购买前清亲王赐园，聘建筑设计师墨菲进行总体规划，建造了近代中国规模最大、质量最高、环境最优美的一所校园，即今天的北京大学主校园燕园，1926年正式迁入新校舍。今北京大学西门就是当时燕京大学的正门。

1929年5月鲁迅回京探亲时，燕京大学国文学会邀请他到校演讲。5月22日，《鲁迅日记》载："晚往燕京大学讲演。"此次讲演的题目是"现今新文学的概观"。鲁迅在讲演中指出："中国的文化，便是怎样的爱国者，恐怕也大概不能不承认是有些落后。新的事物，都是从外面侵入的。新的势力来到了，大多数的人们还是莫名其妙。"关于文学的产生，鲁迅说："各种文学，都是应环境而产生的，推崇文艺的人，虽喜欢说文艺足以煽起风波来，但在事实上，却是政治先行，文艺后变。倘以为文艺可以改变环境，那是'唯心'之谈，事实的出现，并不如文学家所豫想。所以巨大的革命，以前的所谓革命文学者还须灭亡，待到革命略有结果，略有喘息的余裕，这才产生新的革命文学者。"告诉青年"多看外国书"，"翻译并不比随便的创作容易，于新文学的发展却更有功，于大家更有益"。

1952年，燕京大学并入北京大学。

北平大学女子文理学院

北平大学女子文理学院校址在朝内大街北小街孚王府（俗称"九爷府"）。

北平大学女子文理学院的前身即鲁迅任教过的女子师范大学。1925年11月，在北京学界和鲁迅等知识分子的推动下，教

＊燕京大学（手绘）

育总长章士钊被迫辞职；不久，女师大胜利复校。12月24日段祺瑞临时执政府下令国立北京女子师范大学和国立女子大学均继续兴办。1926年8月17日教育部决定将北京女子师范大学改组为女子大学。1928年北京改为北平，国民政府实行大学区制，将北平9所大学合并为国立北平大学。北京女子师范大学改为国立北平大学第二师范学院，女子大学改为北平大学女子文理学院。

20世纪30年代，北平大学女子文理学院院长由范文澜担任。鲁迅于1932年回京探亲时，在该院进行了一次演讲。《鲁迅日记》载：1932年11月24日，“下午范沄来。即同往女子文理学院，讲演约四十分钟”。下午3时，鲁迅在范文澜和马裕藻的陪同下来到女子文理学院大礼堂。听众都是本院学生，约300人。讲演的题目是“革命文学与遵命文学”。鲁迅在讲演中以实例分析了什么是“革命文学”，什么是“遵命文学”，认为那些打着“为艺术而艺术”牌子的假革命文学者实际上是“遵命文学”，并加以批判。可惜讲稿佚失。

北平大学女子文理学院于1934年7月被裁并。

北京人艺戏剧专门学校

北京人艺戏剧专门学校是新文化运动以来在北京成立的第一所戏剧专门学校，1922年冬季创办。由校长蒲伯英自筹资金，陈大悲任教务长，还聘请了文化界名人鲁迅、周作人、梁启超、徐半梅、孙伏园等为校董。校址设在宣武门外南横街10号。

《鲁迅日记》载：1922年11月22日，“午后往赴人艺戏剧学校开学式”。

学校以“提高戏剧艺术、造就戏剧专业人才、辅助社会教育”为宗旨，培养能编剧、能演戏，又能播种的人才。蒲伯英曾任《晨报》总编辑，还办过《实话报》推行白话文，他在新文化运动中的最大贡献是传统旧戏向现代戏剧的改革。1921年5月，与陈大悲、沈雁冰、郑振铎、欧阳予倩等人创办了近代中国第一个专论戏剧的杂志——《戏剧》月刊。为了使学员得到舞台实习的机会，蒲伯英又集资在北京香厂路盖了新明剧场。鲁迅很支持这所学校，曾在那里观看过学生演剧。《鲁迅日记》载：1923年5月28日，“许钦文、孙伏园来，同至孙德兴饭店。夜饭后往新民大戏院观戏剧专门学校学生演剧二幕”。这天演出的新剧是《平民的恩人》和《良心》。1925年3月18日，鲁迅又“往新明剧场观女师大史学系学生演剧”，女师大史学系学生演出的剧目是《卓文君》和《环珴璘与蔷薇》。25日，又“往新民剧场观女师大哲学系游艺会演剧”。此次演剧是为到外地演出筹款，剧目为《爱情与世仇》。

由于人艺戏剧学校的实际主持者只有陈大悲一人，所以学校经营管理不善，开办不到两年即宣告停办。新明大戏院1928年被大火焚毁，后再没有重建。

南横街在民国时是个热闹的地方，周围有龚自珍故居、康有为故居、朱彝尊故居、纪晓岚故居、谭嗣同故居等，中山会馆、湖广会馆、潮州会馆都在那一带。北京人艺戏剧学校旧址现已荡然无存。

丞相胡同第一女子小学

丞相胡同第一女子小学，鲁迅只去过一次，是拜访校长董仿都。《鲁迅日记》载：

1914年5月5日，“晚裘君同董仿都来，名敩江，某校长”。

1914年5月15日，“晨至丞相胡同第一女子小学答访董仿都，未遇，留刺”。

鲁迅在北京交友甚广，特别是在文化界，而且非常注重礼仪。在《鲁迅日记》中，大凡拜访过鲁迅的人，鲁迅都有回访，董仿都校长就是一例。董仿都，名敩江，字仿都，浙江人，北京公立第一女子高等小学校长。裘君即裘善元，浙江绍兴人，教育部办事员，通俗教育研究会小说股会员。

丞相胡同第一女子小学最早是一所较有名的私立学校，它的前身为1907年由汪绍铨在现址创办的外城私立女子传习所。1909年由学务局改为官立小学。1914年时称京师公立第一女子初高等小学校。后又随时代的变迁多次改名，现称菜市口胡同小学。丞相胡同也是一条非常有名的胡同，就是现在的菜市口。这一带有许多名人故居和历史遗迹，龚自珍、曾国藩、左宗棠、秋瑾、蔡元培都曾在这里居住，这里还曾是休宁会馆和《晨报》社的旧址。

集成国际语学校

关于集成国际语学校的地址，现已不可考。有的观点认为可能是与世界语专门学校混淆，但鲁迅在世界语专门学校的授课时间是1923年6月至1925年3月，而在《鲁迅日记》中记载的在集成国际语学校兼课的时间是在1924年5月至6月。因此，集成国际语学校与世界语专门学校应是两所不同的学校。

《鲁迅日记》载：1924年5月8日，“午后往集成国际语言学校讲”。至1924年6月26日，“午后往国际语言学校讲”。中间共授课7次。其他信息已不可考。

协和学校

协和学校即北京协和医学院，1917年由美国洛克菲勒基金会创办，1921年落成并正式命名，地址在东单三条胡同原清豫亲王府。

随着清王朝的倒台，豫亲王家族的爵位也告终止。为了维持家族庞大的开销，1916年末，末代豫亲王将王府全部房地产以12.5万美元卖给美国石油大王洛克菲勒。美国人拆除了王府全部建筑，请中、美两国的专家，设计建造了中西合璧的协和医学院及附属医院。鲁迅曾光顾过该校。

* 北京协和医学院（手绘）

1924年5月8日，《鲁迅日记》载："晚孙伏园来部，即同至中央公园饮茗，逮夕八时往协和学校礼堂观新月社祝泰戈尔氏六十四岁生日演《契忒罗》剧本二幕，归已夜半也。"

泰戈尔（1861—1941）是印度著名诗人。1913年他以诗集《吉檀迦利》获得诺贝尔奖。1924年5月，泰戈尔应邀来华访问讲学，抵达北京时正赶上他64岁生日。5月8日，北京著名的文学团体新月社在东单三条北京协和医学院礼堂，由徐志摩、林徽因用英文演出了泰戈尔创作的著名话剧《契忒罗》，庆祝他的寿辰。鲁迅在这天观看了演出。关于泰戈尔，鲁迅曾在他的文章中多次提到，但多是讽刺中国文坛现象。鲁迅还曾说过："我爱这攻击别国的'撒提'（印度旧时一种关于妇女贞节的封建习俗——作者注）之幼稚的俄国盲诗人埃罗先珂，实在远过于赞美本国的'撒提'受过诺贝尔奖金的印度诗人泰戈尔。"（《〈狭的笼〉译者附记》）

新月社于1923年成立于北京，主要成员有胡适、徐志摩、闻一多、梁实秋等人，作为五四以来最大的以探索新诗理论与新诗创作为主题的文学社团，是中国现代文学史上一个影响较大的文学社团。社名是徐志摩依据泰戈尔诗集《新月集》而起的。该社在1927年春迁往上海，1933年结束活动。20世纪30年代鲁迅与梁实秋曾发生激烈的论争。

北京协和医院现在仍在旧址，已发展成为国家级医学科学学术中心和综合性医学科学研究机构。

鲁迅在北京的兼课

1920年8月—1926年夏

北京大学　北京大学研究所国学门讲师　讲小说史

1920年—1925年

北京师范大学（原称北京高等师范学校）讲师　讲小说史

1923年10月—1926年

北京女子师范大学　讲师、女师大校务维持会委员、国文系教授　讲小说史，1925年又为国文系一年级、四年级学生开设选文课

1923年9月—1925年3月

世界语专门学校　讲师、董事　讲小说史

1924年5月—6月

集成国际语学校

1925年9月—12月

黎明中学　高中文科小说教员　高中小说课

1925年9月—11月

大中公学　高级中学部教员　讲授新文艺学科

1925年9月—1926年5月

中国大学　讲师　小说学科

《新青年》杂志社

《新青年》杂志社位于东城区北池子大街路东的箭杆胡同。北至智德北巷，南至骑河楼南巷。箭杆胡同曾是著名《新青年》编辑部的所在地，也是陈独秀故居。

1915年9月陈独秀在上海创办了《青年杂志》，1916年9月改名为《新青年》。1917年1月陈独秀应蔡元培的邀请来北京大学任文科学长，《新青年》的编辑部也随之迁至北京。自1919年1月第6卷起《新青年》编委会改组，由陈独秀、钱玄同、高一涵、胡适、李大钊、鲁迅、沈尹默、周作人、刘半农等轮流编辑。在五四运动前后，以反对封建礼教，鼓吹民主、科学，提倡新文学为主要内容，鲁迅的小说《狂人日记》、《孔乙己》、《药》，李大钊的论文《庶民的胜利》、《布尔什维克的胜利》，陈独秀的论文《新青年罪案之答辩书》等都是在《新青年》杂志上发表的。1920年9月，《新青年》杂志编辑部随陈独秀由北京迁至上海法租界，成为上海共产主义小组的机关刊物。1922年10月休刊。1923年6月改出季刊，成为中国共产党中央委员会的理论性机关刊物，迁广州出版。1925年4月改为不定期刊物，1926年7月停刊。

箭杆胡同是一条很小的胡同，离故宫和北大红楼都不远。《新青年》杂志社当时的门牌是9号，是一座四合院。陈独秀住在北房三间，南房三间是《新青年》编辑部，靠大门的一间是传达室。鲁迅曾在这里与陈独秀、李大钊等共同商议如何办《新青年》杂志。鲁迅

*箭杆胡同9号（手绘）

在为1933年出版的《守常全集》作《题记》时说："我最初看见守常先生的时候，是在独秀先生邀去商量怎样进行《新青年》的集会上，这样就算认识了。"从此处可以看出鲁迅是曾经到过箭杆胡同9号的。鲁迅从1918年5月在《新青年》第4卷第5号上发表《狂人日记》起，至1921年8月1日第9卷第4期止，发表了小说、杂文、通讯、译文、新诗等，共计54篇。

箭杆胡同9号后改为新门牌20号，现为民居。

新潮社

新潮社位于北京大学第一院，即沙滩红楼一层的图书馆内。

1916年，蔡元培做北京大学校长后，对北大进行了重大改革，他鼓励新思潮新文化的传播，鼓励学生组织各类学会，两年内北大的学生社团如雨后春笋般建立。深受陈独秀以及《新青年》影响的北大中国文学系学生傅斯年，英国文学系学生罗家伦，哲学系学生顾颉刚等，联络同学江绍原、孙伏园、杨振声、俞平伯、郭绍虞等，在1918年10月，在北京大学红楼图书馆的一个房间里，成立了北大第一个学生社团——新潮社。1919年1月《新潮》月刊创刊。

新潮社是在蔡元培、陈独秀、胡适、钱玄同、李大钊等师长的直接指导与帮助下成立的，在中国现代文学史上是很有影响力的社团，它与《新青年》杂志互相呼应，在提倡白话文，反对封建伦理与封建文学的战斗中起到了重要作用。新潮社最初的组织形式，实际上就是《新潮》杂志社。首届编辑是傅斯年、罗家伦和杨振声，还有三位干事徐彦之、康白情和俞平伯。鲁迅在新潮社成立初期，给予《新潮》月刊很大支持，积极给他们供稿，曾在上面发表小说、杂文和译文。鲁迅的第一本小说集《呐喊》、专著《中国小说史略》，还有翻译作品《桃色的云》都是在新潮社出版的。

由于新潮社主张政治改良，全盘西化，在五四运动中傅斯年、罗家伦公开反对参加反帝爱国运动，鲁迅对他们提出过严肃的批评。

新潮社设在红楼一层的图书馆，鲁迅在北大讲授小说史时常去小坐。《鲁迅日记》载：1921年2月4日，“午后往大学讲，复在新潮社小坐”。1923年6月9日，“往大学新潮社，旋与李小峰、孙伏园及二弟往第二食堂午餐，伏园主”。新潮社经常赠送鲁迅书籍，还为鲁迅代售过译著《苦闷的象征》。

1922年3月，《新潮》终刊。

现北京大学旧址为北京新文化运动纪念馆所在地，当年的图书馆依旧貌陈列展出。

语丝社

语丝社的旧址即在新潮社的旧址上。1924年11月30日，《鲁迅日记》载：“晚往新潮社取《语丝》归。”

语丝社是中国现代文学史上的重要社团，因编辑出版《语丝》周刊而得名。《语丝》创刊于1924年11月17日。孙伏园、周作人先后任主编。主要撰稿人有鲁迅、周作人、川岛、刘半农、章衣萍、林语堂、钱玄同、江绍原等。1927年10月，《语丝》被奉系军阀张作霖查封，12月在上海复刊，为第4卷第1期，先后由鲁迅、柔石、李小峰主编。1930年3月10日出至第5卷第52期停刊。语丝社随之解体。

鲁迅从《语丝》创刊起就给予语丝社大力支持，语丝社创办之初，孙伏园邀来16个撰稿人在东安市场的开成豆食店集会，决定出一个周刊，大家写稿，印刷费由到场的人分担，每月每人8元。《语丝》第一期出版后，鲁迅就主动付了10元印刷费。鲁迅是1926年8月离京南下的，鲁迅在《语丝》发表的散文、杂文、小说、译文等有六十余篇，这些文章在反帝反封建斗争和文艺论战中起到了积极作用。

语丝社的旧址现位于沙滩红楼北京新文化运动纪念馆内，作为国家重点文物被保护。

春光社

春光社为北京大学学生组织的文艺社团，1923年春成立，成员有许钦文、董秋芳、龚宝贤等二十余人。《鲁迅日记》载：

1923年4月13日，“星期休息。午后与二弟应春光社约谈话”。

1923年4月15日，“下午同耀辰、凤举及二弟赴学生所集之文学会”。

鲁迅连续出席春光社的集会，说明了他对青年文艺社团的支持。董秋芳与许钦文都是绍兴人，在绍兴浙江第五师范时就是同学，1922年同在北京大学读书。1923年春，发起组织春光社，请鲁迅、郁达夫、周作人和日本文艺评论家小泉八云等给予文学方面的指导。许钦文在《忆春光社》一文中曾回忆，春光社的活动主要由董秋芳发起，“当时缺少文艺理论参考书，只靠课堂上听些讲感到不够，我们组织了这个社”。 1924年6月14日董秋芳在《晨报·副刊》上发表《春光社的过去和将来》，文中说：“我们春光社的社员，虽然不敢希望戴诗人的荣冠，在沙漠似的中国文学里却要做尽力呐喊的一员。”“我们要有和煦的春光，必须经过坚忍的长冬的斗争；换句话，春光不是侥幸获得，不是可以随便享受。这是象征我们社员在这种冷酷枯槁的状态下，在文学方面也是在社会方面，要努力奋斗。”他在北京大学常去听鲁迅的课，亲受鲁迅的教诲。1926年“三一八惨案”时，他在《京报·副刊》上发表了《大屠杀以后》、《吊刘、杨二女烈士记》、《响应打狗》等文章；在《语丝》上发表了《陈源教授的报复》、《反说难》等文章，坚决地站在鲁迅的阵线上。后来董秋芳翻译的外国文学作品《争自由的波浪》一书作为《未名丛书》之一印行，鲁迅亲自为该书写了《小引》。许钦文与鲁迅关系一直非常密切，受到鲁迅的很多指导，他自1922年发表了第一篇作品短篇小说《晕》起，经常在《晨报·副刊》上发表小说和杂文。后来经鲁迅选校并资助，还出版了短篇小说集《故乡》，小说主要描写浙江家乡的人情世态，鲁迅将许钦文列入“乡土作家”之列。他们在文学上都取得了很大的业绩，以他们的激情和进取精神，成为鲁迅亲自培养的五四时期青年的优秀代表。

关于春光社，现存史料不多，具体的活动地点及终结时间不详。

莽原社

莽原社旧址在西城锦什坊街96号。

莽原社于1925年4月在鲁迅领导之下成立于北京，主要成员有高长虹、向培良、章衣萍、韦素园、荆有麟等，因出版《莽原》周刊而得名。1925年4月11日，《鲁迅日记》载：“钦文来。午后俞芳、吴曙天、章衣萍来，下午同母亲游阜成门外的钓鱼台。夜买酒并邀长虹、培良、有麟共饮，大醉。”此前一天荆有麟向鲁迅提到，《京报》社长邵飘萍想请鲁迅为《京报》主持一种副刊，鲁迅爽快地答应了。荆有麟在《鲁迅回忆断片》中也有这段回忆：“第二天晚上，我们便聚集在鲁迅先生家里吃晚饭，当时到场的，我记得的有：许钦文、章衣萍、高长虹、向培良、韦素园，等等。在我报告了同飘萍接洽经过之后，当时便想到刊物的名称。最后还是培良，在字典上翻出‘莽原’二字。报头是我找一个八岁小孩写的，鲁迅先生也很高兴那种虽然幼稚而却天真的笔迹，次一个星期五，《莽原》第一期，就在京发刊了。”

《莽原》周刊开始由鲁迅主编。鲁迅在《两地书》中曾说明创办《莽原》的目的：“中国现今文坛（？）的状况，实在不佳，但究竟做诗及小说者尚有人。最缺少的是‘文明批评’和‘社会批评’，我之以《莽原》起哄，大半也就为了想由此引些新的这一种批评者来，虽在割去敝舌之后，也还有人说话，继续撕去旧社会的假面。”鲁迅在《华盖集·题记》中还说过：“我早就很希望中国的青年站出来，对于中国的社会、文明，都毫无忌惮地加以批评，因此曾编印《莽原》周刊，作为发言之地。”

《莽原》周刊自1925年4月24日出版第一期，除随《京报》附送外，还由《京报》赠送3000份，作为写文章的人的报酬。同年11月27日因《京报》削减副刊而停刊，前后共出32期。鲁迅共在《莽原》周刊发表作品19篇，第一期就刊载了鲁迅的著名杂文《论“费厄泼赖”应该缓行》，后又陆续发表《春末闲谈》、《灯下漫笔》等。在《莽原》周刊上发表作品最多的是高长虹，共35篇。鲁迅说高长虹是为《莽原》周刊“奔走最力者”。《莽原》周刊因内部分裂等原因而停刊，1926年1月鲁迅又创办了《莽原》半月刊，由未名社出版，与周刊一起计算，共出48期。

莽原社旧址位于锦什坊街96号，北面正对白塔寺，离西三条鲁迅旧居很近。当时只有两间房，荆有麟住其中一间，另一间作会客、办事、吃饭之用。1926年“三一八惨案”发生后，鲁迅曾到那里避过难。现在莽原社旧址已被拆除。

未名社

未名社成立于1925年8月，最初的社址在新开胡同5号。未名社的主要成员韦素园当时就住在那里。胡同的对面，是鲁迅执教的北京大学所在地沙滩红楼。鲁迅常常在北京大学下课后，夹着一个灰色书包，直奔对面的胡同来找韦素园。

未名社是由鲁迅发起的，成员为鲁迅、韦素园、韦丛芜、李霁野、台静农、曹靖华6人。1925年8月30日，《鲁迅日记》载：“夜李霁野、韦素园、丛芜、台静农、赵赤坪来。”这一天，未名社在鲁迅居住的西三条21号成立了。

鲁迅当时正在编印两种丛书，一种是《乌合丛书》，专收创作；一种是《未名丛刊》，专收翻译，都由北新书局出版。鲁迅在《忆韦素园君》一文中回忆了未名社成立之始：“怕是十多年之前了罢，我在北京大学做讲师，有一天，在教师豫备室里遇

* 未名社旧址（手绘）

见了一个头发和胡子统统长得要命的青年，这就是李霁野。我的认识素园，大约就是霁野绍介的罢，然而我忘记了那时的情景。现在留在记忆里的，是他已经坐在客店的一间小房子里计画出版了。”“这一间小房子，就是未名社。”鲁迅这里说的“这一间小房子”就是新开胡同5号，鲁迅还在文章中戏称之为“破寨”。

“因这丛书的名目，连社名也就叫了‘未名’——但并非‘没有名目’的意思，是‘还没有名目’的意思，恰如孩子的‘还未成丁’似的。”由此可见，“未名”之名为鲁迅所起，而且是先有“未名丛刊”，后有未名社的。

未名社成立后，出版了鲁迅翻译的日本文艺理论家厨川白村的《出了象牙之塔》，李霁野翻译的俄国安特列夫的《往星中》。1926年春天，未名社迁址到北京大学第二院对面的西老胡同（原名为西老虎洞）1号院，在这里租了北房三间作为未名社的新社址。

鲁迅在北大下课后也常到这里小坐，并指导编辑工作。1926年8月鲁迅离京南下后，仍与未名社保持着联系。1928年4月7日，未名社被视为共产党机关被查封，李霁野、台静农被关押了50天。这时鲁迅在上海，仍保持着与未名社成员的书信往来，并将书稿寄给他们出版，对他们提供支持。

1928年10月未名社迁到景山东街40号。这里有东西两个院子，未名社在东院三间北房成立了门市部，销售本社及上海等地进步出版社的书刊。未名社由此得到了更大的发展。1929年5月，鲁迅回京探亲时，去过未名社三次，还探望了在西山住院治病的韦素园。《鲁迅日记》载：

1929年5月17日，“下午往未名社，遇霁野、静农、维钧”。

1929年5月25日，“往未名社谈至晚”。

1929年5月29日，“下午往未名社，晚被邀至东安市场森隆晚餐，同席霁野、丛芜、静农、目寒”。

1929年5月30日，“晨目寒、静农、丛芜、霁野以摩托车来邀至磨石山西山病院访素园，在院午餐，三时归”。

鲁迅与未名社共存了六年，在这六年的时间里，以“未名丛刊”为名先后出版外国文学译著二十多种，还以“未名新集”为名出版鲁迅及其他成员新创作的作品集。1926年，又将《莽原》周刊改为半月刊，先后由鲁迅、韦素园主编，由未名社发行，出至第48期停刊。1928年1月10日《未名》半月刊创刊，李霁野等编辑，由北京未名社出版发行。1930年4月30日出至第2卷第9至第12期合刊号后停刊。

1931年春，未名社因经济困难和思想分歧，有结束之议，鲁迅遂声明退出。1933年春，未名社正式宣告解体。六年的时间里，鲁迅与未名社大部分成员保持着良好的关系。鲁迅在《忆韦素园君》给未名社做了一个小结：“未名社现在是几乎消灭了，那存在期，也并不长久。然而自素园经营以来，绍介了果戈理（N. Gogol），陀思妥也夫斯基（F. Dostoevsky），安特列夫（L. Andreev），绍介了望·蔼覃（F. van Eeden），绍介了爱伦堡（I. Ehrenburg）的《烟袋》和拉夫列涅夫（B.

Lavrenev）的《四十一》。还印行了《未名新集》，其中有丛芜的《君山》，静农的《地之子》和《建塔者》，我的《朝花夕拾》，在那时候，也都还算是相当可看的作品。事实不为轻薄阴险小儿留情，曾几何年，他们就都已烟消火灭，然而未名社的译作，在文苑里却至今没有枯死的。”

未名社原新开胡同5号，现已成为普通民居。

未名社原西老胡同1号，现也成为普通民居。

未名社原景山东街40号，现已拆除改建。

《国民新报》报馆

《国民新报》是第一次国内革命时期国民党左翼在北京的机关报，1925年8月25日创刊，以“主张国民救国，宣传民族自决，打倒帝国主义，锄除黑暗势力”为宗旨。社址设在北京宣武门外琉璃厂东街东侧延寿寺街30号。

《国民新报·副刊》创办于1925年12月5日。1925年12月2日，《鲁迅日记》载：“往国民新报馆。”这一天，鲁迅应该报主编邓飞黄邀请，到《国民新报》报馆讨论编辑副刊之事。邓飞黄在1918年考入北京大学经济学系，与罗隆基、傅斯年等投身五四运动，1924年参加中国国民党，任国民党北京执行部青年部秘书，主编《国民周报》、《国民新报》。鲁迅在编辑《国民新报·副刊》期间与邓飞黄交往非常密切。《国民新报·副刊》分甲、乙两种，轮流出版。甲刊刊载社会科学方面的稿件，乙刊刊载文艺类的稿件。从即日起，鲁迅与张凤举同任乙刊编辑，按月轮流值编《国民新报·副刊》（乙刊）。鲁迅在该刊先后发表了《这个与那个》、《“公理”的把戏》、《死地》等抨击北洋政府军阀统治的杂文10篇、译文2篇，还编辑发表了许多进步青年的作品。从《鲁迅日记》中可以得出一些鲁迅编刊的信息。1926年1月10日，“上午国民新报馆送来上月编辑费卅”。鲁迅编刊的薪酬是30元，稿费约4元。1926年3月17日，“往《国民新报》编辑会”。这是鲁迅最后一次到《国民新报》报馆。第二天，发生了“三一八惨案”。

1926年“三一八惨案”后，鲁迅在3月25日的《国民新报·副刊》发表《死地》，表达了对请愿的看法，并指出：“世界的进步，当然大抵是从流血得来。但这和血的数量，是没有关系的，因为世上也尽有流血很多，而民族反而渐就灭亡的先例。即如这一回，以这许多生命的损失，仅博得‘自蹈死地’的批判，便已将一部分人心的机微示给我们，知道在中国的死地是极其广博。”他告诫青年“为中国计”，不要“轻死”。很快，《京报》、《京报·副刊》、《语丝》等报刊就被段祺瑞政府禁止发行，《国民新报》、《国民新报·副刊》也在被禁之列。鲁迅得知后，作《大衍发微》予以揭露。国民党北京党部被北洋军阀查封后，1926年4月28日《国民新报》被迫停刊，《国民新报·副刊》也随之在1926年7月停刊。

延寿寺街《国民新报》报馆旧址现已成商业街区。

《晨报》报馆

《晨报》馆址在宣武门外丞相胡同（今菜市口胡同）。

《晨报》的前身为北京《晨钟报》，是以梁启超、汤化龙为首的进步党（即后来的政治派系——“研究系”）的机关报。1916年8月15日创刊，《晨报》第七版为“文艺专版”。1918年12月《晨钟报》改为《晨报》。1919年2月7日，《晨报》改革第七版，增加 “自由论坛”和“译丛”两栏，明显倾向新文化运动。1920年7月，第七版由孙伏园主编，改成四开四版的单张，鲁迅为之命名为“晨报附刊”，报头由总编蒲伯英题写为《晨报副镌》。1921年10月12日起独立发行。

1919年12月1日，鲁迅在《晨报·周年纪念周刊》上发表了小说《一件小事》，1921年在《晨报·副刊》发表了著名小说《阿Q正传》，以后还发表过小说《兔和猫》、《肥皂》、《补天》以及若干篇杂文、译文。到孙伏园离开《晨报·副刊》为止，鲁迅共在该刊发表60多篇作品。《晨报·副刊》在鲁迅的支持下，起到了推进新文学发展的作用。

据《鲁迅日记》，鲁迅第一次到《晨报》报馆是在1924年1月17日，"访孙伏园于晨报社，许钦文亦在，遂同往宴宾楼晚饭，买糖包子十四枚而归"。又1924年5月11日，"往晨报社访孙伏园，坐至下午，同往公园啜茗，遇邓以蛰、李宗武诸君，谈良久，逮夜乃归"。此后，鲁迅又多次到《晨报》报馆访孙伏园。孙伏园是鲁迅的同乡，曾在山会初级师范学堂和北京大学学习，两度都是鲁迅的学生。鲁迅在北京期间与孙伏园保持着相当亲密的关系，1924年他还陪同鲁迅赴陕西西北大学做夏期讲演。在他编《晨报·副刊》时，鲁迅给予他有力的支持。

《晨报》至1928年6月5日第2314号终刊。

如今的《晨报》报馆旧址犹存，只是已变为民居。

破帽遮颜过闹市

躲进小楼之前，总要在闹市穿行。北京的大街小巷，为鲁迅的研究和写作提供了必要的素材。

书　肆

琉璃厂书肆

北京的琉璃厂有300多年的历史，驰名中外，是清代以来北京最有影响的文化街。它坐落在和平门外，西至南北柳巷，东至延寿寺街，全长约800米。辽代时琉璃厂称海王村。元代时这里开设了官窑，为宫廷烧制琉璃瓦。明代建设内城时，因为修筑宫殿所需，琉璃厂的规模扩大，成为工部的五大工厂之一。那时琉璃厂还算是城外，到明嘉靖年间修建外城后，这里就变为城区。烧制琉璃瓦的工厂虽然迁至门头沟琉璃渠村，但琉璃厂的地名则流传至今。清军入关后，八旗兵丁占据东南西北四城，汉官则大都外迁至宣武门、前门之外，其中尤以学者、文官居多。宣武门外还是当时全国各省会馆最为集中的地方，入京赶考的外地学子以及进京候补的外地官员都住在这一带，所以许多北京的零散书摊、古玩交易陆续集中在这里，形成了气候。乾隆年间修《四库全书》，纪昀等文人学士也都居住在这一带，琉璃厂更成为搜书重地。

琉璃厂以海王村为中心，往东称琉璃厂东街，往西称琉璃厂西街。两头

* 海王村公园（手绘）

过去有门，称为厂东门、厂西门。乾隆年间的李文藻（号南涧）曾著有《琉璃厂书肆记》，详细描述了琉璃厂的盛况："琉璃厂因琉璃瓦窑为名，东西可二里许。"在东西琉璃厂间有一条沟，沟上有桥，称为厂桥。李南涧把东西两边的店铺情形都记载了下来：桥东街狭窄，以卖眼镜、烟筒、日杂物品的居多；桥西较宽阔，除书肆外，多为售古董、碑帖、裱字画、刻印章及文房用品的店铺。

19世纪末，清政府在琉璃厂窑址修建了优级师范学堂、五城学堂（即北京师范大学、师大附中的前身）和电话总局。1917年，北洋政府在琉璃厂修建了海王村公园，1924年又修建了和平门，拆除了厂桥，增辟了南新华街，使琉璃厂形成现在的格局。东琉璃厂以古玩业为主，有宝古斋、汲古阁等一大批老字号。西琉璃厂以新旧书业为主，有来熏阁、保古斋、商务印书馆、中华书局等。非常有名的南纸店清秘阁、荣宝斋也在西琉璃厂。书肆、古董店、字画店、刻章店、纸店、笔店等逐渐发展成了老字号。北京作为文化古都，由于兵乱不断，王公贵族的藏书及各种珍宝不断流出，琉璃厂也成了这些宝物的大型集散地。生意好了，市场自然红火起来。至光绪初年，琉璃厂的书肆多达220余家，其中比较著名的有富文堂、三槐堂、宝名斋、文光楼、会文斋、槐荫山房、文友堂等，民国年间又有来薰阁、松筠阁、藻玉堂、神州国光社、宏道堂、立本堂、直隶书局、开明书局、有正书局、保华堂、富晋书社、商务印书馆、中华书局、世界书局等，大都兼有出版和销售的功能。

鲁迅自幼爱书，童年时就收藏美术方面的书籍，留学日本时也节衣缩食买书，鲁迅读书、藏书的范围遍及古今中外各个学科。1911年，鲁迅在绍兴教书时，就曾托当时已在北京工作的好友许寿裳到琉璃厂为他购书。1911年1月2日，鲁迅在致许寿裳的信中说："闻北京琉璃厂颇有典籍，想当如是，曾一览否？"4月12日信中又问："北京琉璃厂肆有异书不？"可见，鲁迅对琉璃厂是久慕其名。1912年初，鲁迅应蔡元培的邀请，去南京临时政府教育部工作，同年5月5日随教育部北迁来到北京，稍事修整，12日就来到琉璃厂。《鲁迅日记》载："星期休息。……下午与季茀、诗荃、协和至琉璃厂，历观古书肆，购傅氏《纂（篡）喜庐丛书》一部七本，五元八角。"

25日，"下午至琉璃厂购《李太白集》一部四册，二元；《观无量寿佛经》一册，三角一分二；《中国名画》第十五集一册，一元五角"。

26日，"星期休息。下午同季市、诗荃至观音寺街青云阁啜茗，又游琉璃厂书肆及西河沿劝工场"。

30日，"得津帖六十元。晚游琉璃厂，购《史略》一部两册，八角；《李龙眠白描九歌图》一帖十二枚，六角四分；《罗两峰鬼趣图》一部两册，两元五角六分"。

从日记看，鲁迅到北京第一个月就四次光顾琉璃厂，第一次得津贴就去买书，可见他对琉璃厂向往已久。据《鲁迅日记》统计，鲁迅到北京的第一年，即1912年，从5月进京到年底，共得津贴710元，购书90种200多册，用了160多元。这年年底，鲁迅感慨道："审自五月至年莫，凡八月间而购书百六十余元，然无善本。京师视古籍为骨董，唯大力者能致之耳。今人处世不必读书，而我辈复无购书之力，尚复月掷二十余金，收拾破书数册以自怡说，亦可笑叹人也。"

民国时暴涨的书价让鲁迅感到难以承受。鲁迅在《买〈小学大全〉记》中谈到当时的书价："线装书真是买不起了。乾隆时候的刻本的价钱，几乎等于那时的宋本。明版小说，是五四运动以后飞涨的；从今年起，洪运怕要轮到小品文身上去了。至于清朝禁书，则民元革命后就是宝贝，即使并无足观的著作也常要百余元至数十元。我向来也走走旧书坊，但对于这类宝书，却从不敢作非分之想。"

鲁迅在北京居住的14年间，到琉璃厂480多次，购买书籍

3800多册，拓片4000多枚，还有古钱及其他古董，总共花费4000多元。

鲁迅购书场所

鲁迅在北京购书，大部分是在琉璃厂——

宏道堂 1913年2月9日，《鲁迅日记》载："视旧书肆，至宏道堂买得《湖海楼丛书》一部二十二册，七元；《佩文斋书画谱》一部三十二册，二十元。其主人程姓，年已五十余，自云索价高者，总因欲多赢几文之故，亦诚言也。又云官局书颇备，此事利薄，侪辈多不愿为，而我为之。"宏道堂建于光绪年间，由河北冀县人程存立开办，清末至民国时老板是其族人程锁成，牌匾是由清末书法家戴元彬所题写。《鲁迅日记》中所说的书店主人即应是此人，鲁迅不仅买书，而且从谈话中也了解了一些经营之道，从文字中可以看出鲁迅对这位能说实话的老板颇具好感。

保古斋 保古斋是一家有名的、以经营古玩为主的店铺，匾额由咸丰时期状元翁同龢题写。1914年9月7日，《鲁迅日记》载："下午同许季上至琉璃厂保古斋买得《阿育王经》一部，阙第二、三两卷，又《付法藏因缘经》一部，阙第一卷，共十册，价二元。"1914年鲁迅开始研究佛学，购买了大量的佛经和佛教艺术方面的书籍，保古斋也是鲁迅购买过佛学书籍的地方。本年9月12日，《鲁迅日记》载："又至保古斋买《备急灸方附针灸择日》共二册，二角。"看来这里还销售医学方面的书籍。鲁迅本是学医的，有用之书，价又便宜，他自然不会放过。在书价暴涨的时代，能淘到物美价廉的书的人都是行家。

宝华堂 宝华堂是一家经营古籍的书店。1914年10月10日，《鲁迅日记》载："昙。国庆日休息。下午晴。至留黎厂宝华堂买《丽楼丛书》一部七册，《双梅景暗丛书》一部四册，《唐人小说六种》一部二册，《三教源流搜神大全》一部二册，共银七元。”鲁迅购书原不是以收藏为目的，主要是用来阅读和研究学问。这几部书是为了进行小说史研究而购买的。同年11月15日，又到宝华堂，《鲁迅日记》载：“晴。星期休息。下午往留黎厂，途遇季自求方来，因同往，至宝华堂买《说文校议》一部五册，《说文段注订补》一部八册，共价四元。归过南通馆坐少顷，持麻糕一包而归。”鲁迅的这个休息日多么充实和惬意——一个秋高日爽的下午，去逛琉璃厂，中途遇见朋友季自求，两人因共同的爱好一同前往，在琉璃厂买了两部文字学书籍，又到季自求住的南通会馆聊了一会，拿着一包麻糕回家看书去了。

神州国光社　神州国光社于1901年由黄宾虹、邓秋枚（邓实）在上海创办，北京琉璃厂有其分支机构。他们在反对清朝专制统治的背景下，以“提倡国学、保存国粹、发扬民族气节”为宗旨，以珂罗版影印书画、字帖、金石、印谱等。鲁迅常去那里购买书籍、画册、字帖等，并按期购买由黄宾虹主编的连续出版物《神州大观》。《鲁迅日记》载：

1912年11月17日，“午后赴留黎厂神州国光社购《唐风图》、《金冬心花果册》各一册，共银三元九角”。

1913年2月12日，“买《画征录》一部二册，三角；《神州大观》第一集一册，一元六角半，此即《神州国光集》所改，而楮墨较佳，册子亦较大。拟自此册起，联续买之”。

《神州大观》，上海神州国光社编，1912年至1922年神州国光社影印本，共16册，附“宋元名迹”1册，第12册附“古印拓片影印”4页。鲁迅从即日起按期购买黄宾虹主编的《神州大观》，认为其开本大，墨色好，到1922年集齐全套共16册。

鲁迅还在神州国光社购买过风雨楼所藏《吉金拓本》、

《唐人写法华经》残卷、石印《古泉精选拓本》、《清内府藏唐宋元名迹》影印本等美术书籍。

文明书局　　文明书局是我国近代第一家出版机构，光绪三十二年（1906）由晚清文人廉泉在上海创办。他送人去日本学习珂罗版、铜版等先进印刷技术，使文明书局成为我国最早采用珂罗版、铜版、锌版印刷书籍的书局之一。1921年，文明书局被中华书局合并。鲁迅是文明书局的常客，从《鲁迅日记》中可见：

1912年11月17日，“午后赴留黎厂……文明书局购元阎仲彬《惠山复隐图》、沈石田《灵隐山图》、文徵明《潇湘八景册》、龚半《千山水册》、梅瞿山《黄山胜迹图册》、马扶曦《花鸟草虫册》、马江香《花卉草虫册》、戴文节《仿古山水册》、王小梅《人物册》各一册，又倪云林《山水》、恽南田《水仙》、仇十洲《麻姑》、华秋岳《鹦鹉画片》各一枚，共银八元三角二分”。

1913年9月23日，“至文明书局买《南湖四美》一册，价九角，皆吴芝瑛所藏，画止四帧”。

1914年3月15日，“午后赴留黎厂……文明书局买《宋元名人墨宝》一册，六角”。

1914年11月29日，“至文明书局买仇十洲绘、文徵明书《飞燕外传》一册，一元六角。《黄瘿瓢人物册》一册，九角六分”。

1914年12月9日，“午后同夏司长往留黎厂买书，自买《楷帖四十种》一部四册，《续楷帖三十种》一部四册，分装两匣，价共十六元八角五分”。

《楷帖四十种》和《续楷帖三十种》，均为文明书局影印本。鲁迅喜爱书法，也研究书法，举凡碑、帖，都有购买。这两本书是名帖合集，价格不菲，可谓不惜重金购之。

1914年12月30日，“午后至留黎厂文明书局买《文衡山手书

* 琉璃厂（手绘）

离骚》一册，又《文衡山自书诗稿》一册，《王觉斯自书诗》一册，《王良常楷书论书剩语》一册，《王梦楼自书快雨堂诗稿》一册，《沈石田移竹图》一册，共价银壹元四角二分五厘”。

美术书是鲁迅最舍得花钱的图书品类，这与鲁迅的爱好和他在教育部从事的工作有关。购买收藏美术书贯穿鲁迅生命的始终。鲁迅还在文明书局买过《因明论疏》、《陶渊明诗》等。

文明书局在北京琉璃厂设有分支机构。1914年4月鲁迅通过在教育部的同事顾养吾，将二弟周作人所译波兰显克微支的小说《炭画》交文明书局出版。

直隶书局　光绪八年（1882）三月，经直隶总督李鸿章批准，直隶官书局在保定、天津开业，发售各省书局的书籍，后也代销商务印书馆、文明书局的新式教科书。民国以后，直隶官书局更名直隶书局，除主营南方新书外，又增加寄售与收购古旧书籍业务，在北京也设立了分支机构。《鲁迅日记》中从1912至1923年称其为“直隶官书局”、“官书局”，1923至1936年就称直隶书局了。由于直隶书局发售南方各省书籍，包括金陵书局、苏州书局、淮南书局、上海千顷堂、湖北书局、浙江书局刻印的书籍，以及江南制造局翻译的西学著作等，图书品种十分全面，所以鲁迅也常在直隶书局买书。

鲁迅第一次去直隶书局是1912年6月29日，《鲁迅日记》载：“下午至直隶官书局购《雅雨堂丛书》一部二十册，十五元；《京畿金石考》一部二册，八角。”

鲁迅从1912年至1926年光顾直隶书局30多次，购书的品种也很多，包括金石学、文学、医学、考古、美术，等等。

直隶书局的服务在当时可圈可点，鲁迅常在那里预订书。《鲁迅日记》载，1923年4月10日，“午后往留黎厂托直隶书局定书”。1926年5月9日，“托直隶书局定书”。

有正书局　有正书局由江苏人狄葆贤（号平子）于1904年在上海创办，是《时报》报馆的附属机构。《时报》与《申报》、《新闻报》是当时上海的三大报纸。有正书局兼有出版与发行的业务，在北京琉璃厂设有分支机构。有正书局首创用珂罗版印名画和汉魏六朝碑刻，高薪雇请日本技师专门负责古画印刷并带教学徒，出版各类艺术珍品，复印的精品几可乱真。商务印书馆、文明书局、神州国光社等出版社也以有正书局为楷模，开始影印书画类书籍。有正书局还出版善本古籍、历史名著以及文学、佛学等方面的书籍，有名的《中国名画集》印行了38集，鲁迅从1912年至1919年共购买《中国名画集》第一集至第二十一集。

鲁迅第一次去有正书局是在初到北京的第十天，即1912年5月25日，他在那里用1元2角买了《中国名画集》第十五集1册。

1912年9月1日，这一天是休息日，鲁迅上午和许寿裳去看望钱稻孙，然后三人同游什刹海，中午在四牌楼同和居吃饭，可惜饭菜不可口。《鲁迅日记》载："星期休息。晨得二弟信，二十六日发。收二十六日《民兴日报》一分。上午与季茀就稻孙寓坐少顷,同至什刹海,已寥落无行人，盖已过阴历七月望矣。午饭于四牌楼之同和居，甚不可口。"下午到前门外青云阁买了一些生活用品。鲁迅在《日记》中说："又赴琉离厂有正书局购《中国名画》第一至第十集共十册，计银十二圆，佐以一木匣，不计值也。"《中国名画》即指《中国名画集》，木匣是附赠的，可见这套书的装帧是非常讲究的。第二天，"下雨，无事"，《鲁迅日记》又写道："翻画册一过，甚适。"可以想见，在北京刚刚度过炎热的夏季，在初秋一个阴雨凉爽的天气里，坐在家中翻看精美的画册是何等的适意。

《鲁迅日记》中最后一次记载到有正书局买书是在1919年4月15日："至留黎厂有正书局买《中国名画》第二十一集一册，纪念六折，计券一元五角。"

此外，鲁迅还在有正书局买过石印本《傅青主自书诗稿》、《金冬心自书诗稿》、宋陈居中绘《女史箴图》、《释迦谱》、

《虞世南汝南公主墓志铭》、《东庙堂碑》等艺术类书籍，以及佛学方面的书多种。

富晋书社　又称富晋书庄，1912年开设在前门外琉璃厂东端杨梅竹斜街青云阁商场内，曾因收购扬州吴氏测海楼全部藏书而闻名。店主人为河北人王富晋，书社销售古籍版本书、各省地方志、上虞罗振玉所刊金石考古类书籍以及上海各书局珂罗版书帖、字画等。

青云阁是鲁迅常去的地方。鲁迅通常从他居住的绍兴会馆出发，自西南方向来琉璃厂，后经一尺大街，走杨梅竹斜街，再往东至青云阁的后门。进后门，到楼上玉壶春茶馆喝茶，吃些他爱吃的春卷、虾仁面，再买些日常生活用品，理发通常也是在青云阁，然后从前门出来，再往东走，到观音寺西升平园浴池，鲁迅洗澡通常是在这里，最后返家。富晋书庄就在青云阁内，鲁迅在这里买过很多书。《鲁迅日记》载：

1917年12月30日，"晴。星期休息。午前同二弟至青云阁富晋书庄买《古明器图录》一册，《齐鲁封泥集存》一册，《历代符牌后录》一册，共券十九元"。此外，还买过罗振玉所刊金石考古类书籍《殷墟书契考释》、《殷墟书契待问编》、《唐三藏取经诗话》、《殷文存》等。

本立堂　本立堂为清初建立的古书坊名，以印刷古籍著称，是一家既卖古旧书又可以修复旧书的店铺。1913年至1914年鲁迅常光顾那里，曾在该店买过书，但大多是去修书。鲁迅爱书，常将买到的残破的古旧书送到本立堂修复。有时本立堂也上门招揽业务，略举几例，《鲁迅日记》载：

1913年9月14日，"上午本立堂书贾来持去破书九种，属其修治，豫付工价银二元"。

1913年10月5日，"往本立堂问所订书，大半成就。见《嵊县志》一部，附《剡录》，共十四册，以银二元买之，令换面叶重订"。

1913年12月19日，“下午留黎厂本立堂书估来取去旧书八部，令其缮治也”。

1913年12月29日，“晚留黎厂本立堂旧书店伙计持前所托装订旧书来，共一百本，付工资五元一角五分。惟《急就篇》装订未善，令持归重理之”。

从以上几例可以看出，鲁迅在本立堂不仅修复旧书，而且在那里买过书。鲁迅要修复的旧书，量是很大的，而本立堂的服务也是不错的，价格也较合理。琉璃厂旧书店一般都可以修复旧书，本立堂是鲁迅比较信得过的。

商务印书馆　　商务印书馆1897年2月11日创立于上海，创办人为夏瑞芳、鲍咸恩等。商务印书馆的创立标志着中国现代出版业的开始。该馆为开启民智、昌明教育、普及知识、传播文化、扶助学术做出了重要的贡献。商务印书馆开始为合伙经营的小型印刷厂，1901年改为股份有限公司，张元济入股并主持编译工作。1903年建立印刷所、编译所和发行所，引进日本先进印刷技术。翌年编印《最新国文教科书》，风行全国。此后又引进高梦旦、王云五等一大批杰出人才，扩大编写队伍，编纂《辞源》等大型工具书，译介《天演论》、《国富论》等西方学术名著，出版鲁迅、巴金、冰心、老舍等现当代著名作家的文学作品，整理《四部丛刊》等重要古籍，编辑“万有文库”、“大学丛书”等大型系列图书，出版《东方杂志》、《小说月报》等各科杂志十数种。商务印书馆在琉璃厂设有分支机构。

鲁迅第一次去商务印书馆是看望商务印书馆的经理孙伯恒，1915年11月13日，《鲁迅日记》载：“下午往留黎厂……遇孙伯恒，遂至商务馆坐少顷，观土俑及杂拓本并唐人写经。”孙伯恒曾是鲁迅在教育部的同事，与鲁迅有共同的爱好。鲁迅在1933年2月5日致郑振铎信中，邀请郑振铎共同编辑出版《北平笺谱》，“因在地域上，实为最便，且孙伯恒先生当能相助也”。

鲁迅第一次去商务印书馆买书是在1918年11月27日，《鲁迅日记》载："下午往留黎厂商务印书馆取《窸斋集古录》一部二十六册，付足预约后半价券十八元。"此后还买过《涑水纪闻》、《说苑》、《孟子》、《淮南鸿烈集解》、《邓析子》、《申鉴》、《中论》、《大唐西域记》、《文心雕龙》、棉连纸印《太平乐府》（此书次日送常维钧，贺其结婚）、《新语》、《新书》、《嵇中散集》、《谢宣城诗集》、《元次山集》等。

鲁迅离京南下前最后一次去商务印书馆是在1925年8月6日，"午后往商务印书馆取豫约之《清仪阁古器物文》"。

鲁迅与商务印书馆往来极多，在《鲁迅全集》中提及150多次。1921年鲁迅的三弟周建人也到上海任上海商务印书馆编译所编辑，并从事著译工作。1922年5月，由郑振铎主编的《文学研究会丛书》由商务印书馆开始出版，它是中国出版最早规模较大的一套文学丛书。同时《世界丛书》也由商务印书馆出版。其中，鲁迅翻译与合译的著作有：

1922年5月，所译俄国作家阿尔志跋绥夫的小说《工人绥惠略夫》由商务印书馆出版，列为《文学研究会丛书》之一。

1922年5月，所译《爱罗先珂童话集》由商务印书馆出版，列为《文学研究会丛书》之一。

1922年9月，所译日本作家武者小路实笃的剧本《一个青年的梦》由商务印书馆出版，列为《文学研究会丛书》之一。

1922年5月，鲁迅与周作人、周建人等合译的《现代小说译丛》由商务印书馆出版，列为《世界丛书》之一。其中鲁迅译文9篇。

1923年6月，与周作人合译的《现代日本小说集》由商务印书馆出版，列为《世界丛书》之一。该书收入短篇小说30篇，其中包括鲁迅翻译的夏目漱石、森鸥外、有岛武郎、江口涣、菊池宽、芥川龙之介6人的作品11篇。

中华书局　中华书局是整理出版中国古籍的专业出版社，1912年1月1日在上海创立，创办人为陆费逵、戴克敦等。开业之初，中华书局以“教科书革命”和“完全华商自办”为口号，与商务印书馆竞争，出版《中华教科书》、《新制教科书》、《新编教科书》等大量教材，后又盘入文明书局等几个印书馆，迅速发展成为国内第二大民办出版机构。在传统学术和古籍整理方面，中华书局拥有雄厚的人才资源。书局精印古书中最著名的是《四部备要》和《古今图书集成》。此外，书局还出版中西字典及专科辞典，包括《中华大字典》、《康熙字典》、《辞海》等。中华书局集编辑、印刷、出版、发行于一体，在北京琉璃厂有分支机构。

鲁迅第一次去中华书局是1913年6月22日，为同事所托“交戴芦舲所寄物”。戴芦舲，名克让，鲁迅在教育部的同事，或许与中华书局创办人之一的戴克敦有些什么关系，现暂无法考证。此后，鲁迅还去过中华书局多次，《鲁迅日记》载：

1916年12月5日，“到中华书局买《艺术丛编》第一至第三各一册，八元四角”。

1920年11月2日，“午后往琉璃厂豫约《簠定殷契类纂》一部，先付半价见泉二元”。

1921年1月28日，“下午往留黎厂取得《簠定殷契类纂》一部四册，合前豫约所付共泉四元”。

1914年1月鲁迅还曾将周作人所译《劲草》寄上海中华书局，推荐出版，但未被采用。

鲁迅在北京除去琉璃厂购书外，还在其他几个地方买过书——

东亚公司　　东亚公司是日本人在北京开办的商店，位于北京东单牌楼北路西，附带销售日文书籍。鲁迅从1924年至1926年光顾该书店达40次之多，购书近百种。鲁迅在《马上支日记》中曾对东亚书店有过描述：

“在前门外买药后，绕到东单牌楼的东亚公司闲看。

“这虽然不过是带便贩卖一点日本书，可是关于研究中国的就已经很不少。”

1924年4月8日，《鲁迅日记》载："晴。休假。午后大风。往北大取薪水十元，八月分讫。往崇文门内信义药房买杂药品。往东亚公司买《文学原论》、《苦悶の象徵》、《真実はかく佯る》各一部，共五元五角。往中央公园小步，买火腿包子卅枚而归。"

这是鲁迅第一次到东亚公司买书的记载。初春的北京，寒风还是很冷的，鲁迅这时因兄弟失和居住在砖塔胡同。先到沙滩北大红楼取了10元工资，往东穿过景山前街，再到东单东亚公司，买了3本书花去5元5角，然后走长安街到中央公园漫步，买了30个火腿包子回家。这一趟穿行东西城，可见他为买书是不辞劳苦的。

1924年10月11日，《鲁迅日记》载："晴。午后往北大取一月分薪水十八元。往东亚公司买《近代思想十六论》、《近代文芸十二讲》、《文学十讲》、《赤露見タママの記》各一部，共泉六元八角。晚得伏园信。夜H君来。"

这是鲁迅第二次到东亚公司买书的记载。这时鲁迅已搬家到阜成门内西三条居所，离东单就更远了。取钱、买书，需要大半天的时间。晚上H君来看望鲁迅。H君即羽太重久，是周作人夫人羽太信子的弟弟，鲁迅在经济上曾给予羽太家很大的帮助。鲁迅与周作人夫妇失和后，羽太重久仍然常去看望鲁迅，鲁迅也多次托他在东亚公司买书。在北京女子高等师范学校任舍监的胡萍霞，也代鲁迅买过东亚公司的书。有时所需要的书尚未到货，鲁迅就先预订了，由东亚公司直接送到鲁迅家里。

鲁迅在东亚公司购书的品种广泛，以美术、艺术、文艺理论方面的居多，还有一些关于苏俄革命文学与美术方面的书籍。鲁迅在北京时期大量的翻译作品，如厨川白村的《苦闷的象征》、《出了象牙之塔》，鹤见佑辅的《思想·山水·人物》等著作，以及大量的选译，其所依据的原文都是来自东亚公司的外文书。

钱玄同曾向鲁迅询问《出了象牙之塔》的原名是什么，价钱多少，用银圆还是用日元，在哪里能买到等一系列的问题。鲁迅不无得意地给他回了一封极尽幽默调侃的信，在回答钱玄同的同时，向他介绍了东亚公司。此信文体特别，兹录在这里：

庙讳先生：

“先生”之者，因庙讳而连类尊之也。由此观之，定名而乌可不冠冕堂皇也乎？而《出了象牙之塔》“原名为何”者，《象牙ノ塔ヲ出テ》也。而“价钱若干”者，“定价金贰円八拾钱”也；而所谓“金”者，日本之夷金也。而“哪里有得买”者，“京桥区尾张町二丁目十五番地福永书店”也。然而中国则无之矣；然而“东单牌楼北路西东亚公司”则可代购之矣；然而付定钱一半矣；然而半月可到矣；然而更久亦难定矣。呜呼噫嘻，我不得而知之也。东亚公司者，夷店也；我亦尝托其代买也；彼盖当知“哪里有得买”也，然而并以“福永书店”告之，则更为稳当也。然而信纸已完也。于是乎鲁迅乃只得顿首者也。

一九二五年一月十二日

鲁迅离京南下前最后一次到东亚公司是在1926年8月1日，《鲁迅日记》载：“往东亚公司买《風景は動く》一本，二元。”东亚公司最后一次给鲁迅送书上门是8月13日。鲁迅于8月26日离京赴厦门，1927年在上海定居。他1929年5月回京探亲时还到东亚公司去买了一次书。

鲁迅购买外文书的最重要场所，一个是北京的东亚公司，一个是上海的内山书店，两家书店是鲁迅了解世界动态与新思潮的最重要的窗口。

东亚公司现早已不知去向，原址代之以东方广场。

劝业场　北京劝业场又名劝工场，位于北京市正阳门西南侧大栅栏廊房头条，始建于1905年，是一栋四层楼房（地上三层，地下一层），为京城第一幢大型综合性商业建筑。鲁迅常和

＊北京劝业场（手绘）

朋友在里面的小有天饭馆聚餐，还经常到那里饮茶、理发、购物。劝业场里面也有卖书的商铺，1915年4月18日，《鲁迅日记》载："昙。星期休息。午后至劝业场访《文始》，得之，买一册，银一元五角。"

新中国成立后，劝业场曾一度改为宾馆。2012年2月，北京"大栅栏琉璃厂建设指挥部"成立，开始修缮劝业场，将还原旧有建筑，恢复原有的商业环境。

东交民巷书店　　东交民巷西起天安门广场东路，东至崇文门内大街。1923年7月23日，《鲁迅日记》载："与二弟至东安市场，又至东交民巷书店，又至山本照相馆买云冈石窟佛像写真十四枚，又正定木佛像写真三枚，共泉六元八角。"

东安市场　　东安市场位于东城区王府井大街，因东安门而得名。鲁迅先后几次去那里的森隆饭店、东兴楼饭庄与朋友一起吃饭饮酒。1923年6月26日，《鲁迅日记》载："至东安市场，见有蒋氏刻本《札朴》，买一部八本，直二元四角。"东安市场现改名为新东安市场，成为繁华的商业市场。

* 东交民巷（手绘）

番禺新馆　　番禺新馆即番禺会馆，位于宣武门外上斜街。1924年8月27日，《鲁迅日记》载："往番禺新馆买《晨风阁丛书》一部十六本，八元。"番禺会馆现为民居。

博益书社　　地址不详。1925年2月21日，《鲁迅日记》载："晚往博益书社买《新旧约全书》一本，一元。"

厂甸　　厂甸位于琉璃厂海王村旧址，现为海王村中国书店大院。旧时的琉璃厂不仅仅是文人墨客的书籍市场，而且每年春节的初一至十六还举办新春庙会。厂甸庙会以海王村公园为中心，东至火神庙，西至西琉璃厂中段，南至沙土园口，北至西河沿口，是老北京规模最大也是最红火的庙会。海王村公园、火神庙、吕宗祠、土地祠等处的摊贩最多，席棚布帐鳞次栉比，使老北京城的百姓都蜂拥而至。

鲁迅从1913年春节起，一直到1926年离京南下前，每年都会去庙会逛上一两天。仅1913年，他就去了厂甸庙会四次。鲁迅去厂甸，主要是淘书，也购买碑帖、古钱币及陶俑、铜镜等小古董。1914年2月1日，《鲁迅日记》载："赴留黎厂，盘桓于火神庙及土地祠书摊间，价贵无一可买。"1915年2月15日，"午后往厂甸，人众不可止，便归。在摊上买《说文系统第一图》拓本，泉二百"。1923年2月28日，"午后游厂甸，买小说数种"。1924年2月10日，"下午游厂甸，买《快心编》一部十二本，一元四角"。1926年2月20日，"游厂甸，买小本《陶集》、石印《史通通释》各一，共二元二角"。这几本是鲁迅在厂甸买到的书。鲁迅所购大部分书还是游厂甸时顺便在琉璃厂书店购买的。

厂甸庙会在20世纪60年代初期依然红火，中期即中断，2001年又恢复，但已没有了昔日的红火，旧物以假的居多，书籍也已不是原来庙会上的题材了。

单纯在北京购书，还不能满足鲁迅的需求。他不仅在北京的书店购书，还从外地，主要是从上海、杭州等地及日本的几家书店邮购。其中，上海的书店有蟫隐庐书铺、食廛旧书店、医学书局、泰东书局、伊文思书馆；杭州的书店有西泠印社；日本的书店有相模书屋、丸善书店、实业之日本社、东京堂、石川文荣堂、中西屋（日本西文书店）、其中堂（日本东京古籍书店）、鸡声堂、辰文馆。

购　物

帖店

鲁迅从留学日本回国后，在绍兴教学期间就对金石拓片感兴趣。1912年他到北京后，由于在教育部上班“枯坐终日，极无聊赖”，为了“驱除寂寞”，“许多年，我便寓在这屋（绍兴会馆的补树书屋）里钞古碑”。鲁迅从这年起，就开始搜集碑帖拓片，而大量购买拓片则是从1914年末至1921年，其中购买最多的是在1915年至1919年。现在北京鲁迅博物馆所藏鲁迅购买的拓片有6000多件，4000多种，大部分都是在北京购买的。鲁迅购买拓片的种类很多，包括碑刻、墓志、造像、砖刻、瓦当、镜、古钱、古砚、钟鼎、经幢、古印及汉画像等。这些拓片大部分都是在琉璃厂敦古谊、式古斋、富华阁等十多个帖店购得。琉璃厂的这些帖店都留下过鲁迅的足迹。

敦古谊　从1915年至1919年，鲁迅去过敦古谊帖店十多次，在那里买过《爨宝子碑》、六朝墓志、汉画像等许多珍贵的拓片。

1915年8月3日，《鲁迅日记》载：“下午敦古谊帖店送来石印《寰宇贞石图》散叶一分五十七枚，直六元。”这套《寰宇贞石图》散页是鲁迅重新排序整理《寰宇贞石图》的主要依据。该书经整理后分为5册，共232种，鲁迅为其编写了总目及分册目录，并于1916年1月撰写了“整理后记”。

鲁迅重订后并未印行，1986年由上海书画出版社影印出版。敦古谊帖店还多次将拓片送到鲁迅家中，让他挑选购买。鲁迅还把一些拓片交托给敦古谊装裱，以便保存。

式古斋　鲁迅于1915年11月27日去式古斋买过拓片，《鲁迅日记》载："往留黎厂式古斋视拓本，得《薛山俱、薛季训、薛景、乡宿二百他人等造象》拓本四枚，云是日本人寄售，原石已出中国，索价颇昂，终以六元得之。"

宜古斋　据《鲁迅日记》，他去过宜古斋两次，宜古斋送货上门四次。1916年3月12日，《鲁迅日记》载："往宜古斋置《孔庙汉碑拓本》一分十九枚，三元；《赵芬残碑》二枚，《正解寺残碑》四枚，各一元。"《鲁迅日记》本年末书账中，有所购《曲阜孔庙汉碑拓本》12种19枚详目："《鲁孝王刻石》并题记二枚、《乙瑛碑》一枚、《谒庙残碑》一枚、《孔谦碣》一枚、《孔君碣》一枚、《礼器碑》并阴侧共四枚、《孔宙碑》并阴二枚、《史晨前碑》一枚、《后碑》一枚、《孔彪碑》并阴二枚、《熹平残碑》一枚、《孔褒碑》一枚、《汝南周君碑》并题记二枚"。 这次购买的汉碑拓片很重要，大部分是名碑，这么多拓片共3元，应是很便宜了。

仿古斋　据《鲁迅日记》显示，他没有去过仿古斋，但由好友陈师曾介绍，仿古斋曾上门给鲁迅选过帖。鲁迅还从陈师曾手中买过一枚仿古斋的碑帖。1916年5月31日，《鲁迅日记》载："上午陈师曾示《曹真残碑》并阴初出土拓本二枚，'诸葛亮'三字未凿，云仿古斋物，以十元收之。"《曹真残碑》又称《上军大将军曹真残碑》，刻于三国魏太和六年（232），清道光年间在陕西西安出土，现藏故宫博物院。该碑以隶书刻成，书法方整遒丽，上承东汉，下启晋代，为中国书法史上的名碑。"诸葛亮"三字未凿本为初拓本，鲁迅"以十元收之"，可见其珍贵。

德古斋　德古斋是鲁迅去过最多次的帖店，共光顾30多次。1916年8月3日，《鲁迅日记》载："晚德古斋来。"这是鲁迅与德古斋的第一次接触。鲁迅在这里买到了大量端方死后散出的拓片。端方（1861—1911），托忒克氏，字午桥，号陶斋，满洲正白旗人，清末大臣，金石收藏大家。曾任两江总督，创办“江楚编译官书局”，收藏书画和金石拓本等颇丰。《鲁迅日记》记载了从德古斋购买端氏拓片的收获。

1917年12月30日，“出留黎厂在德古斋小坐，购得周库汗安洛造象石一躯，券二十四元，端陶斋故物也。文字不佳，象完善”。

1918年4月14日，“午后往留黎厂，以重出拓片就德古斋易他本，作券廿，先取残画象一枚，作券四元。又买北齐《翟煞鬼墓记石》一方，券廿，云是福山王氏旧物，后归浭阳端氏，今复散出也”。

《翟煞鬼墓记石》，刻于北齐，原为山东福山的金石收藏家王懿荣所藏，后为收藏家端方所得。鲁迅曾请来拓工为之制成拓片，用以馈赠好友。现此物在鲁迅故居陈列。

1919年2月12日，“俟二弟至同游厂甸，在德古斋买端氏臧专拓片一包，计汉墓专三百八十，杂专十一，六朝墓专廿五，唐、宋、元墓专七，总四百廿三枚，券五十元。又隋残碑一枚，券一元”。

1919年2月16日，“又至留黎厂火神庙游，在德古斋买端氏所藏瓦当拓片卅二枚，券二元”。

1919年3月3日，“午后往留黎厂，在德古斋买得端氏所臧瓦当拓片与二月十六日所收无复重者二百六十枚，价券十四元”。

鲁迅在德古斋所购的端方藏品，价廉物美，是鲁迅所藏拓片中重要的一批。鲁迅还从德古斋买到过一批刑徒砖拓片：

1918年5月23日，“往留黎厂德古斋买得恒农墓专拓片大小百枚，内重出二枚，二十四元。《江阿欢造象》一枚，《讳德墓志》一枚，各二元”。

“恒农墓专”即刑徒砖，鲁迅曾购罗振玉辑《恒农冢墓遗文》一书，内容为洛阳地区出土的刑徒砖200余种，该书为研究洛阳刑徒砖拓的重要参考书。鲁迅参照此书买得“恒农墓专”拓片百枚。鲁迅博物馆现藏拓片中有刑徒砖拓113枚，多为本日所购。

师古斋　《鲁迅日记》显示，他只有去师古斋的一次记录。1925年11月24日，《鲁迅日记》载：“晚师古斋持拓本来，选取陶斋臧汉画象残石一枚，银一元，《臧石记》未载。又《许始造象》四枚，二元。夜得二弟信并梁专拓本二枚，廿一日发。”

师古斋是琉璃厂的帖店，常送货上门，贩卖碑帖。《臧石记》即《陶斋藏石记》，端方著，为碑石汇编，四十四卷，所录均为端方所藏之碑刻、钱范、瓦砖等铭文拓片，始于汉代，止于明代，共700余件，前录释文，后附考订。1925年7月15日鲁迅购藏此书。鲁迅所购汉画像残石为陶斋所藏，又为《陶斋藏石记》所不载，这说明鲁迅具有非凡的收藏眼光。

富华阁　据《鲁迅日记》，他只去过富华阁一次，而富华阁送拓片上门让鲁迅选购却有五次。1925年5月14日，《鲁迅日记》载：“往富华阁买冯焕、李业、杨发、贾夜宇阙各一枚，三元；《司马长元石门题字》二枚，一元；《魏三体石经》残字一枚，三元。”

《冯焕阙》、《李业阙》、《杨发阙》、《贾夜宇阙》都是出自四川的汉代石刻。鲁迅购此拓片不止一次。《李业阙》、《杨公阙》、《贾公阙》又号称四川梓潼三阙，书法出于一人之手。《司马长元石门题字》，刻于东汉，隶书，也非常有名。

《魏三体石经》，刻于三国正始年间，此经曾与《熹平石经》并立于当时的洛阳太学。碑文以古文、小篆、汉隶三体刻就，内容为《尚书》、《春秋》等，史称“正始三体石经”。这些拓片可用以研究三国以前书法之演变，故而鲁迅对此拓片很重视。这次购买之前，他已于1920年12月31日购《石经》残字一枚，1923年11月25日购六枚。鲁迅曾临摹此经，既依照原字体描摹，也依照残泐的曲线描摹，手稿现存国家图书馆。

震古斋　震古斋也是鲁迅去得较多的一个帖店。1916年至1918年，鲁迅为买碑帖去过十多次。震古斋也送货上门，1916年9月8日，《鲁迅日记》载："下午震古斋来售'云峰、太基山摩崖刻旧拓'不全本，卌一种卌三枚，值十五元。"

"太基山摩崖"，属云峰石刻。云峰石刻为北魏至北齐间的摩崖刻石，集中于山东掖县的云峰山、太基山，平度的天柱山和青州（原益都县）的玲珑山，多为郑道昭父子所书。郑道昭（455—516），北朝魏诗人、书法家，魏碑体鼻祖，善正书，体势高逸，作大字尤佳，在当时被誉为"书法北圣"，与王羲之齐名。云峰山现存刻石约20种，天柱山现存刻石7种，太基山现存刻石17种，玲珑山现存刻石5种。鲁迅对云峰石刻非常重视，多次购买相关拓片，此次购买31种是最多的一次。

庆云堂　庆云堂帖店曾上门售给鲁迅碑帖多次，鲁迅也去过一次，1923年2月28日，《鲁迅日记》载："至庆云堂观陶斋臧专拓片，价贵而似新拓也。买《曹全碑》并阴二枚，皆整张，一元五角；王稚子阙残字及画象各一枚，题记二枚，三元。又石门画象二枚，六元，其一为阴，有'建宁四年'云云题字，二榜乃伪刻。"

达古斋　鲁迅没有去过达古斋，但托二弟周作人买过那里的拓片，1919年6月6日，《鲁迅日记》载："晚二弟购来达古斋所臧铜器拓片百枚，券九元，合见泉五元四角。"

古钱

鲁迅除了大量购买、收藏拓片外，还热衷于对古代钱币的收藏与研究。"古泉"即古钱。《鲁迅日记》从1913年起，开始有购买古钱的记录，从这时起，鲁迅对收藏古钱币产生了极大的兴趣。鲁迅购买古钱币的目的主要是为了收藏与研究。古钱币是研究中国历史、铸造艺术、文字与书法艺术的重要途径之一。鲁迅常去的古钱店铺有琉璃厂广文斋、李竹泉以及宣武门外一带的小市。

广文斋　　广文斋古钱铺在西琉璃厂中间路南，于清咸丰五年（1855）开业，店主是河北献县人刘三戒，有"古钱刘"之称。刘三戒去世后，由其子刘廷锡经营。鲁迅在广文斋买古钱，正是与刘廷锡打交道。《鲁迅日记》载：

1913年8月16日，"午后往璃琉厂，在广文斋买古泉十八品，银一圆"。

1913年8月18日，"往琉璃厂广文斋买古泉二十一品，银二元六角。又赴直隶官书局买《古今泉略》一部十六册，十二元；《古金待访录》一部一册，四角"。

鲁迅不仅购买古钱，而且购买了许多关于古钱币的书籍，《古今泉略》为倪模所著，《古金待问录》（鲁迅误写为《古金待访录》）为朱枫所著，两人都是清乾、嘉时期著名的金石学家和钱币学家，两部书也均为研究古代钱币的重要书籍。

李竹泉　　"李竹泉"指琉璃厂云松阁店铺。李竹泉是当时云松阁的主人。在《鲁迅日记》中又曾写作李竹斋、李竹庵。云松阁开始只售古钱币，后来扩大经营范围，开始销售文物和花卉。据《鲁迅日记》记载，他曾两次去云松阁买古钱：

1913年10月5日，"往留黎厂李竹斋观古泉，买得'齐小刀'二十枚，价一元。'平阳币'二枚，'安阳币'一枚，'夕旻'一枚，共一元。又史思明'得壹元宝'一枚，价二元"。

1914年6月6日，"往留黎厂李竹泉家买圆足布一枚，文曰'安邑化金'；平足布三枚，文曰'戈邑'，背有'夕旻'字，曰'兹氏'，曰'夕旻'；又'夕旻'字圆币二枚，共三元五角"。

1924年前后，云松阁由李竹庵的孙子李庆裕掌管。这段时间内，鲁迅去那里观看过字画，也购买小古董。李庆裕在1925年春还亲自到鲁迅家里商议植种花木的事，并为鲁迅在西三条21号的寓所种植了丁香、碧桃、刺玫、青杨等花木。

除上述两家外，鲁迅购买古钱的地点还有琉璃厂青云阁、厂甸、宣武门外小市、地摊等处。鲁迅购买古钱，颇具眼力，《日记》有载：1913年8月24日，“游琉璃厂，复至宣武门外，由大街步归，见地摊有‘崇宁折五’钱一枚，乃以铜圆五枚易之”。“崇宁折五”是宋代钱币面额的一种制式，意为折合五个最小计量单位的钱币，一枚折五钱币的价值相当于五枚小平钱的价值。鲁迅以五铜圆购买了这枚珍贵的宋代钱币。又1915年2月21日，“以铜元二十枚买‘壮泉四十’一枚，系伪造品”。“壮泉四十”是王莽时期钱币，古钱币中精罕之品，鲁迅虽认出其“系伪造品”，但因做工精巧，仍以20铜圆买下。

《鲁迅日记》：1919年6月21日，“午后往留黎厂买尖足小币五枚,券五元”。这是鲁迅最后一次购买古钱币的记录。

据统计，鲁迅购买古钱，有记载的数量为166枚，珍稀品种不多，但其中也不乏“三字齐刀”、“甘丹刀”、“白人刀”等一些较有价值的钱币。在现存鲁迅未刊手稿中，还有标明《泉志》的手稿23页，说明鲁迅对古钱币有过深入的研究。

古董

除碑帖、古钱外，鲁迅还购买其他古董。周作人对此有过描述：“民国以后他搞石刻，连带的收集一点金石小品，如古钱、土偶、墓砖、石刻小佛像等，只是看了喜欢；尤其是价值不贵，这才买来，说不到收藏，有如人家买一个花瓶来放在桌上看看罢了。”（周作人：《鲁迅的故家·花瓶》）《鲁迅日记》载：1913年2月2日，“午后许季上来，同往留黎厂阅书。……又购北邙所出明器五具，银六元，凡人一、豕一、羊一、鹜一，又独角人面兽身物一，有翼，不知何名”。鲁迅还把所购土偶用笔绘出并加以说明。

松云阁　　松云阁是琉璃厂的一个古董铺子。鲁迅从1913年起，又多次购买古代的土偶和陶俑等古董，并加以研究，很多都是从松云阁买的。

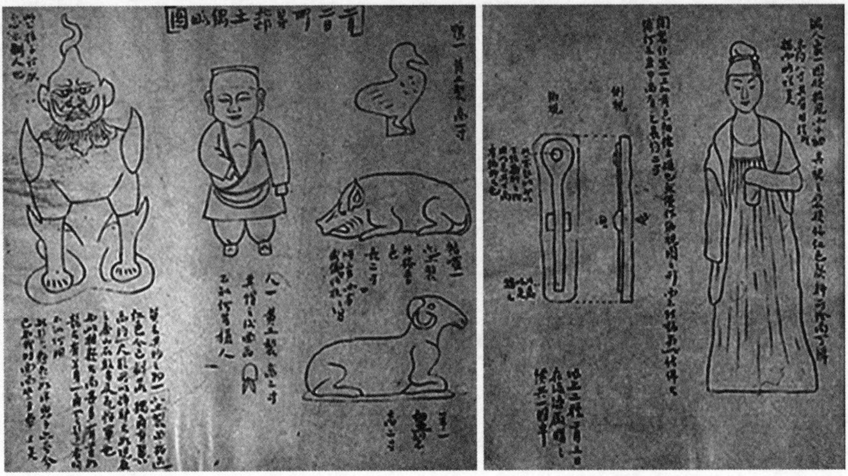

* 鲁迅手绘的土偶图

1923年2月20日，“下午同裘子元往松云阁买土偶三枚，共泉五元”。

1923年4月13日，“在云松（松云阁）买唐佛象逕一枚，一元，陕西出”。云松阁与松云阁应为两处，此处鲁迅误写为“云松”，括号内为编者更正的。

《鲁迅日记》记载，鲁迅共去过松云阁9次，在北京期间，共收藏了38件人物俑，其中唐俑数量最多；动物俑19件，其中有青釉狮子、朱绘陶马、陶绵羊、三彩小鸟等。这些都是极为难得的古俑精品。此外还有铜镜、佛像、鸮尊等。

信笺

静文斋、宝晋斋、淳菁阁、松古斋、清秘阁 鲁迅一生用毛笔写作，在北京时，经常到琉璃厂青云阁、清秘阁等南纸店买笺纸。鲁迅遗留下的大量书信都是用从那里购买的水印笺纸书写的，在鲁迅博物馆所藏鲁迅的遗物中，还有许多鲁迅没有用过的木版水印的彩色信笺。

鲁迅自1926年8月26日离京南下后，于1929年和1932年两次回平探亲，都要到琉璃厂购买笺纸。静文斋、宝晋斋、淳菁阁、松古斋、清秘阁等南纸店都曾是鲁迅光顾的店铺。鲁迅在给郑振铎的信中，还提到过琉璃厂两位著名的刻制水印笺纸木版的高手艺人“板儿杨”和“张老西”，说明鲁迅对此行的高低优劣非常熟悉。

鲁迅自幼热爱美术，对中国古代版画情有独钟。他收藏古代版画书、汉画像，以及后来倡导新兴木刻，都是与他的这一爱好分不开的。1933年2月5日，鲁迅在致郑振铎的信中提议共编《笺谱》一书：“去年冬季回北平，在留黎厂得了一点笺纸，觉得画家与刻印之法，已比《文美斋笺谱》时代更佳，譬如陈师曾、齐白石所作诸笺，其刻印法已在日本木刻专家之上，但此事恐不久也将销沈了。”“因思倘有人自备佳纸，向各纸铺择尤对于各派各印数十至一百幅，纸为书叶形，采色亦须更加浓厚，上加序目，订成一书，或先约同人，或成后售之好事，实不独为文房清玩，亦中国木刻史上之一大纪念耳。”经过鲁迅和郑振铎的共同努力，《北平笺谱》于1933年底编成出版。此书用木版宣纸彩印，选图精湛，部分采用了饾版拱花技艺，因其印数少、品位高，现已成为善本书，也确实成为“中国木刻史上之一大纪念耳”。

刻印

同古堂　同古堂位于西琉璃厂路南，1912年由张樾丞创建。因当年得一罕见的汉代铜鼓，于是以“铜鼓”之谐音命名同古堂。同古堂以制作、出售铜墨盒为主业，兼营古董和治印。同古堂刻铜在当时首屈一指，陈师曾、姚华、张大千等名画家，常在同古堂的墨盒上作画，然后由张樾丞刻制。张樾丞（1881—1961），名福荫，以字行，河北新河县南小寨村人，著名篆刻家，尤擅刻铜。曾为清末皇帝、北洋首脑、民国官僚治过印，“故宫博物院图书馆章”、“国立清华大学图书馆藏”、“北京大学图书馆藏”、“北京图书馆藏”都出自张樾丞之手。中华人民共和国开国大印也是由张樾丞刻制的。鲁迅与周作人经常在同

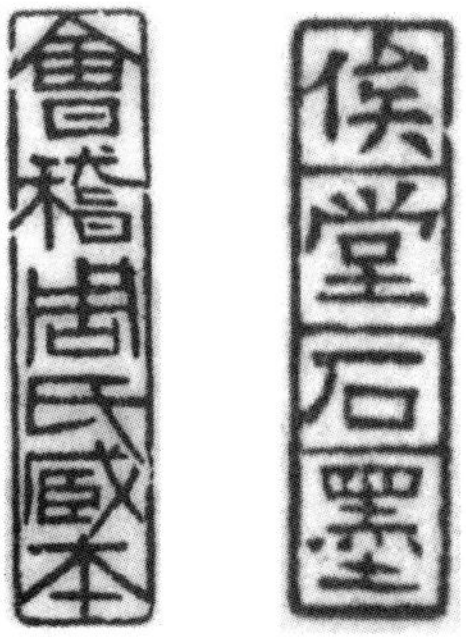

* 同古堂为鲁迅所制木质印章
* “会稽周氏藏本”和“俟堂石墨”

＊同古堂为鲁迅所制木质印章“随喜”、“善”、“伪”、“翻”、“完”

古堂刻印，《鲁迅日记》载：

1917年3月29日，“托师曾从同古堂刻木印二枚成，颇佳”。

这是他第一次托陈师曾从同古堂刻印，印文为“会稽周氏藏本”和“俟堂石墨”，颇为鲁迅赏识，虽为木印，却如金石。

1918年4月11日，“下午同陈师曾往留黎厂同古堂代季茀刻印，又自购木印五枚，买印石一枚，共六元”。

鲁迅本日在同古堂自购木印五枚，分别为：“随喜”、“善”、“伪”、“翻”、“完”，供其鉴定、审校碑拓之用。

1918年8月5日，“午后往留黎厂同古堂取所刻印章二枚，石及工价共券五元”。

1920年1月20日，“午后往留黎厂同古堂买墨合、铜尺各二，为三弟”。

生活

鲁迅从1912年到1919年住在北京宣武门外的绍兴会馆，这期间他购买生活用品主要在前门，再往西到大栅栏、琉璃厂一带，因为这里距绍兴会馆很近。鲁迅常去的地方有：

青云阁　青云阁在观音寺街，据《鲁迅日记》记载，这里是他购物去得最多的地方。鲁迅穿的鞋基本都出自青云阁内的步云斋，所用的袜子、牙粉、肥皂、毛巾、草帽等也在这里购买，他还经常在这里饮茶、理发。

晋和祥　晋和祥在观音寺街，也是鲁迅常去的店铺。他在这里买过牛肉、牛舌、饴糖、可可、齿磨、咖啡、牛奶，还买过提包、帽子等。

稻香村南味食品店　稻香村南味食品店在大栅栏西街。鲁迅常去这里购买糕点、香肠、熏鱼等。

劝业场　劝业场又称劝工场，在廊房头条。鲁迅常在这里理发，买一些杂物，还喜欢在这里的小有天、玉壶春饭店饮茶、吃饭。

瑞蚨祥绸布店　瑞蚨祥绸布店在大栅栏，鲁迅每年秋冬季节都在这里购买衣物、布料等。据《鲁迅日记》记载，他在这里所买之物有斗篷、被褥、围巾、手套，乃至狐皮衣料、獭皮领子。

西美居食品店　西美居食品店在前门内，鲁迅在这里买过饼饵（即饺子）。

＊青云阁（手绘）

临记洋行 临记洋行在前门内，鲁迅常在这里购买饼饵（即饺子）、茶食、糖果，有时还买些牙粉、肥皂等日常用品。

内联升鞋店 内联升鞋店在前门外，鲁迅曾在这里为侄子周丰一定制皮鞋。

餐 饮

鲁迅在北京用餐饮茶的地方有六十多处，其中既有名气很大的饭店，也有常去便餐的小馆，喜欢山东、河南、福建、浙江等各省菜系，还有德式、日式等番菜（西餐），其中不乏北京的一些老字号，但也有许多小饭馆。北京大街小巷的许多饭馆，都留下了鲁迅的足迹，因为饭是天天要吃的。鲁迅虽然算是当时较高级的工薪阶层，但毕竟还是靠工资养家糊口的小官员，他自己的日常生活应该说是非常简朴的。他在北京的很大一部分收入花在了买房上面，还有部分花在买书和碑帖上。他到北京后，在绍兴会馆有过7年多孤独的生活历程，与朋友聚会餐饮自然是他生活的重要部分。他也许在餐桌上就构思了文章的题目和内容，生发出许多思考。在与朋友的聚会中，他们曾谈论中国的社会、刊物的编辑，讨论文学与革命的问题，也谈论朋友之间的友情，同乡之间的亲情，等等。《鲁迅日记》中留下许多“微醉”、“颇醉”、“大醉”的记录。通过餐饮，既可以考察鲁迅在不同时间的不同心情，也可透视鲁迅与朋友、同乡及其他食客之间的关系。

关于吃饭，鲁迅有很多妙论。在致李秉中的一封信中曾说过：“人不能不吃饭，因此即不能不做事。”在《送灶日漫笔》一文中，鲁迅曾就在北京的吃饭有过精妙的分析：“今之君子往往讳言吃饭,尤其是请吃饭。那自然是无足怪的，的确不大好听。只是北京的饭店那么多，饭局那么多，莫非都在食蛤蜊，

* 前门外大街（手绘）

谈风月，‘酒酣耳热而歌呜呜’么？ 不尽然的，的确也有许多‘公论’从这些地方播种，只因为公论和请帖之间看不出蛛丝马迹，所以议论便堂哉皇哉了。但我的意见，却以为还是酒后的公论有情。人非木石，岂能一味谈理，碍于情面而偏过去了，在这里正有着人气息。况且中国是一向重情面的。何谓情面？明朝就有人解释过，曰：‘情面者，面情之谓也。’自然不知道他说什么，但也就可以懂得他说什么。在现今的世上，要有不偏不倚的公论，本来是一种梦想；即使是饭后的公评，酒后的宏议，也何尝不可姑妄听之呢。然而，倘以为那是真正老牌的公论，却一定上当，——但这也不能独归罪于公论家，社会上风行请吃饭而讳言请吃饭，使人们不得不虚假，那自然也应该分任其咎的。”

本节只在鲁迅所到过的六十多个饭馆中，择取其中较有名的、经常去的一些饭馆加以介绍。

广和居

广和居饭庄是清末民初北京一家有名的饭馆，位于宣武门外菜市口西路南的北半截胡同南口路东，正对着南半截胡同，是一套狭长的四合院。磨砖刻花的小门楼，黑漆大门，红油门联，上有“广居庶道贤人志，和鼎调羹宰相才”的嵌头对。广和居创始于道光十一年（1831），原名叫盛隆轩。据清代崇彝著《道咸以来朝野杂记》载：“广和居在北半截胡同路东，历史最悠久，盖自道光中即有此馆，专为宣南士大夫设也。其肴品以炒腰花、江豆腐、潘氏清蒸鱼、四川辣鱼粉皮、清蒸干贝等脍炙人口。故其地虽隘窄，屋宇甚低，而食客趋之若鹜焉。”由于宣武门外一带会馆林立，不仅京官中的汉官颇多居住此地，而且文人学士、科考学子也都云集于此，故而广和居的生意大为兴隆。晚清大臣张之洞、曾国藩，光绪皇帝的老师翁同龢，变法名士谭嗣同，文史学家李慈铭等都曾在这里宴

＊大栅栏（手绘）

客。鲁迅的祖父周介孚也在广和居宴过客。

民国以后，鲁迅周围的文化人也经常在广和居聚会餐饮。周作人、马幼渔、朱希祖、沈尹默、许寿裳、钱玄同以及鲁迅在教育部的许多同事都是这里的常客。周作人在《补树书屋旧事》中记道："客来的时候到外边去叫了来，在胡同口外有一家有名的饭馆，还是李越缦等人请教过的。有些拿手好菜，如潘鱼、砂锅豆腐等，我们当然不叫，要的大抵是炸丸子、酸辣汤，拿进来时如不说明便不知道是广和居所送来的，因为那盘碗实在坏得可以，价钱也便宜，只是几吊钱吧。"

鲁迅于1912年5月5日到北京，住进宣武门外南半截胡同绍兴会馆，5月7日便"夜饮于广和居"。至1919年鲁迅搬离绍兴会馆前，《鲁迅日记》中有64条到广和居宴饮的记录。鲁迅在绍兴会馆住了约7年，会馆内不供膳食，鲁迅又是单身一人，所以常到广和居吃饭或是叫饭馆把饭菜送到会馆。鲁迅还在广和居留下许多醉酒的记录，《日记》载：1912年7月14日，"下午偕铭伯、季市饮于广和居，甚醉"。8月1日，与钱稻孙、许寿裳同游琉璃厂后，"晚饮于广和居，颇醉"。1913年4月28日，"晚稻孙来，季市呼饮于广和居，小醉"。醉酒的原因，或是内心中的愤懑，或是朋友之间的开怀。

在广和居的聚餐，有时是教育部同事的聚会，有时是绍兴同乡的聚饮，还有时是AA制的便餐，如1912年8月22日，"晚钱稻孙来，同季市饮于广和居，每人出资一元。归时月色甚美，骡游于街"。几个好友在夏夜美丽的夜色中，骑着骡在街上云游，好不惬意。

鲁迅最后一次到广和居是1932年他回平探亲的时候，《鲁迅日记》载：1932年11月27日，"矛尘来邀往广和馆店夜饭，座中为郑石君、矛尘及其夫人等"。

广和居现址已是民居。

致美斋

致美斋是一家开业于康熙年间的老字号饭馆，位于前门大街煤市街与粮食店街之间，原以姑苏风味而闻名。清末民初，有三个山东人买下了致美斋。致美斋分为两个院子，一个是四合院式的两层楼，青砖为底，两扇朱门，上有致美斋的牌匾高悬。另一个院子在西边，坐北朝南的红楼，内设单间，里面墙上贴的都是名人字画。菜肴讲究色、香、味、形，有四吃活鱼、云片熊掌、游龙戏凤、三丝鱼翅等名菜，致美斋的肉饺和萝卜丝饼最为有名。晚清至民国时，皇亲国戚，民国政要，社会名流等，都是这里的常客。

《鲁迅日记》中有两次去致美斋的记载。第一次是1912年5月8日，“夜饮于致美斋，国亲作主”。鲁迅是5月5日到北京的，三天后就到致美斋品尝那里的美食。国亲名蔡谷清，是蔡元培的从弟、鲁迅的同乡，曾与鲁迅同时赴日本留学，又同到北京工作，二人关系很密切。第二次到致美斋是1912年8月31日，“晚董恂士招饮于致美斋，同席者汤哲存、夏穗卿、何燮侯、张协和、钱稻孙、许季黻。”此次是由教育部次长董恂士宴请，在座者都是教育部同事。

致美斋现称致美楼饭庄。

便宜坊

便宜坊创建于明永乐年间，是一家有近600年历史的老字号，位于宣武门外菜市口米市胡同。便宜坊的焖炉烤鸭最为出名，是北京烤鸭的两大流派之一。焖炉是用砖砌成地炉，烤时不见明火，其烤鸭特点是皮酥肉嫩，肥而不腻。鲁迅在1912年至1913年有5次光顾便宜坊的记录：

1912年7月28日，“星期休息。晨稻孙来，午饭于广和居，季茀、莘士在坐。饭后赴吴兴馆，夜又饭于便宜坊”。鲁迅和几个好友其乐融融地度过了这个休息日。

1912年9月8日，“晚稻孙招饮于便宜坊”。

1913年8月7日，“朱焕奎来，又邀往便宜坊晚饭”。

1914年4月15日，“朱舜丞及其弟来，邀往便宜坊饭”。

1915年1月30日，“晚徐吉轩招饮于便宜坊，共十三人，皆社会教育司员”。

北京现在有数十家便宜坊分店，但其菜市口原址已成为民居。

会贤堂

会贤堂旧址位于西城区什刹海前海北沿，原为清光绪年间礼部侍郎斌儒的私第，后由山东人创建为会贤堂饭庄，经营正宗山东菜肴。会贤堂前院二楼可眺望什刹海，后院原有瓦房、平房一百余间，花园、戏楼各一座。会贤堂曾是北京内城达官贵人、文人墨客聚会的地方。辛亥革命时，摄政王载沣曾在此讨论国政；民国初年，溥仪曾派内务府大臣绍英等在此宴请徐世昌、熊希龄等人；五四运动前后，不少进步文人在此探讨新文化运动。

鲁迅从1912年8月被任命为教育部社会教育司第一科科长，负责管辖包括博物馆、图书馆、美术馆等事项，常到什刹海后海的广化寺京师图书馆。20日，鲁迅随夏曾佑司长到京师图书馆视察，《鲁迅日记》载：“上午同司长并本部同事四人往图书馆阅敦煌石室所得唐人写经，又见宋、元刻本不少。阅毕偕齐寿山游十刹海，饭于集贤楼，下午四时始回寓。”这里，鲁迅将会贤楼误记为集贤楼。

会贤堂于20世纪40年代因生意萧条歇业，后被辅仁大学买下，现为中国音乐学院的教职工宿舍，是北京市文物保护单位。

同和居

同和居饭庄开业于清代道光二年（1822），原址在西四南大街北口，西四牌楼西南角的一座四合院内。同和居是北京较早经营鲁菜的老字号，民国初年，掌柜牟文卿聘请御膳房的袁祥福帮厨，后者凭“三不粘”等宫廷名菜使同和居有了名气。同和居主营的“福山帮”鲁菜，以烹制海鲜见长，厨师精于熘、爆、扒、炒、烩等，菜肴突出清、鲜、嫩、脆的特点。“烤馒头”、“三不粘”和“糟熘系列”被称为同和居名震京城的“三绝”。其中的“三不粘”烹饪技艺独特，因其不粘盘、不粘匙、不粘牙，所以被称为“三不粘”。民国时期，许多达官贵人、文人墨客常来此聚餐。

鲁迅曾多次光顾同和居，与好友或同事聚餐。1912年9月1日鲁迅先生同许寿裳、钱稻孙从什刹海归来，路过同和居，在这里吃午饭。《日记》载：“午饭于西四牌楼同和居，甚不可口。”可能是那天点的菜不合鲁迅的口味。1915年9月29日，时任社会教育司司长的高阆仙请鲁迅及教育部同事共12人在同和居聚餐饮酒。1925年，鲁迅住在阜成门内西三条，与西四牌楼仅一公里之遥。这一年的2月12日，鲁迅与语丝社成员王品青、章衣萍、李小峰、孙伏园等在家里会谈后同往同和居吃饭。1932年鲁迅回平探亲，其间在同和居会见老同志和老朋友，原未名社成员台静农、李霁野专程从天津赶来与鲁迅见面，邀请鲁迅在同和居共饮。

西四牌楼的同和居现已拆除建成街头公园，这一老字号如今在北京有7家分店。

南味斋

南味斋在前门外西珠市口，是淮扬风味的馆子。糖醋黄鱼、虾子蹄筋是这里的拿手菜。1912年9月11日，《鲁迅日记》载：“晚胡孟乐招饮于南味斋，盖举子之庆也，同席共九人。”《鲁迅日记》中有他去南味斋的三次记载，1916年9月23日，最后一次是这样记的：“晴。星期休息。上午许季上来。同三弟往升平园理发并浴。至南味斋午餐。又至季上寓，同往西长安街观影戏，至晚归寓。”记载了鲁迅一个愉快而充实的休息日。

南味斋字号现在还有，但只是经营南味糕点的食品店；鲁迅去过的那个馆子已经没有了。

玉楼春

玉楼春在大栅栏劝业场，也是淮扬风味的饭馆。鲁迅多次在这里与朋友聚餐。《鲁迅日记》载：

1913年3月1日，“晚季茀宴友于玉楼春，为之作陪，同席者朱迪先、芷青、沈尹默、陈子英、王维忱、钱稻孙、戴芦舲”。

1913年12月15日，“晚协和饯许铭伯先生于玉楼春，亦赴其招，并有季茀，夜归”。

1915年1月16日，“晚约伍仲文、毛子龙、谭君陆、张协和五人共宴刘济舟于劝业场玉楼春饭店”。

小有天

小有天饭馆位于大栅栏劝业场二楼，这是一家闽菜馆。1912年9月27日，《鲁迅日记》载：“晚饮于劝业场上之小有天，董恂士、钱稻孙、许季黻在坐，肴皆闽式，不甚适口，有所谓红糟者亦不美也。”鲁迅显然吃不太习惯那里的菜。还有教育部同事的两次公宴都是在这里进行的。1913年4月27日，“晴。星期休息。晚社会教育司同人公宴冀君贡泉于劝业场小有天饭馆，会者十人”。1914年1月2日，元旦放假日，“晚五时教育部社会教育司同人公宴于劝业场小有天，稻孙亦至，共十人，惟许季上、胡子方以事未至”。

杏花春

杏花春饭馆位于前门外大栅栏地区西南面的韩家胡同（原名韩家潭），清初大戏剧理论家李渔的故居——芥子园就在这条胡同里。杏花春是一家绍兴菜馆，拿手菜有熘鳝片、烤鳝背等，鲁迅曾到这里与同乡或同学吃绍兴菜肴，饮绍兴老酒。《鲁迅日记》载：

1912年10月19日，“晚许铭伯招饮于杏花春，同坐者有陈姓上虞人（忘其字）及俞月湖、胡孟乐、张协和、许季市”。这是鲁迅的同乡聚会。

1915年11月20日，“沈康伯将赴吉林，晚与伍仲文、张协和公饯于韩家潭杏花春，坐中又有范逸丞、稚和兄弟及顾石臣”。这次是鲁迅的老同学聚会，在座的都是曾与鲁迅一道在南京矿路学堂学习，又同期留学日本的同学。顾石臣即顾琅，与鲁迅合著过《中国矿产志》。

厚德福

厚德福饭庄是一家专做河南菜的老字号，开创于光绪年间，位于前门大栅栏路北晋阳会馆旁边。老板是河南杞县人，名叫陈莲堂，能做一手正宗的河南菜。民国初年，当政的袁世凯是河南项县人，爱吃河南家乡菜，也喜欢用河南菜肴待客。他常在厚德福宴客，一些官宦也竞相效仿，使得厚德福声名鹊起，生意日益兴盛，进而在北京城南游艺园以及沈阳、长春、黑龙江、西安、青岛、上海、香港、重庆等处开设很多分号。厚德福最拿手的菜肴——烹熊掌，系闻名京城的美味佳肴。此外，该店的特色菜肴还有铁锅蛋、两做鱼、核桃腰、罗汉豆腐等。鲁迅曾受朋友之邀在这里吃过饭，《鲁迅日记》载：

1913年3月24日，“晚何燮侯招饮于厚德福，同席马幼舆、陈于盦、王幼山、王叔梅、蔡谷青、许季茀”。何燮侯时任北京大学校长，早年留学日本时就与鲁迅相识。

梁实秋的祖父梁芝山曾是厚德福的股东，梁实秋也曾多次谈到厚德福的逸闻及菜点。厚德福饭庄的原址早无踪迹，1962年厚德福饭庄迁至西城三里河，曾更名为河南饭庄。1988年迁至南礼士路，恢复了厚德福的老字号。

海天春

海天春在宣内大街，是一个离教育部不远的小饭铺，饭菜经济实惠，可包月记账。鲁迅与好友齐寿山等曾多次在这家饭馆用饭。《鲁迅日记》载：

1913年9月4日，“午约王屏华、齐寿山、沈商耆饭于海天春，系每日四种，每人每月银五元”。

9月18日又记，“海天春肴膳日恶，午间遂不更往，沈商耆见返二元五角”。

包了半个月饭，实在是不好吃，只得退款换地方了。

西吉庆

西吉庆在女师大附近，是一家小饭铺。鲁迅任教于女师大时，中午经常在西吉庆饭馆吃饭，有时还请朋友在这里吃便饭。《鲁迅日记》载：

1924年7月1日，“午伏园来部,同至西吉庆午餐，又同至女师附中校观游艺会一小时许”。

1926年1月15日，“往女师大讲。午同季茀往西吉庆饭”。

1926年5月21日，“上午往女师大讲。午往西吉庆饭”。

醉琼林

醉琼林在前门外陕西巷，是一家广东馆子。鲁迅曾在这里与同乡聚餐，《鲁迅日记》载：

1913年9月10日，“晚寿洙邻来，同至醉琼林夕餐，同席八九人，大半忘其名姓”。

还有一次，是为出版二弟所译《炭画》的事，宴请文明书局总纂张景良及介绍人顾养吾等人。《鲁迅日记》载：

1914年1月16日，“晚顾养吾招饮于醉琼林，以印二弟所译《炭画》事与文明书局总纂商榷也。其人为张景良，字师石，允代印，每册售去酬二成。同席又有钱稻孙，又一许姓，本部秘书，一董姓，大约是高等师范学堂教授也”。

益昌

益昌番菜馆在西单南大街，是一家西餐馆。《鲁迅日记》中也写作“益锠”，共有五十多次记载。这是鲁迅住在绍兴会馆时经常去的地方。据《鲁迅日记》记载，陈师曾、齐寿山、钱稻孙等都曾和鲁迅在这儿吃过饭，有时是鲁迅请客，有时是同事请客，有时是AA制，各花各的钱。《鲁迅日记》中第一次相关记载是在1913年11月4日，与钱稻孙一起在那里吃牛肉、面包，还略饮了些酒，后来便经常光顾，吃面包，喝咖啡等。1914年12月26日，鲁迅又在益昌订了包饭，“午与稻孙至益锠午饭，又约定自下星期起，每日往午食，每六日银一元五角”。可见，鲁迅还是非常喜欢吃西餐的。鲁迅从绍兴会馆搬至西直门后，因路远了，就很少去了。

和记

和记在西单西绒线胡同西口，鲁迅工作的教育部斜对面的一座小楼，是一家卖大碗清汤牛肉面的小饭铺。原来只卖牛羊肉，后来在楼上摆了几张桌子，卖些羊汤面等，那里的清汤大块牛肉面是鲁迅最喜欢的，鲁迅经常在那里吃面。《鲁迅日记》载：

1917年12月28日，“午同齐寿山及二弟在和记饭”。

1918年2月23日，“午二弟来部，并邀陈师曾、齐寿山往和记饭”。

从《鲁迅日记》看，鲁迅在和记吃饭的次数很多，并常和较亲近的亲人、朋友一起。吃牛肉面又方便又快捷，价廉物美，离工作的地点又近。鲁迅与齐寿山的关系是很密切的，同去和记吃饭的次数最多，吃饭后两人还一同逛逛小市。

龙海轩

龙海轩是位于西长安街的一家小饭馆，这里的软炸腰花等菜又好吃又便宜。鲁迅购买阜成门内西三条的房子时，办理手续就在龙海轩的饭馆里。《鲁迅日记》载：

1923年12月12日，“午在西长安街龙海轩成立买房契约，当付泉五百，收取旧契并新契讫，同用饭，坐中为伊立布、连海、吴月川、李慎斋、杨仲和及我共六人，饭毕又同吴月川至内右四区第二分驻所验新契”。

1924年1月12日，“午后同李慎斋往本司胡同税务处纳屋税，作七百五十元论，付税泉（钱）四十五元，回至龙海轩午餐”。

东兴楼

东兴楼饭庄创建于清光绪二十八年（1902），坐落在东安门大街路北，是一座前出廊、后出厦的大四合院。这里西临东华门、南池子、北池子，东临王府井，是很繁华的地带。东兴楼的酱爆鸡丁是非常有名的。鲁迅当时住西城，东兴楼在东城，所以鲁迅去得也很少。据《鲁迅日记》记载，他曾去过3次：

1919年5月23日，“夜胡适之招饮于东兴楼，同坐十人”。

＊东兴楼饭庄（手绘）

1923年2月27日，“上午往大学讲。午后胡适之至部，晚同至东安市场一行，又往东兴楼应郁达夫招饮，酒半即归”。

还有一次是鲁迅从上海第二次回北京探亲时，应时任辅仁大学文学院长的老友沈兼士之约，到辅仁大学演讲后，赴东兴楼饭庄吃饭。1932年11月22日，《鲁迅日记》载：“静农来，坐少顷，同往北京大学第二院演讲四十分钟，次往辅仁大学演讲四十分钟。时已晚，兼士即邀赴东兴楼夜饭，同席十一人。”

东兴楼饭庄于20世纪40年代便已停业。1982年恢复中华老字号时，在东直门内重新开业，并有好几家分号。

来今雨轩

来今雨轩1915年创建开业，位于中山公园内坛墙东南角，是一家老字号。中山公园在明、清两代称为社稷坛，是皇帝祭祀社（土地）、稷（五谷）神祇的地方；辛亥革命后，1914年10月10日作为公园向公众开放，称为中央公园；1928年为纪念孙中山改名为中山公园。

来今雨轩的店名有一段典故。唐朝诗人杜甫在京城长安闲居时，曾受到唐玄宗的赏识。有些人看到杜甫有望得官，便都争着和他交朋友，不料杜甫官没做成，却日渐穷困，这些新结识的朋友便不再和他交往了。天宝十年秋，在一个阴雨天，有一个姓魏的朋友冒雨来访，这使杜甫很受感动，故而作《秋述》一篇表示感谢，文中写道：“秋，杜子卧病长安旅次，多雨生鱼，青苔及榻。常时车马之客，旧雨来，今雨不来。……”其中“旧雨”比喻老朋友，“今雨”比喻新朋友，道出了世态炎凉。轩名“来今雨”，有结交新友之意。

来今雨轩最早由当时的中央公园董事会发起成立，店名为北洋政府内务总长朱启钤所定，牌匾原系民国时期总统徐世昌所书。当时一些社会名流，常来此聚会。来今雨轩为古典建筑，院内有假山、小桥，环境幽雅，菜肴主要为西餐，兼有中餐。鲁迅在北京时每年春天都与朋友一起来中山公园游园赏花，观看在公园举办的展览，并在来今雨轩品茶饮酒。从1915年至1926年，《鲁迅日记》记载有数十次。那里的火腿包子一定很合鲁迅口味，鲁迅于1924年4月8日的日记写道："往中央公园小步，买火腿包子卅枚而归。"在来今雨轩，鲁迅与许寿裳、戴螺舲、齐寿山、马幼渔、许广平、许钦文等许多朋友一起聚过餐，还与猛进社共过餐。《鲁迅日记》载：

1925年8月13日，"午赴中央公园来今雨轩之猛进社午餐"。

1926年8月21日，"午赴中央公园来今雨轩应季茀午餐之约，同席云章、晶卿、广平、淑卿、寿山、诗英"。这是许寿裳和鲁迅的学生们为其特别准备的饯行宴。五天之后，鲁迅离京南下。

1929年5月鲁迅回平探亲时还去过几次中山公园与朋友聚会；沉钟社当时请鲁迅进餐并讨论事情，也是在中山公园。1929年5月25日，鲁迅在致许广平的信中对中山公园有所描述："十点左右有沉钟社的人来访我，至午邀我到中央公园吃饭，一直谈到五点才散。内有一人名郝荫潭，是女师大学生，但是新的，你未必认识，她说，马云也在回校读书了。这一类人，偏都回校来读书，可叹。中央公园昨天是开放的，但到下午为止，游人不多，风景大略如旧，芍药已开过，将谢了，此外'公理战胜'的牌坊上，添了许多蓝地白字的标语。"

来今雨轩的字号还在，现已迁到中山公园内环坛西路上。

漪澜堂

《鲁迅日记》载：1926年8月9日，"上午得黄鹏基、石珉、仲芸、有麟信，约今晚在漪澜堂饯行。……晚赴漪澜堂"。漪澜堂在北海公园琼华岛上。据清代史书记载，每年中秋节皇太后及皇帝嫔妃们在漪澜堂摆夜宴，观看太液池放河灯。这里的仿清宫御膳房的小吃点心，如豌豆黄、栗子面的小窝头等非常有名。这是鲁迅的好友在漪澜堂为他办的饯行宴，8月26日，鲁迅便离京南下。

仿膳现在仍为清宫御膳特色餐馆。

除上述几家外，鲁迅在北京曾去过的饭馆（店）还有：劝业场的澄乐园，宣内大街的四海春、宣南第一楼，鲜鱼口长巷头条的同丰堂，珠市口的华宾楼、金谷春、颐乡斋，东四牌楼的福全馆、燕寿堂，东长安街的中央饭店、东安饭店，西长安街的大陆饭店、华英饭店、西安饭店，中山公园内的瑞记饭店、四宜轩、长美轩，东安市场的中兴楼、森隆饭庄，崇文门内的法国饭店，东长安街的德国饭店，等等。这些饭馆（店）现在大都已经不存在了。

* 漪澜堂（手绘）

＊旧时的东四牌楼（手绘）

他们的花园

小男孩“走出破大门，望见邻家：他们大花园里，有许多好花。用尽小心机，得了一朵百合；又白又光明，像才下的雪”。鲁迅钟爱电影，因为其中有着“他们的花园”。

揽　胜

鲁迅的散文写得很美，但是通观鲁迅的散文，却没有一篇关于风景名胜的游记。北京的名胜古迹遍布四九城及京郊各处，可鲁迅在北京的十四年多，却没有去过几个景点，只是因为工作关系或是探访亲友才到过一些名胜，单纯为了游览去探访名胜的活动少之又少。之所以如此，第一是因为鲁迅并无旅游的爱好，第二是因为鲁迅并无旅游的闲暇。鲁迅在北京游历最多的地方当然是琉璃厂及周围的小市，这是他最大的爱好。鲁迅游琉璃厂，已在“书肆”一节重点介绍。故宫、北海，鲁迅是去过的，也在“公务”、“餐饮”小节介绍过了。此外，鲁迅或是陪同亲友，或是因公探访，所去过的其他名胜，历数起来，也有十多处。

香山碧云寺

香山碧云寺是北京西郊的著名古迹，始建于元至顺二年（1331），本名碧云庵，明正德十一年（1516）太监于经重修寺院，改称碧云寺。寺内于清乾隆十三年（1748）增建的罗汉堂和金刚宝座塔最为壮观。碧云寺依山势而建，寺外林木浓郁，寺内古木参天。

1920年年底，鲁迅的二弟周作人患了肋膜炎，在山本医院治疗数月未愈，鲁迅便亲自去香山碧云寺，为他找休养的地方。《鲁迅日记》载：1921年5月24日，“上午齐寿山来，同往香山碧云寺，下午回”。这是鲁迅第一次去碧云寺，显然是去看那里的地方是否可用来休养。27日，“清晨携工往西山碧云寺为二弟整理所租屋，午后回，经海甸停饮，大醉”。6月2日，“下午送二弟往碧云寺，三弟、丰一俱去，晚归”。直至9月21日，周作人病愈回家。周作人在碧云寺般若堂西房三间足足住了半年多。在这期间，鲁迅每隔三五天就去碧云寺探视，还多次到东花市斜街的卧佛寺为正在研究佛经的周作人购买佛经，再送至碧云寺。这些都体现了作为大哥的鲁迅对兄弟的怡怡情义。

现在的碧云寺被列为全国重点文物保护单位。

卧佛寺

北京有两个卧佛寺，一个在西郊香山，另一个在崇文门外东花市斜街。东花市斜街过去一直称卧佛寺街，这里的卧佛寺始建于明代，清乾隆年间重修。清朱彝尊《日下旧闻》载：“卧佛寺，入山门有圆殿，佛立其中。后殿有卧佛，长丈余，有十余佛环立肩背后。寺无碑记，止西廊一铁钟，系正德戊辰年（1508）所铸，称曰妙音寺。”描述的正是这个卧佛寺。

1921年6月，鲁迅的二弟周作人因患肋膜炎在香山碧云寺休养，鲁迅曾四次到卧佛寺为其购买佛经。《鲁迅日记》载：

1921年6月14日，“下午往卧佛寺购佛书三种，二弟所要”。

1921年6月18日，“下午至卧佛寺为二弟购佛经三种”。

1921年6月22日，“往卧佛寺为二弟购《梵网经疏》、《立世阿毗昙论》各一部”。

1921年7月7日，“往卧佛寺为二弟购佛经五种”。

崇文门外的卧佛寺寺院现已被毁，庙宇内的卧佛被移至法源寺，房屋也被移作他用。

帝王庙

帝王庙又称历代帝王庙，位于阜成门内大街路北，其原址为保安寺，明嘉靖九年（1530）年改建，清雍正七年（1729）重修，是明、清两代皇帝祭祀历代开业帝王和开国功臣的场所，里面供奉历代帝王167位、功臣79位。其政治地位与太庙和孔庙相齐，合称为明、清北京三大皇家庙宇。这里距离鲁迅住的阜成门内西三条仅一里多地。鲁迅曾到这里参观过画展。《鲁迅日记》载：

1923年5月28日，“午后往帝王庙观阿博洛展览会绘画”。1921年由吴法鼎、李毅士、王悦之等人发起组织，在北京成立的“阿博洛学会”，是第一个研究西画的美术团体，会员有陈正民、高叔达、夏伯鸣、郭志云、钱铸九以及鲁迅好友钱稻孙等。1922年又成立阿博洛美术研究所，招收学生，教授西画。该会每年举办美术展览会，1924年停止活动。

1925年3月19日，“陶璇卿、许钦文来，少坐即同往帝王庙观陶君绘画展览会。……下午同季茀再观展览会”。陶璇卿即

＊历代帝王庙（手绘）

陶元庆（1893—1929），浙江绍兴陶堰镇人，美术家、装帧艺术家。1924年，经许钦文介绍与鲁迅相识，后多次为鲁迅的书设计封面。文中的“陶君绘画展览会”即“陶元庆氏西洋绘画展览会”，于1925年3月18、19日在北京历代帝王庙中华教育改造社举办，共展出水彩及油画作品近30幅。鲁迅两次参观展览，表示对陶元庆展览的支持和重视。他两次到展会，都在《大红袍》和《农女》两幅画前做较长时间的停留。据许钦文回忆，《大红袍》是陶元庆在北京天桥看戏所取的素材，鲁迅对许钦文说：“璇卿的那幅《大红袍》，我已亲眼看过了，有力量；对照强烈，仍然调和，鲜明。握剑的姿态很醒目。”他还打算把许钦文的小说编成一本书，定名《故乡》，把此画用作封面。

历代帝王庙现在经修缮成为全国重点文物保护单位。

万牲园

清光绪三十二年（1906），经农工商部奏准，建立“农事试验场”，初衷是为学习西方先进经验，“开通风气，振兴农业”。因为原清朝宫廷的动物交由场内饲养，故又称“万牲园”。园址设在清代勋臣傅恒之三子福康安贝子的花园内，所以俗称“三贝子园”。1907年两江总督兼南洋大臣端方受民政部尚书徐世昌委托，将驻德参赞冯祥光从德国购买的一批野兽和禽鸟转运北京，这些动物成为万牲园的第一批展品。此后，各地督抚陆续购买珍禽异兽，解送至园内。1908年，农事试验场全部竣工，正式接待游人，是当时北京唯一开放的公园。自1910起，万牲园先后雇用四个2米多高的“长人”在门口检票，成为当时一景。鲁迅在1926年7月4日创作的《马上支日记》中有描述：“晚饭后在院子里乘凉，忽而记起万牲园，因此说：那地方在夏天倒也很可看，可惜现在进不去了。田妈就谈到那管门的两个长人，说最长的一个是她的邻居，现在已经被美国人雇去，往美国了，薪水每月有一千元。”

鲁迅从南京到北京后两星期就游览了万牲园，大概是出于对珍禽异兽的好奇。1912年5月19日，《鲁迅日记》载：“与恂士、季市游万牲园。”1916年9月17日，“同三弟游万生园”。1919年10月19日，“上午同重君、二弟、二弟妇及丰、谧、蒙乘马车同游农事试验场，至下午归，并顺道视八道弯宅”。1920年4月25日，“午后同母亲、二弟及丰游三贝子园”。万牲园的珍奇异兽确有吸引人的新奇之处，鲁迅带他的全家都游览过。

现在的万牲园旧址为北京动物园。

陶然亭

从鲁迅住的绍兴会馆往南不远就是陶然亭。元代时这里建有一座古刹慈悲庵，清康熙三十四年（1695），工部郎中江藻在慈悲庵西面建了一座小亭，取白居易诗“更待菊黄佳酿熟，与君一醉一陶然”句中的“陶然”二字为亭命名。陶然亭是清代名亭。清末康有为、梁启超、谭嗣同等曾在这里多次集会，策划变法。后来，章太炎、秋瑾、蔡锷、孙中山、李大钊等也都曾在这里活动过。

鲁迅1912年5月5日到北京后，19日就到这里游览，这大概是因为陶然亭的盛名吧。1912年5月19日，《鲁迅日记》载：“与恂士、季市游万生园。又与季市同游陶然亭，其地有造象，刻梵文，寺僧云辽时物，不知诚否。”当时的陶然亭地处南城之外，芦苇杂草遍地，虽有名亭野趣，但很脏乱。鲁迅在教育部的同事钱稻孙曾回忆：“陶然亭当时虽然也有名，去了一两次，路不好走，又脏，踩在脚底下不知是水还是土，也没有什么东西，很不感兴趣。”据《鲁迅日记》，他只去过陶然亭一次，对那里的一些文物颇感兴趣。

陶然亭现被辟为面貌一新、环境幽雅的陶然亭公园，并对公众开放。

＊陶然亭（手绘）

什刹海

什刹海位于北京内城北面，包括前海、后海和西海三个水域及周边地区，又称“后三海”。什刹海原称十刹海，因周边有十座佛寺而得名。明末居京文人刘侗、于奕正合著的《帝京景物略》称什刹海有“西湖春，秦淮夏，洞庭秋”之美韵。清代以后，什刹海成为游乐消夏的开放场所，周边有恭王府、醇亲王府、庆王府、涛贝勒府、广化寺等著名建筑。

鲁迅从1912年8月被任命为教育部社会教育司第一科科长，负责管辖包括博物馆、图书馆、美术馆等事项。1912年至1916年京师图书馆就设在什刹海后海的广化寺，鲁迅常去那里视察，借阅图书，顺便也在什刹海周边转转或是饮茶吃饭。1912年8月20日，鲁迅随夏曾佑司长到京师图书馆视察，《鲁迅日记》载：“上午同司长并本部同事四人往图书馆阅敦煌石室所得唐人写经，又见宋、元刻本不少。阅毕偕齐寿山游十刹海，饭于集贤楼，下午四时始回寓。”

1912年8月25日，“星期休息。上午许诗荃、商契衡来。午后钱稻孙来，同往琉璃厂，又赴十刹海饮茗，旁晚归寓”。

1912年9月1日，“星期休息。……上午与季市就稻孙寓坐少顷，同至什刹海，已寥落无行人，盖已过阴历七月望矣”。

1912年9月5日，“上午同司长及数同事赴国子监，历览一过后受午饭，饭后偕稻孙步至什刹海饮茗，又步至杨家园子买蒲陶，即在棚下啖之，迨回邑馆已五时三十分”。

1913年5月16日，“午后同夏司长赴图书馆，又步什刹海半周而归”。

1913年11月1日，“午后同夏司长往什刹海京师图书馆”。

鲁迅去过什刹海多次，主要在后海一带活动。那里的湖边垂柳与水中荷花是北京城中绝美的风景；每年端午节到中秋节的庙会，也使什刹海非常热闹，其他时候行人就很稀少了。现在的什刹海经修整后，仍是北京旅游胜地。

宣南龙泉寺

北京宣南龙泉寺，位于陶然亭西侧的龙爪槐胡同2号。李慈铭的《越缦堂日记补·壬集》同治元年（1862）九月初九载："独行至南下洼子游龙泉寺，观壁间石刻唐人所书《金刚经》。进方丈室，观寿山石十六尊者像，赞叹莫名……"据此，可以想见龙泉寺当时的辉煌。1914年鲁迅的老师章太炎先生曾被袁世凯囚禁在这里。

鲁迅也曾到过这里，《鲁迅日记》载：1912年10月15日，"访游观庆于龙泉寺，不值"。游观庆其人现已无考，鲁迅只去过一次龙泉寺，访游观庆，人还不在，《鲁迅日记》中再也没有关于游观庆及龙泉寺的记录。

龙泉寺现已成为军队机关，一部分房屋改为陶然亭小学。

贤良寺

贤良寺位于北京东城金鱼胡同、校尉胡同、煤渣胡同一带，是内城中一座著名的寺院。贤良寺在明朝时称十王府，清代时成为王公贝勒的府邸。雍正年间，这里是怡亲王允祥的王府。允祥死后，遵其遗愿舍宅为寺，由雍正皇帝依其谥号钦赐名为贤良寺。此后三年，雍正下令于贤良寺内设藏经馆，广集经本，校勘编纂《大藏经》。乾隆二十年（1755），贤良寺迁建于冰碴胡同路北。清朝时，贤良寺因为邻近皇宫，外省官吏进京述职多居于此，曾国藩、李鸿章、左宗棠、张之洞、康有为等都曾在此寄居。民国之后，贤良寺对普通游人开放。据1935年出版的《北平旅行指南》记载，院中"古柏参天，老槐荫地，清凉已极"，"寺中且有壁画，画工精致生动，艺术之佳，为近代所罕见”。

鲁迅的老师章太炎也曾在贤良寺居住。1912年5月，章太炎赴京就任袁世凯的高级顾问时，就住在贤良寺，但很快就因为“好发议论，而且毫无顾忌地褒贬”（鲁迅《华盖集·补白》），被袁世凯打发到长春任“东三省筹边使”。《鲁迅日记》载：1912年12月22日，“同季市赴贤良寺见章先生，坐少顷”。这是鲁迅与许寿裳在章太炎赴长春前，前往拜见送行。

贤良寺现已拆除，代之以新建的校尉小学。

崇效寺

崇效寺位于宣武门外白纸坊，是北京历史最悠久的一座寺庙。唐贞观元年（627），这里修建了一座佛寺。元末，皇室在其旧址上营建了崇效寺，寺名由元顺帝亲定，显然有崇仰、效仿唐太宗李世民的深意。明嘉靖、万历年间曾两度重修。寺内有天王殿、大雄宝殿、藏经阁等，寺后有僧塔，周围种植了上千株枣树。至今还有枣林前街和崇效胡同的名称留存。崇效寺素以花事著名，自清代初期开始，每年春季都有许多游人来这里欣赏枣花、丁香花和牡丹花。鲁迅到北京一周年时，曾与朋友去那里赏花。《鲁迅日记》载：1913年5月5日，“下午同许季市往崇效寺观牡丹，已颇阑珊，又见恶客纵酒，寺僧又时来周旋，皆极可厌”。鲁迅的住所——绍兴会馆往南不远就是崇效寺，此次鲁迅是专为赏花而来，却扫兴而去。

崇效寺是一座较小的寺院，如今已改为白纸坊小学。藏经阁的建筑还在，是区级文物保护单位。

法源寺

法源寺位于北京宣武门外教子胡同南端。始建于唐代，初名悯忠寺。清雍正十二年（1734），该寺被定为律宗寺庙，传戒授法，并正式更名为法源寺。法源寺规模宏大，寺内有天王殿、大雄宝殿、悯忠台、毗卢殿、藏经楼等，内藏大量佛教文物。法源寺在鲁迅所住的绍兴会馆西南方向，距离很近，鲁迅曾去游览过。《鲁迅日记》载：

1913年5月8日，“下午与齐寿山往戴芦　寓，拟同游法源寺，不果”。

1913年5月10日，“午后以法源寺开释迦文佛降世二千九百四十年纪念大会，因往瞻礼，比至乃甚嚣尘上，不可驻足，便出归寓”。

释迦文佛即佛祖释迦牟尼，公元前565年出生于古印度迦毗罗卫国（今尼泊尔境内的蓝毗尼），每年农历的四月初八被称为佛诞节即释迦牟尼诞生日。鲁迅去法源寺的这一天是农历的四月初五，此时纪念活动就已经开始了。当天还展出了寺内珍藏的许多佛教文物，景况非常热闹，参会者熙熙攘攘，于是鲁迅便回去了。如此盛况，足以表明法源寺在当时北京的佛教界是具有相当影响的。

法源寺现为中国佛学院、中国佛教图书文物馆所在地，1983年被国务院确定为汉族地区佛教全国重点寺院。

钟楼

钟楼位于东城地安门外大街，在鼓楼北面，是老北京中轴线的北端点。钟楼原址为元大都大天寿万宁寺中心阁，明永乐十八年（1420）改建，后毁于火。清乾隆十年（1745）重建，两年后竣工。钟楼内正中位置悬钟，该钟于明永乐十八年铸造，钟通高7.02米，最大直径3.40米，重约63吨，为目前我国发现的最重铜钟，有“古钟之王”之称。鲁迅每次去国子监历史博物馆办事都经过这里，《鲁迅日记》载：

1913年6月2日，“下午同夏司长、戴芦舲、胡梓方赴历史博物馆观所购明器土偶，约八十余事。途次过钟楼，停车游焉”。

钟楼建筑小巧却巍峨，每年元旦之时，钟声响起，浑厚有

* 雍和宫（手绘）

力，方圆数里内都能听到。

雍和宫

雍和宫位于北京城东北角雍和宫大街路东，旧址原为明代内官监官房，清康熙三十三年（1694），康熙帝在此建造府邸赐予四子雍亲王，称雍亲王府。雍正三年（1725）改王府为行宫，称雍和宫。雍正去世后，灵柩曾停放在这里，又因乾隆皇帝诞生在雍和宫，所以殿宇为黄瓦红墙，与紫禁城皇宫一样规格。乾隆九年（1744）雍和宫被改为藏传佛教寺院，成为全国规格最高的一座藏传佛教寺院。雍和宫内有雍和宫大殿、永佑殿、法轮殿、万福阁等建筑，所藏佛教文物极多，其中五百罗汉山、檀木大佛和楠木佛龛被称为“木雕三绝”。宫内古木参天，其中的十几株古槐更是枝叶繁茂，为一级古树。

鲁迅和同事在去国子监历史博物馆办事时曾到此一游。《鲁迅日记》载：1913年8月12日，“午后同戴芦舲、许季上游雍和宫，次至历史博物馆”。

雍和宫现为汉族地区佛教全国重点寺院，也是北京最热闹的旅游胜地之一。

圣安寺

圣安寺遗址位于宣武门外南横街西口，始建于金代天会年间（1123—1135）。明正统十一年（1446）重修并改名普济寺，清乾隆四十一年（1776）又重新修葺，恢复圣安寺的名称。圣安寺坐北朝南，原有天王殿、瑞像亭、大雄宝殿等建筑，大雄宝殿内原有三世佛塑像和明代大画家商喜所绘的佛教故事壁画。圣安寺在鲁迅住的绍兴会馆西南方向，距离很近。鲁迅几次去圣安寺都与许季上有关，《鲁迅日记》载：

1915年12月17日，“季上匄人洒扫圣安寺，助资二元”。（匄：聚集意。——著者注）

1917年12月25日，“晚戴螺舲、齐寿山先后至，同往圣安寺，许季上夫人逝后三日在此作法事也。礼讫步归，已夜”。

1918年4月14日，“上午往圣安寺吊许季上夫人”。

＊圣安寺（手绘）

许季上即许丹（1891—1953），字季上，浙江钱塘（今杭州）人。精通梵文，笃信佛教，称为居士。辛亥革命后，应召至教育部任职，与鲁迅共事。1917年以前，许季上曾在北京大学兼课，讲授印度哲学。他佛学造诣很深，曾将佛教重要典籍《大乘起信论》译成英文出版，为西方学者提供方便。从《日记》中可见鲁迅和他的关系很密切。1914年，鲁迅出资刻印《百喻经》，就是由许季上促成的。

在“十年动乱”期间，圣安寺大殿内的佛像与明壁画皆被毁，后大殿亦被拆除，现仅存山门和天王殿，为西城区文物保护单位。遗址现为回民幼儿园所在地。

畿辅先哲祠

畿辅先哲祠在宣武门外下斜街，始建于清光绪四年（1878）。畿辅是直隶（河北）的别称。当时在北京的畿辅籍官员高阳李鸿藻、南皮张之洞、丰润张幼樵等人据史料文献考证出直隶历代先贤，为其制作牌位，定于每年仲春、仲秋在畿辅先哲祠加以祭祀。鲁迅曾到畿辅先哲祠一游，《鲁迅日记》载：1914年7月2日，“午同齐寿山至益锠，饭已往许季上寓，约之同游畿辅先哲祠”。

畿辅先哲祠旧迹已拆除，现为北京市第十四中学所在地。

护国寺

护国寺位于西城西四牌楼之北，护国寺街西口内路北。始建于元代，初名崇国寺（北寺）。明成化八年（1472）赐名大隆善护国寺。清康熙六十一年（1722）重修，名护国寺，又称西庙，与东庙——隆福寺相呼应。寺院前后五进，有金刚殿、天王殿、延寿殿、崇寿殿等。院中碑刻甚多，著名者有赵孟頫书《皇庆元年崇教大师演公碑》和危素撰并书《至正二十四年隆安选公传戒碑》等。寺内除供奉佛教诸佛祖外，还有元丞相脱脱夫妇塑像和为明成祖朱棣靖难建有殊勋的姚广孝影堂。护国寺的庙会非常有名，逢七、逢八开放。清代富察敦崇的《燕京岁时记》记载：庙会时“凡珠玉、绫罗、衣服、饮食、古玩、字画、花鸟、鱼虫以及寻常日用之物，星卜杂技之流，无所不有”。鲁迅住西直门内八道湾时离护国寺很近，常去那里逛庙会。《鲁迅日记》载：

1920年4月6日，“下午游护国寺”。

1921年1月25日，“下午同徐吉轩至护国寺视市集”。

1921年2月5日，“下午同徐吉轩至护国寺集买得条卓一个，泉二元”。

1921年10月28日，“午略阅护国寺市”。

鲁迅1922年的日记缺失，1923年鲁迅也去逛过庙会：

1923年3月24日，“下午略观护国寺集会”。

1923年4月22日，“护国寺集会，午后游一过”。

护国寺旧建筑仅存金刚殿一座，现为北京市文物保护单位。

中央公园

中央公园位于天安门西侧，与故宫仅一墙之隔。原为辽、金时期的兴国寺，元代改名万寿兴国寺。明永乐十九年（1421）明成祖朱棣兴建北京紫禁城时，改建为社稷坛，此后一直是明、清皇帝祭祀土地神和五谷神的场所。1914年10月10日被辟为公园，向社会开放，称为中央公园，是北京最早成为公园的皇家园林之一。公园面积开阔，林木参天，其中许多古柏为辽代所植。社稷坛是公园的主要景观，社，代表土神；稷，代表谷神，皇上祭神就在这里。坛上土分五色，按中黄、东青、南红、西白、北黑五个方位，象征“普天之下，莫非王土”，故又称五色土。园内的著名景观还有“公理战胜”坊（现称为“保卫和平”坊）、兰亭八柱亭、唐花坞、四宜轩、水榭、来今雨轩等。鲁迅游中央公园不下几十次，除工作外，还常到此赏花、饮茶，参观展览，与朋友聚餐。

中央公园内的来今雨轩、四宜轩、瑞记饭店和长美轩，都曾是鲁迅饮茶聚餐的地方，《鲁迅日记》载：

1914年9月27日，“上午得沈尹默、臤士、钱中季、马幼渔、朱逷先函，招午饭于瑞记饭店。正午赴之，又有黄季刚、康性夫、曾（不知字），共九人”。

1924年4月13日，“上午至中央公园四宜轩。遇玄同，遂茗谈至晚归”。

1926年8月7日，“下午往公园。晚紫佩、仲侃、秋芳在长美轩饯行，坐中又有紫佩之子舒及陶君”。

在来今雨轩，鲁迅与许寿裳、戴螺舲、齐寿山、马幼渔、许广平、许钦文等许多朋友一起聚过餐，还与猛进社共过餐。

1917年8月，通俗图书馆搬进中央公园大殿。由于图书馆与公园产生矛盾，只好再次搬家。鲁迅为此事曾多次到中央公园交涉。

1919年7月23日，在中央公园参观过监狱出品展览会。

1920年10月18日，鲁迅参加过在中央公园举办的顺直赈灾游艺会。

1924年5月2日，“下午往中央公园饮茗，并观中日绘画展览会”。这次展览会是在社稷坛举办的，展出了中国画家陈半丁、齐白石、姚茫父和日本画家广濑东亩、小石翠雪等数十人的作品。

1926年6月6日，“往中央公园看司徒乔所作画展览会，买二小幅，泉九”。司徒乔是鲁迅非常欣赏的画家，所购两幅画是《五个警察一个〇》和《馒头店前》。他后来把《五个警察一个〇》挂在西三条书房的墙上。

由于中央公园比较清静，鲁迅也常来这里写作，公园的茶馆是著述、翻译的理想场所。1926年7月起，鲁迅与齐寿山开始合作翻译荷兰作家望·蔼覃的长篇童话《小约翰》，前后约一月余，鲁迅几乎每天下午都去公园茶室与齐寿山译书，直至译毕。

1926年8月21日，“午赴中央公园来今雨轩应季茀午餐之约，同席云章、晶卿、广平、淑卿、寿山、诗英”。这是许寿裳和鲁迅的学生们为鲁迅特别准备的饯行宴。五天之后，鲁迅离京南下。

1929年5月鲁迅回平探亲时还去过几次中山公园与朋友聚会。5月20日，鲁迅在中山公园出席了学生李秉中的婚礼，并“赠以花绸一丈”。沉钟社请鲁迅进餐并讨论事情也是在这里。5月25日，鲁迅在致许广平的信中对此有所描述：“十点左右有沉钟社的人来访我，至午邀我到中央公园吃饭，一直谈到五点才散。……中央公园昨天是开放的，但到下午为止，游人不多，风景大略如旧，芍药已开过，将谢了，此外‘公理战胜’的牌坊上，添了许多蓝地白字的标语。”

中央公园1928年改称中山公园，一直对公众开放，现为全国重点文物保护单位。

白塔寺

白塔寺是妙应寺的俗称，因寺内有一座通体皆白的古塔而得

*旧时的白塔寺庙会（手绘）

名。白塔寺位于阜成门内大街，始建于元至元八年（1271），由著名尼泊尔工艺家阿尼哥设计并建造，历经八年建成白塔，随即迎请佛舍利入塔供奉，忽必烈后又下令以白塔为中心修建了规模宏大的寺院，赐名大圣寿万安寺。明天顺元年（1457）重建后改名妙应寺。寺内白塔是中国现存年代最早、规模最大的喇嘛塔。清末民初，白塔寺前形成庙会，每月（旧历）逢五、逢六开市。1924年5月鲁迅携朱安入住阜成门内西三条，距离白塔寺不到一里地的路程。此前，他还住在砖塔胡同到处看房的时候就去过白塔寺。《鲁迅日记》载：1924年3月30日，“晚因观白塔寺集，遂往西三条宅一视”。1932年11月，鲁迅回北平探亲，又去过白塔寺庙会一游，11月26日，“午后游白塔寺庙会”。

妙应寺白塔现在是全国重点文物保护单位。

钓鱼台

钓鱼台位于阜成门外玉渊潭东面，是一处历史悠久的皇家园林。钓鱼台因金章宗在此钓鱼而得名，又因金代文学家王郁在此隐居而名重。元代宰相廉希宪又在此地修建别墅，称万柳堂。明代为武清侯李伟别墅。清乾隆三十八年（1773）引玉泉山水入园，称玉渊潭。湖东岸建有城门式高台，镌“钓鱼台”三字，为乾隆御笔。清代末帝溥仪曾将钓鱼台赠他的老师陈宝琛。民国后，钓鱼台开放，供游人参观。从鲁迅住的地方往西到钓鱼台距离约两公里，鲁迅有两次到钓鱼台游览的记录，《鲁迅日记》载：

1925年4月11日，“午后俞芬、吴曙天、章衣萍来，下午同母亲游阜成门外钓鱼台。夜买酒并邀长虹、培良、有麟共饮，大醉”。

1926年3月7日，“同品青、小峰等九人骑驴同游钓鱼台”。

鲁迅的小朋友、语丝社的章廷谦（川岛）也参加了这次游玩，他记录了鲁迅这天的快乐：“还记得那个时候，城内的青年学生们，到了春秋佳日，每逢星期天，常常到西直门外来骑驴玩，我就是一个最爱骑驴的人。有一年的春天，我们有八九个人跑去要鲁迅先生和我们一起骑驴去玩，鲁迅先生就和我们一起出来，骑驴到钓鱼台。一路上还和我们讲了好些骑术。我们这八九个人和鲁迅先生年龄的距离，少的也有二十。这虽是一件小事，要不是因为我们和鲁迅先生没有间隔，我们怎敢去邀请？如果鲁迅先生没有青年人的这种性情，鲁迅先生也不会和我们一道去的。”（川岛《大师和园丁》）

钓鱼台现为北京市文物保护单位，1959年建为国宾馆。自然景区开放为玉渊潭公园。

影　剧

鲁迅是绍兴人，不太喜欢看京剧，只看过两次，却因为剧场的氛围倒了胃口。鲁迅在北京看得较多的是当时还是新生事物的话剧和电影。北京最早放映电影是在1902年，1907年开始有了由外商经营的第一家电影院——平安电影公司，放映一些侦探片和滑稽片。之后，电影场所迅速增加。鲁迅很早就开始看电影了，《鲁迅日记》载：

1916年9月24日，“星期休息。上午许季上来。同三弟往升平园理发并浴。……又至季上寓，同往西长安街观影戏，至晚归寓”。

1916年9月30日，“夜同三弟往大栅阑观影戏，十一时归寓”。

1916年10月1日，“星期休息。……午后同三弟往青云阁饮茗。下午至长安街观影戏”。

《鲁迅日记》中所载的“长安街观影戏”，地点在哪个影院不详。“大栅阑观影戏”，应是1913年前门外大栅栏大观楼电影院。以上看过的电影，片名均不可考了。鲁迅在北京看的电影，全是无声的黑白片。鲁迅离京以后，电影业发展很快，1926年有声电影就传入中国。在上海10年，鲁迅看过140多场电影，充分说明他对电影的喜爱。鲁迅在北京时去过的电影院有些现在还在继续经营。

第一舞台

第一舞台在前门外西柳树井大街路北，由京剧名角杨小楼、姚佩秋等贷款筹建的，1914年6月落成，这是北京较早建成的新式剧场，也是当时京城最大的戏园。剧场坐北朝南，舞台呈椭圆形，可旋转；观众厅分三层，一、三楼为散座，二楼前排为包厢，后排为散座，能容纳3000名观众。杨小楼、王瑶卿、梅兰芳、尚小云、荀慧生、余叔岩、高庆奎、言菊朋等名角在此演出过。许多大型义演曾在此举办。

鲁迅也在这里看过京剧，《鲁迅日记》载：1915年元旦，“晚季上来，饭后同至第一舞台观剧，十二时归”。这是鲁迅第一次到第一舞台看京剧，看的是“湖北省赈灾京剧义演”。他后来在小说《社戏》中描述了这次看戏的经历：“忘记了那一年，总之是募集湖北水灾捐而谭叫天还没有死。捐法是两元钱买一张戏票，可以到第一舞台去看戏，扮演的多是名角，其一就是小叫天。我买了一张票，本是对于劝募人聊以塞责的，然而似乎又有好事家乘机对我说了些叫天不可不看的大法要了。……我打听得叫天出台是迟的，而第一舞台却是新式构造，用不着争座位，便放了心，延宕到九点钟才出去，谁料照例，人都满了，连立足也难，我只得挤在远处的人丛中看一个老旦在台上唱。那老旦嘴边插着两个点火的纸捻子，旁边有一个鬼卒，我费尽思量，才疑心他或者是目连的母亲，因为后来又出来了一个和尚。然而我又不知道那名角是谁，就去问挤小在我的左边的一位胖绅士。他很看不起似的斜瞥了我一眼，说道，‘龚云甫！’我深愧浅陋而且粗疏，脸上一热，同时脑里也制出了决不再问的定章，于是看小旦唱，看花旦唱，看老生唱，看不知什么角色唱，看一大班人乱打，看两三个人互打，从九点多到……十二点，—— 然而叫天竟还没有来。……这一夜，就是我对于中国戏告了别的一夜，此后再没有想到他。”这是鲁迅最后一次看京剧。

1919年6月19日，鲁迅又一次到第一舞台看演出。这次是周作人从刘半农处购买了两张北大新剧团的话剧票，和鲁迅一起观看的。《鲁迅日记》载："晚与二弟同至第一舞台观学生演剧，计《终身大事》一幕，胡适之作，《新村正》四幕，南开学校本也，夜半归。”《终身大事》是由胡适编剧的中国现代第一部话剧。《新村正》是天津南开新剧团创作的五幕话剧，由北京大学新剧团演出时压缩成四幕。

1922年4月4日，鲁迅陪同俄国诗人爱罗先珂观看了俄国歌剧团演出的歌剧《游牧情》，4月9日作《为“俄国歌剧团”》一文，感慨歌剧就像在沙漠中演出，因为“比沙漠更可怕的人世在这里”。

第一舞台于1937年毁于火灾，此后再没有重建。

平安公司

平安公司即平安电影公司，1907年开业，位于东长安街路北，东单牌楼往西。这是北京第一家电影院，由外商经营，起初专为外国人放映电影，后逐步放开。1911年北京平安电影公司更名为兴利平安电影公司，由英籍印度人巴立经营。放映的影片是国外早期的无声电影，内容为侦探片和滑稽片，以后随着电影事业的发展，增加了艺术片、故事片等影片。《鲁迅日记》载，他曾在这里看过两次电影：

1917年2月23日，“夜至平安公司观景戏后赴国子监宿”。

1924年4月12日，“往平安电影公司看《萨罗美》”。

由于有声电影是1926年以后才在上海首次放映，所以鲁迅此时所看的电影都是黑白默片。平安电影公司在新中国成立后改为儿童影院，现已拆除，改建为东方广场。

协和学校礼堂

协和学校礼堂，亦即位于东城东单三条之北京协和医学院的礼堂，这里原为清豫亲王府故址。1915年美国石油大王洛克菲勒买下这里，改建后更名为协和医科大学。

《鲁迅日记》载：1922年12月26日，“夜往东城观燕京女校学生演剧”。这天演出的剧目是莎士比亚的喜剧《无风起浪》（今译《捕风捉影》）。

1924年5月，泰戈尔应邀来华访问讲学，抵达北京时正赶上他64岁生日。5月8日，北京著名的文学团体新月社在东单三条北京协和医学院礼堂，由徐志摩、林徽因用英文演出了泰戈尔创作的著名话剧《契忒罗》，庆祝他的寿辰。鲁迅在这天也去观看了演出。《鲁迅日记》载：“晚孙伏园来部，即同至中央公园饮茗，逮夕八时往协和学校礼堂观新月社祝泰戈尔氏六十四岁生日演《契忒罗》剧本二幕，归已夜半也。”

如今，协和医科大学并入中国医学科学院，更名为中国协和医科大学。这座小礼堂保存完好。

新明大戏院

新明大戏院又称新明剧场，《鲁迅日记》中误记为“新民大戏院”，位于宣武门外天桥西边的香厂路，1919年由参议员、人艺戏剧专门学校的校长蒲伯英所建，目的是为了使学校的学员有登台实习的机会。鲁迅、周作人、梁启超、徐半梅、孙伏园等当时都是该校的校董。1923年5月19日人艺戏剧专门学校的学生第一次公开实习演出，演出的剧目是由陈大悲编剧的《英雄与美人》。鲁迅曾到新明大戏院观剧多次，《鲁迅日记》载：

1923年5月28日，“许钦文、孙伏园来，同至孙德兴饭店夜饭后往新民大戏院观戏剧专门学校学生演剧二幕”。这天演出的新剧是《平民的恩人》和《良心》。1925年3月18日，鲁迅又“往新明剧场观女师大史学系学生演剧”。 女师大史学系学生演出的剧目是《卓文君》和《环珴璘与蔷薇》。25日，又“往新民剧场观女师大哲学系游艺会演剧”。此次演剧是为到外地演出筹款，剧目为《爱情与世仇》。

新明大戏院1928年被大火焚毁，后再没有重建。

开明戏园

开明戏园即开明影院，是北京最早建成的新式剧场之一，1922年兴建，地址在珠市口西大街。开明影院为西式建筑，圆形外观，分上、下两层。上层有12根圆柱，大门呈拱形，能容纳800名观众，内部设施与东安门的真光影院旗鼓相当。建成后，梅兰芳、龚云甫、萧长华等进行了首场演出。1923年梅兰芳新排《洛神》在开明戏园首演，印度文学家泰戈尔曾到场观看。此外，很多戏剧名角都曾在此献艺。

＊开明影院（手绘）

鲁迅到北京后第一次看电影就在这里，《鲁迅日记》载：

1924年4月19日，“午后往开明戏园观非洲探险影片”。关于这部影片，1924年4月20日《晨报》有广告介绍：“开明影院——非洲百兽大会——演期三天——空前未有——猛兽生活——

非洲实景——以血肉枪炮摄影机器之代价换来——费资百五十万元——费时二年有半——美国政府特别奖励赞许——日本文部省特别通令各学校分别租演……"

1949年后，开明影院改名为民主剧场，后又改为珠市口影院，2000年修建广安大街时被拆除。

真光电影院

真光电影院创办于1919年，创办者是中国电影事业家罗明佑。罗明佑当时是北大法科系学生，他租下东安市场的丹桂园，改建后开设了可容纳700名观众的真光电影院，课余兼任经理。他严格选片，常放映些艺术性较强的外国影片，并配有翻译字幕和说明书，周日加映学生场，票价更低，深受各界好评。1920年因东安市场失火，真光电影院不幸关闭。不久，罗明佑重整旗鼓，又在东安门大街路南租下原京汉铁路局的地皮，重新建造了真光电影院，于1921年10月落成开业。电影院为西式建筑，正面看像座钟，中央为巨大的拱圈，楼顶建有空中花园。内部设施也极豪华，影院有自备发电机房，银幕和放映设备都是进口的，观众服务设施非常舒适。鲁迅在这里观看过电影。《鲁迅日记》载：

1924年11月30日，"往真光观电影。与孙伏园同邀王品青、荆有麟、王捷三在中兴楼午饭"。 这是鲁迅第二次看电影的记录。

1924年11月，由孙伏园、周作人主编的《语丝》创刊，鲁迅非常支持这个刊物。当时参加编务的孙伏园、李小峰、章廷谦（川岛），曾在真光电影院前发售《语丝》杂志。川岛在《忆鲁迅先生和〈语丝〉》一文中回忆："伏园、小峰和我三人，曾于《语丝》头几期刚出版时，于星期日一早，从住处赶到真光电影院门前以及东安市场一带去兜售。三个人都穿着西装，伏园那时已留了胡子。大家手上虽拿着报纸在兜售，但既不像兜售《圣经》的救世军女教士那么样沉静、安详，也没有一般卖报者连喊

＊真光电影院（手绘）

带跑那么样的伶俐、活泼，只是不声不响地手上托着一大叠《语丝》装着笑嘻嘻的脸，走近去请他或她买一份……”

真光电影院，1950年改为北京剧场，1961年更名为中国儿童剧场至今。

中天电影院

中天电影院于1921年1月建成，位于西城西绒线胡同路南。1923年7月停业改建，迁至西长安街的北新华街北口路西，改为中天电影花园，并于8月1日开幕。据《鲁迅日记》载，1925年时，他在中天电影院多次看过电影。

1925年元旦，“午伏园邀午餐于华英饭店，有俞小姐姊妹、许小姐及钦文，共七人。下午往中天看电影，至晚归”。这次看电影，俞芳在《杂忆鲁迅先生与少年儿童》一文中回忆：“饭后，孙先生邀请鲁迅先生和我们大家去看电影。到哪家电影院去呢？孙先生征求鲁迅先生的意见，鲁迅先生想了一想说：还是到‘中天电影院’去好，因为那里放映的片子，是适合中、小学生看的，适合小客人们看。孙先生点头称是。那天放映的是美国片子，内容是体操表演，柔软操、高低杠等等技巧表演，运动员们的动作灵活轻巧，姿势优美。在电影休息时间，鲁迅先生对我们说：这样纯熟的技巧，全是从小锻炼出来的。电影看完，鲁迅先生对这部电影给以很高的评价，他说，以后有这样的好片子，再来看。走出影院，天已傍晚，我们依依不舍地和鲁迅先生告别。”

1925年2月19日，“午后衣萍来，同往中天剧场观电影”。

1925年6月6日，“午后衣萍来。下午往中天看电影”。

1925年7月17日，“晚品青、衣萍、小峰来邀往公园夜饭并观电影”。

这几场，鲁迅看的什么片子已无从考证。中天电影花园旧址即现在北京音乐厅的所在地。

北大第三院礼堂

位于北河沿的京师大学堂译书馆后改为北京大学第三院，法科各系及研究所国学门设在这里。1926年1月1日，由北大学生黄鹏基等组织的戏剧团体“于是剧社”在北京大学第三院演出了话剧《不忠实的爱情》，《鲁迅日记》载：“夜往北大第三院观于是剧社演《不忠实的爱情》。”黄鹏基当时是莽原社的骨干，也是鲁迅非常赞赏的一个学生，鲁迅的出席表示了对进步剧社的支持。

下编

戛剑生杂记——北京的鲁迅

鲁迅早年自号『戛剑生』，以『弹铁长歌』的冯谖自况。冯谖讲求生活品质，关心家人生活，渴望获得他人的尊重，而其宽广的视野、卓越的能力也足以铸就自身的辉煌。鲁迅有以似之。

无花的蔷薇

叔本华说:“无刺的蔷薇是没有的。——然而没有蔷薇的刺却很多。”鲁迅作为文学名家，却不愿为艺术而艺术，他终归希望自己这些“无花的蔷薇”，可以唤醒沉睡的中国。

文学创作

鲁迅一生创作小说30余篇，散文30余篇，杂文700余篇，专著《中国小说史略》、《汉文学史纲要》，全部文学创作有三百多万字，其中约三分之一是在北京完成的。小说集《呐喊》、《彷徨》，散文诗集《野草》，散文集《朝花夕拾》的部分文章，杂文集《坟》、《热风》、《华盖集》、《华盖集续编》以及《而已集》中的一篇附录都创作于北京。此外《集外集》、《集外集拾遗》中也有几篇是在北京完成的。可以说，北京成就了作为文学家的鲁迅。鲁迅也是北京白话文学的先驱。

文学创作的开始

1881年，鲁迅出生于绍兴的一个书香门第。祖父周福清是清同治十年（1871）辛未科进士，翰林院庶吉士，曾做过江西金溪县知事，后在北京任内阁中书。父亲周伯宜是秀才。鲁迅幼年在家塾读书，12岁进入私塾三味书屋读书，15岁时，祖父周福清因科场舞弊案入狱，父亲又病逝，家境“由小康人家而坠入困顿”。鲁迅自幼学习勤奋，几乎遍读十三经。18岁时，鲁迅离家赴南京，考入了江南水师学堂，“走异路、逃异地，去寻求别样的人们”。鲁迅青少年时期就开始写作了，他现存最早的作品是1898年写下的《戛剑生杂记》，同时期的作品还有《别诸弟三首》等诗歌。

1902年3月，鲁迅被公派到日本留学，他的第一篇文章发表在《浙江潮》杂志上，这是鲁迅文学活动的开端。以后，他又在《河南》杂志上发表了《人之历史》、《摩罗诗力说》等论述西方科学与文学的论文。

1909年8月，鲁迅从日本回国，先后在浙江两级师范学堂和绍兴府中学堂任教，1910年冬天，鲁迅写下了他的第一篇小说《怀旧》。

1912年1月1日，中华民国临时政府在南京成立，孙中山就任临时大总统，蔡元培任教育总长。经好友许寿裳推荐，鲁迅被邀至南京教育部工作。3月，袁世凯在北京宣布就任临时大总统。4月，鲁迅随南京临时政府教育部北迁北京，5月5日抵达北京，入住宣武门外南半截胡同山会邑馆（即绍兴会馆）内的藤花馆。

抄古碑的岁月

1912年5月10日，初到北京的鲁迅开始到教育部上班，职务是社会教育司第二科科员。当时的教育总长蔡元培主张“以美育代宗教”，“鲁迅深知其原意；蔡先生也知道鲁迅研究美学和美育富有心得，所以请他担任社会教育司第一科科长，主管图书馆、博物馆、美术馆事宜”（许寿裳《亡友鲁迅印象记》）。8月，鲁迅又被教育部任命为教育部佥事。同时他还参加了通俗教育研究会，担任小说股主任。其间，他曾主持筹备全国儿童艺术展览会，参与筹建京师图书馆、历史博物馆等工作。

鲁迅初到教育部工作，极不适应，他在日记中写道：“晨九时至下午四时半至教育部视事，枯坐终日，极无聊赖。”无聊和寂寞使他感到极大的痛苦，他在《〈呐喊〉自序》中写道：“只是我自己的寂寞是不可不驱除的，因为这于我太痛苦。我于是用了种种法，来麻醉自己的灵魂，使我沉入于国民中，使我回到古代去……”“许多年，我便寓在这屋里钞古碑。客中少有人来，古碑中也遇不到什么问题和主义，而我的生命却居然暗暗的消去了，这也就是我惟一的愿望。”

作为公务员的鲁迅，对工作是尽职尽责的，他除了撰写有关美术教育的文章，还到教育部举办的夏期讲演会演说《美术略论》。6月21日、28日，7月5日、10日和17日共去了五次，其中7月5日逢大雨，鲁迅冒雨前往，却因没有听众而返回，实际共演讲四次。从《鲁迅日记》中记载的听讲人数看，一共有数十人，可见当时国人对美术的冷淡。鲁迅演讲的讲稿今已佚。据许寿裳回忆：鲁迅的讲演“深入浅出，要言不烦，恰到好处”。“记得鲁迅这篇文章之中，说到刻玉为楮叶，可以乱真，核桃雕文章，可逾千字，巧则巧矣，不得谓之美术。”（许寿裳《亡友鲁迅印象记》）

1913年2月，鲁迅在北京《教育部编纂处月刊》发表了《拟播布美术意见书》（载1913年2月北京《教育部编纂处月刊》第一卷第一册，后收入《集外集拾遗补编》）。文章分四个部分：第一部分，解释了何为美术，指出了美术的三要素：“一曰天物，二曰思理，三曰美化。缘美术必有此三要素，故与他物之界域极严。”第二部分，指出美术的类别：“美术云者，即用思理以美化天物之谓。苟合于此，则无问外状若何，咸得谓之美术；如雕塑，绘画，文章，建筑，音乐皆是也。”亦即，凡通过美术家的思维活动美化的客观事物都可称为美术。此外，还介绍了古希腊哲学家柏拉图的划分法。第三部分，结合中国的实际，指出了美术的目的和功用：美术可以表现文化、辅翼道德和救援经济。第四部分，提出播布美术的方法,分为建设、保护、研究三方面加以论述。

1912年7月，鲁迅得知好友范爱农去世，写下了三首挽诗，题作《哀范君三章》：

风雨飘摇日，余怀范爱农。华颠萎寥落，白眼看鸡虫。
世味秋荼苦，人间直道穷。奈何三月别，遽尔失畸躬！

海草国门碧，多年老异乡。狐狸方去穴，桃偶尽登场。
故里彤云恶，炎天凛夜长。独沉清洌水，能否洗愁肠？

把酒论当世，先生小酒人。大圜犹酩酊，微醉自沉沦。
此别成终古，从兹绝绪言。故人云散尽，我亦等轻尘！

这是鲁迅到北京后第一次作诗，诗中叙说了对老友的回忆与对世事的看法。这篇诗稿现存于北京鲁迅博物馆，是现存鲁迅最早的诗稿。

除工作外，鲁迅利用别人喝茶、谈天的时间做了许多事情：收藏并抄写了大量中国古代金石碑刻、汉画像拓片，并潜心研究；辑校了《后汉书》、《嵇康集》等数十种古籍；编辑出版了《会稽郡故书杂集》等；收藏古钱币、古砖、古代土偶等。1914年，他还购买了数十种佛经，并进行研究。他在《〈呐喊〉自序》中描述：“许多年，我便寓在这屋里钞古碑。客中少有人来，古碑中也遇不到什么问题和主义，而我的生命却居然暗暗的消去了，这也就是我惟一的愿望。夏夜，蚊子多了，便摇着蒲扇坐在槐树下，从密叶缝里看那一点一点的青天，晚出的槐蚕又每每冰冷的落在头颈上。”

*《哀范君三章》手迹

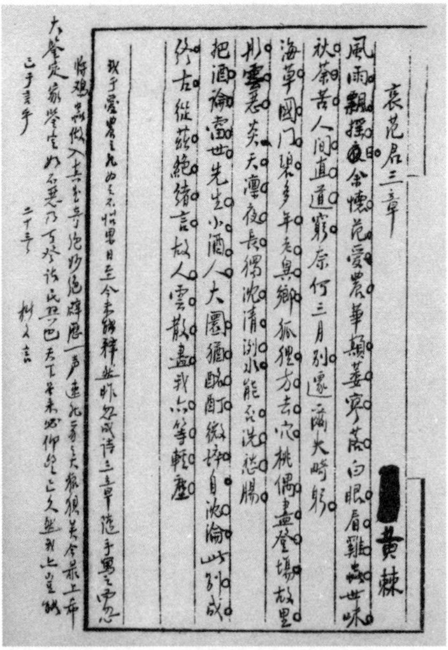
哀范君三章　黄棘

風雨飄搖日，余懷范愛農。華顛萎寥落，白眼看雞蟲。世味秋荼苦，人間直道窮。奈何三月別，遽爾失畸躬。

海草國門碧，多年老異鄉。狐狸方去穴，桃偶盡登場。故里彤雲惡，炎天凜夜長。獨沉清洌水，能否洗愁腸。

把酒論當世，先生小酒人。大圜猶酩酊，微醉自沉淪。此別成終古，從茲絕緒言。故人雲散盡，我亦等輕塵。

在北京，鲁迅为其所辑校的古籍撰写序跋二十多篇作，其中包括《古小说钩沉》序、谢承《后汉书》序、《嵇康集》跋等，均收入《鲁迅全集》之《古籍序跋集》。《鲁迅辑校古籍手稿》于20世纪80年代出版，共6函49卷。鲁迅所抄古碑石刻收入20世纪80年代出版的《鲁迅辑校石刻手稿》，共3函18卷。从中，可以看到鲁迅在这方面所做的大量工作。

开始做白话

1915年，陈独秀创办的新文学刊物《新青年》在上海创刊，引起了鲁迅的关注。1917年1月胡适在《新青年》上发表了《文学改良刍议》，开始提倡白话文。接着，陈独秀又发表了《文学革命论》，举起文学革命的大旗。李大钊发表了《庶民的胜利》、《布尔什维克的胜利》宣传苏俄十月革命。钱玄同、刘半农等人也加入了《新青年》的作者队伍，与陈独秀、胡适等共同发起了一场旨在反对旧文学、提倡新文学的新文化运动。胡适、钱玄同、刘半农等也参加了《新青年》的编辑工作。1918年1月起，《新青年》杂志全都刊登白话文，开始使用新式标点。

钱玄同与鲁迅是1908年在日本留学时相识的，都曾师事章太炎，可算是同窗老友。在绍兴会馆，钱玄同是周氏兄弟最经常的访客。钱玄同曾在《我对周豫才君之追忆与略评》一文中回忆："我因为我的理智告诉我，'旧文化之不合理者应该打倒'，'文章应该用白话做'，所以我是十分赞同仲甫所办的《新青年》杂志，愿意给它当一名摇旗呐喊的小卒。我认为周氏兄弟的思想，是国内数一数二的，所以竭力怂恿他们给《新青年》写文章。七年一月起，就有启明的文章。但豫才则尚无文章送来，我常常到绍兴会馆去催促，于是他的《狂人日记》小说居然做成而登在四卷第五号了。自此以后，豫才便常有文章送来，有论文、随感录、诗、译稿等，直到《新青年》第九卷止。"

鲁迅在《〈呐喊〉自序》中这样描述他开始创作第一篇白话

小说《狂人日记》的过程：

“那时偶或来谈的是一个老朋友金心异，将手提的大皮夹放在破桌上，脱下长衫，对面坐下了，因为怕狗，似乎心房还在怦怦的跳动。

“‘你钞了这些有什么用？’有一夜，他翻着我那古碑的钞本，发了研究的质问了。

“‘没有什么用。’

“‘那么，你钞他是什么意思呢？’

“‘没有什么意思。’

“‘我想，你可以做点文章……’

“我懂得他的意思了，他们正办《新青年》，然而那时仿佛不特没有人来赞同，并且也还没有人来反对，我想，他们许是感到寂寞了，但是说：

“‘假如一间铁屋子，是绝无窗户而万难破毁的，里面有许多熟睡的人们，不久都要闷死了，然而是从昏睡入死灭，并不感到就死的悲哀。现在你大嚷起来，惊起了较为清醒的几个人，使这不幸的少数者来受无可挽救的临终的苦楚，你倒以为对得起他们么？’

“‘然而几个人既然起来，你不能说决没有毁坏这铁屋的希望。’

“是的，我虽然自有我的确信，然而说到希望，却是不能抹杀的，因为希望是在于将来，决不能以我之必无的证明，来折服了他之所谓可有，于是我终于答应他也做文章了，这便是最初的一篇《狂人日记》。从此以后，便一发而不可收，每写些小说模样的文章，以敷衍朋友们的嘱托，积久就有了十余篇。”

鲁迅在北京创作的第一篇白话小说《狂人日记》就这样诞生了，发表在1918年《新青年》第四卷第五号上，“鲁迅”的署名也是第一次使用。好友许寿裳曾这样解释“鲁迅”笔名的含意：“取这个笔名，理由有三：（一）母亲姓鲁，（二）周鲁是同姓

之国，（三）取愚鲁而迅速之意。”（许寿裳《亡友鲁迅印象记》）

《狂人日记》通过主人公之口，用“吃人”概括了中国几千年来的宗法制度与旧礼教的本质；作为中国现代文学史上第一篇白话小说，“显示了‘文学革命’的实绩”。（鲁迅《〈中国新文学大系〉小说二集序》）

从此之后，鲁迅“便一发而不可收”，陆续创作了《孔乙己》、《药》等白话小说。除小说外，鲁迅在《新青年》上还发表了论文《我之节烈观》和《我们现在怎样做父亲》，对于中国的婚姻、家庭、伦理等问题进行了深刻的分析与批判。

1919年8月，鲁迅、周作人兄弟二人卖掉了绍兴的故宅，在北京西直门内八道湾胡同11号购置了新宅，12月举家迁到北京。以此为题，鲁迅又创作了小说《故乡》。

1921年1月，由周作人、朱希祖等12人发起的文学研究会在北京成立，这是中国第一个新文学团体，机关刊物为《小说月报》。鲁迅所作《端午节》、《社戏》、《在酒楼上》等小说就是在《小说月报》上首次发表的。

1921年12月4日，鲁迅创作的著名小说《阿Q正传》第一章在《晨报·副刊》上发表，署名“巴人”。这是鲁迅的代表作品之一。

《阿Q正传》是鲁迅创作的唯一一篇中篇小说，小说的背景是辛亥革命前后的江南水乡未庄。作者通过对故事主人公阿Q的刻画，揭示了中国国民最严重的弱点，写出了“一个现代的我们国人的灵魂来”。《阿Q正传》发表后，取得了巨大反响。翻译家敬隐渔首先把《阿Q正传》译成法文，寄给法国文豪罗曼·罗兰，并由后者推荐给巴黎《欧罗巴》杂志发表。

罗曼·罗兰在信中这样写道：“故事是写一个不幸的乡下佬，一个半游民。他很可怜，遭人看不起，也确实有点叫人看不起；然而他很达观，且自鸣得意（因为，当人在生活漩涡的底层被任意摆布时，总得找点得意事的！），他最后在大革命中糊里糊涂被枪决了。他当时唯一感到难过的是，当人家要他在判决书下面画押（因为他不会签字）时，他的圈儿没有画圆。这篇小说是现实主义的，初看略显平庸，继之就会发现一种了不起的幽默，待到把它读完，你就会吃惊地发现，你被这个可怜的怪家伙给缠住了，你喜欢他了。”

1923年8月，鲁迅的第一本小说集《呐喊》由北京北新书局出版，列为该社《文艺丛书》之一，书中收入鲁迅1918年至1922年所作小说15篇。至1930年时，《呐喊》已印了13版。鲁迅抽去其中的《不周山》（后改名为《补天》，收入《故事新编》）。《呐喊》中的作品，大都写于五四运动的高潮时期，鲁迅在《〈呐喊〉自序》中说：“在我自己，本以为现在是已经并非一个切迫而不能已于言的人了，但或者也还未能忘怀于当日自己的寂寞的悲哀罢，所以有时候仍不免呐喊几声，聊以慰藉那在寂寞里奔驰的猛士，使他不惮于前驱。”

1922年7月，《新青年》停刊，《新青年》阵营分裂，“《新青年》的团体散掉了，有的高升，有的退隐，有的前进，我又经验了一回同一战阵中的伙伴还是会这么变化，并且落得一个‘作家’的头衔，依然在沙漠中走来走去……”（鲁迅《〈自选集〉自序》）对此，鲁迅感到彷徨与苦闷。不久，他又经历了兄弟失和，被迫从八道湾搬出，迁至砖塔胡同。这便是散文诗集《野草》的创作背景。此后，他又开始写作短篇小说，“得到较整齐的材料，则还是做短篇小说，只因为成了游勇，布不成阵了，所以技术虽然比先前好一些，思路也似乎较无拘束，而战斗的意气却冷得不少。新的战友在那里呢？我想，这是很不好的。于是集印了这时期的十一篇作品，谓之《彷徨》，愿以后不再这模样。”（鲁迅《〈自选集〉自序》）1926年8月，北京北新书局又出版了鲁迅的第二本小说集《彷徨》，被列入《乌合丛书》，收录他从1924年至1925年所作《祝福》等小说11篇。

《呐喊》、《彷徨》两本小说集全部是在北京完成的。这两本书至今仍是中国的畅销小说，众多出版社不断重版，版本不下数十种，可见鲁迅小说的魅力。

北京题材的小说

鲁迅的小说大多是以江南水乡为故事背景的，如《呐喊》中的《狂人日记》、《孔乙己》、《药》、《阿Q正传》等，《彷徨》中的《祝福》、《在酒楼上》等。这与鲁迅的生活经历有关。鲁迅到北京后，有十余篇小说是以北京的生活为背景的：

*《呐喊》初版本封面

*《彷徨》初版本封面

《一件小事》曾被载入中学课本，在中国上过中学的人几乎没有不知道的。这是一篇只有千把字的小说，内容是在一个刮着西北风的冬天，“我”坐着人力车去S门，当人力车夫正在大道上奔跑时，车把带倒了一个从马路边横截过来的衣着破烂的老女人。当时“我”看到老妇人并没有碰伤，而且也没有别人看见，就想叫车夫快些走开。可是车夫却立即放下车子，搀起老妇人，并到巡警分驻所去承担责任。这时，“我”突然觉得车夫那“满身灰尘的后影，刹时高大了，而且愈来愈大，须仰视才见。而且他对于我，渐渐地又几乎变成一种威压，甚而至于要榨出皮袍下藏着的‘小’来”。小说写的是1917年的事，其中有许多民国时期北京的信息：冬天的寒冷，人口的稀少，贫民的生活，人力车，铜元，巡警制，S门，等等。这些在今天的北京已经基本消失了。《一件小事》至今还是千字白话小说中的经典。

《头发的故事》是一篇嘲讽时政的小说，写的是作者与一位前辈在家中聊天，其中讲到了当时北京“双十节”的情形，通过剪辫子的事情表达了作者的观点：“造物的皮鞭没有到中国的脊梁上时，中国便永远是这一样的中国，决不肯自己改变一支毫毛!”

《端午节》描写了北京首善学校教员索欠薪的事情，其中涉及的北京新华门、老字号稻香村、广告牌等，可以见到许多民国旧貌。

《鸭的喜剧》是鲁迅在八道湾时创作的一篇写实小说，透出北京四合院内的其乐融融。《鸭的喜剧》写于1922年10月，小说描写了作者与俄国盲诗人爱罗先珂的亲密友情。爱罗先珂是俄国诗人、童话作家，童年时因病双目失明。1922年2月，由鲁迅、周作人建议，经蔡元培特聘到北京大学教世界语，借住在八道湾周家住宅。他向作者诉苦说：“寂寞呀，寂寞呀，在沙漠上似的寂寞呀”，“北京却连蛙鸣也没有”。作者告诉他说：“到夏天，大雨之后，你便能听到许多虾蟆叫，那是都在沟里面的，因为北京到处都是沟。”这话语引得爱罗先珂买了十几只蝌蚪养。爱罗先珂还买了小鸡回来养，其中一只成为他在北京创作的唯一一篇童话小说《小鸡的悲剧》的主人公。后来这篇小说由鲁迅译出发表。后来，他又买了四只小鸭子，鸭子却吃完了他的蝌蚪，快活地生活。鲁迅通过对爱罗先珂热爱生命与彼岸的描写，侧面表达了自己在北京如沙漠般寂寞的情绪。

以上几篇都是收入小说集《呐喊》中的。《彷徨》集中也有几篇是以北京生活为背景的：

《幸福的家庭》、《肥皂》、《示众》、《高老夫子》从不同角度描述了“首善之区”北京的风土人情以及当时国民的痼疾。《伤逝》、《弟兄》则是其自身生活的折射。

自1919年底鲁迅全家团聚，迁到八道湾后，一个大家庭共同生活了三年多，因为家庭内部关系造成了兄弟反目。1923年8月初，鲁迅夫妻搬到了砖塔胡同。1925年10月21日，鲁迅写了小说《伤逝》，其中描写了他住在绍兴会馆时的情景：“会馆里的被遗忘在偏僻里的破屋”，“窗外的半枯的槐树和老紫藤”。周作人在《知堂随想录》中曾说：“《伤逝》不是普通恋爱小说，乃是假借了男女的死亡来哀悼兄弟恩情的断绝的。”

鲁迅还有一篇生前未收入集子的小说《怀旧》，是1912年在北京创作的，发表于1913年4月25日上海出版的《小说月报》第四卷第一号，写的是童年读书的故事。

散文诗及散文

1927年7月，鲁迅的散文诗集《野草》由北京北新书局出版，列为他所主编的《乌合丛书》之一。《野草》收录鲁迅1924年至1926年所作的散文诗23篇，《题辞》一篇。

《野草》是中国现代文学史上最早的散文诗集之一。23篇散文诗都是在北洋军阀统治下的北京创作的，作品构思奇特，手法多样，思想深刻，集中体现了鲁迅在北京生活时期的精神世界。几十年来有很多学者对《野草》进行解读，可谓异彩纷呈。《野草》是鲁迅文学创作中最美的作品，这是文学界的共识。鲁迅曾对友人说，他的全部哲学都包括在《野草》里了。

《野草》的第一篇是《秋夜》，写于北京西城宫门口西三条21号，一座老北京才有的平民四合院，即现在的北京鲁迅博物馆内。北京现在唯一保存完好的鲁迅故居就在博物馆院内。如果到北京鲁迅博物馆参观，看到鲁迅故居内的“老虎尾巴”，就可以体验鲁迅写作时的场景：

“在我的后园，可以看见墙外有两株树，一株是枣树，还有一株也是枣树。

“这上面的夜的天空，奇怪而高，我生平没有见过这样的奇怪而高的天空。他仿佛要离开人间而去，使人们仰面不再看见。然而现在却非常之蓝，闪闪地䀹着几十个星星的眼，冷眼。他的口角上现出微笑，似乎自以为大有深意，而将繁霜洒在我的园里的野花草上。”

脍炙人口的《秋夜》用奇美的语言表达了鲁迅“韧”的战斗精神。

《我的失恋》是三首打油诗，讽刺当时流行的“阿呀阿唷，我要死了”之类的失恋诗的盛行。

《腊叶》是一篇优美的抒情散文诗。鲁迅说：“《腊叶》，是为爱我者的想要保存我而作的。”（《〈野草〉英文译本序》）鲁迅“病叶”自喻，使读者能感受到北京的秋天之美。

《淡淡的血痕中》写于“三一八惨案”之后。1926年3月18日段祺瑞政府枪击徒手游行的民众，鲁迅愤怒之下，在短短的几十天里连续写下《无花的蔷薇之二》、《死地》、《可惨与可笑》、《记念刘和珍君》、《空谈》、《如此“讨赤”》等杂文和散文。4月8日，鲁迅在避难的居处又写了这篇《淡淡的血痕中》，表达了猛士的愤怒。

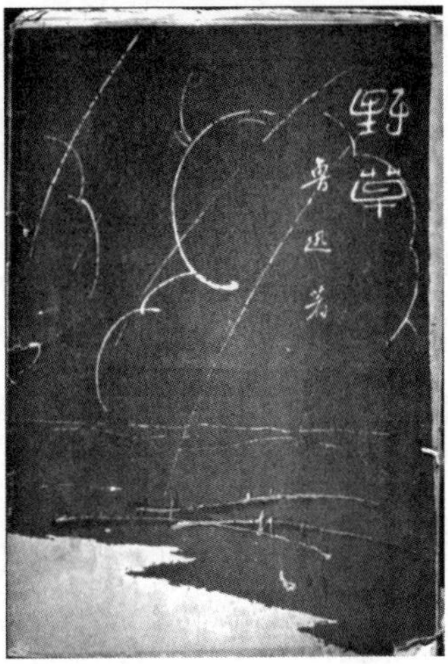

*《野草》初版封面

《一觉》也描写了1926年时北京的黑暗场景：“飞机负了掷下炸弹的使命，像学校的上课似的，每日上午在北京城上飞行。每听得机件搏击空气的声音，我常觉到一种轻微的紧张，宛然目睹了‘死’的袭来，但同时也深切地感着‘生’的存在。”记述了1926年4月冯玉祥的国民军与奉系军阀张作霖在北京作战时，奉军多次飞临轰炸的事件。

*《朝花夕拾》初版封面

《朝花夕拾》是鲁迅的回忆散文集，收录他于1926年所作的散文十篇。1928年9月由北京未名社出版，列为鲁迅所编的《未名新集》之一。《朝花夕拾》出版时，鲁迅已离开北京南下。《朝花夕拾》前五篇写于北京，后五篇写于厦门，主要是回忆从童年到青年时期的事情。鲁迅曾经入选中学课本的名篇，如《从百草园到三味书屋》、《藤野先生》、《范爱农》等都选自《朝花夕拾》。

杂文

五四运动以后，杂文开始盛行。鲁迅开创了一代杂文新风，是中国现代文学史上最优秀的杂文作家。鲁迅把杂文比作“匕首和投枪”，要“锋利而切实”，“在风沙扑面，狼虎成群的时候”，杂文是“和读者一同杀出一条生存的血路的东西”。鲁迅的杂文形式多样，风格短小犀利，内容极为广泛，涉及古今中外。鲁迅的杂文体现了其学养、人格、思想，反映了他的精神世界。鲁迅在北京写过150多篇杂文，给北京地域的杂文文化留下了宝贵的财富。

*《热风》初版封面

1918年7月，鲁迅继开始小说创作后，又写下了在北京的第一篇杂文《我之节烈观》，猛烈抨击了封建道德和封建制度，文章发表于1918年8月《新青年》月刊第五卷第二号。此后，鲁迅又陆续写了多篇《随感录》在《新青年》上发表，至1919年底，共写了27篇。1919年10月，鲁迅又在《新青年》第六卷第六号发表杂文《我们现在怎样做父亲》，阐述了进化论的思想，并指出应该“自己背着因袭的重担，肩住了黑暗的闸门，放他们到宽阔光明的地方去；此后幸福的度日，合理的做人”。

*《坟》初版封面

1925年11月，鲁迅的第一本杂文集《热风》由北京北新书局出版，收录1918年至1924年间鲁迅所作杂文41篇。鲁迅在《题记》中首先提到了北京的西长安街：“现在有谁经过西长安街一带的，总可以看见几个衣履破碎的穷苦孩子叫卖报纸。记得三四年前，在他们身上偶而还剩有制服模样的残余；再早，就更体面，简直是童子军的拟态。”《热风》的内容：“除几条泛论之外，有的是对于扶乩，静坐，打拳而发的；有的是对于所谓‘保存国粹’而发的；有的是对于那时旧官僚的以经验自豪而发的；有的是对于上海《时报》的讽刺画而发的。记得当时的《新青年》，是正在四面受敌之中，我所对付的不过一小部分；其他大事，则本志具在，无须我多言。”

鲁迅的第二本杂文集是《坟》，1927年3月由北京未名社出版，收录1907年至1925年所作论文23篇，其中4篇写于留学日本期间，有19篇写于北京。《坟》中大部分杂文，都旨在反帝反封建，提倡民主与科学。鲁迅在《后记》中说：“因为这虽然不是我的血所写，却是见了我的同辈和比我年幼的青年们的血而写的。”这些文章此前分别发表在《语丝》周刊、《京报·副刊》、《莽原》半月刊等杂志上。其中，《娜拉走后怎样》是1923年12月26日在北京女子师范大学文艺会上的演讲；《看镜有感》中谈到在北京买古镜的事情；《灯下漫笔》描写了民国时期北京的银行。更多的文章是在关注和评论当时北京乃至国家发生的政治、文坛时事。

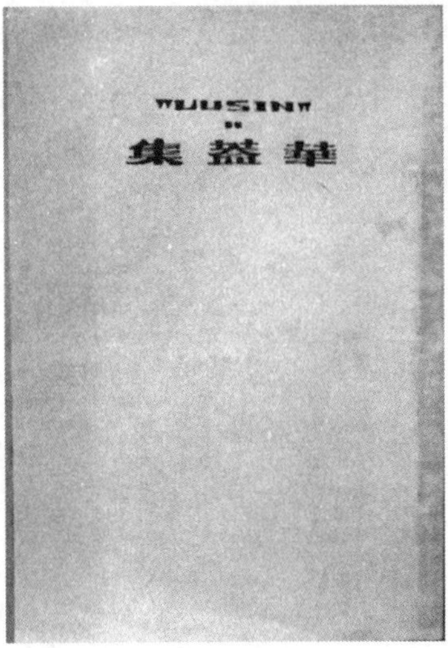

*《华盖集》初版封面

《华盖集》，收鲁迅1925年所作杂文31篇，1926年6月由北京北新书局出版。

《华盖集续编》，收鲁迅1926年所作杂文32篇，1927年5月由北京北新书局出版。

*《华盖集续编》初版封面

《而已集》中只有一篇附录《大衍发微》写于1926年4月13日。

此外，后来收入《集外集》、《集外集拾遗》的杂文也有30多篇在这一时期创作。

在这些杂文中，很多都涉及民国时期北京动荡的历史、军阀间的战争、文学上的论辩、“女师大风潮”、“三一八惨案”等。鲁迅的杂文直刺时弊，入木三分，写尽了民国的黑暗。

中国第一部小说专史

1920年至1926年间，鲁迅在北京大学、北京师范大学与北京女子师范大学讲授小说史，并以他对中国小说研究的深厚功力，编撰了《中国小说史略》。这是一部具有里程碑意义的学术专著，结束了中国小说无专史的状态。胡适在《白话文学史》中曾赞誉此书“是一部开山的创作，搜集甚勤，取材甚精，断制也甚谨严”。

《中国小说史略》是鲁迅讲授小说史时的讲义，早先曾有油印、铅印本。1923年12月至次年6月，北京大学新潮社分上、下册正式出版，书名由讲义名“中国小说史大略”改为《中国小说史略》。1925年9月，经鲁迅修改后，又由北新书局合为一册印行。全书共28篇，讲述了中国古代小说发生、发展和演变的过程，起自上古神话与传说，迄于清末谴责小说。另有《中国小说的历史的变迁》一篇，是鲁迅于1924年7月在西安讲学时的讲稿，后作为附录编入《中国小说史略》。

*《中国小说史略》各种版本

附：鲁迅在北京的著作年表

（按写作时间编年）

1912年

补绘《於越三不朽图》阙页附记

哀范君三章

关于汪辑本谢承《后汉书》

致国务院国徽拟图说明书

《式训堂丛书目录》题注

怀旧

1913 年

汪辑本谢承《后汉书》校记

自绘明器略图题识（一）

自绘明器略图题识（二）

拟播布美术意见书

谢承《后汉书》序

谢承《后汉书》考

谢沈《后汉书》序

虞预《晋书》序

《云谷杂记》跋

《嵇康集》跋

1914 年

《云谷杂记》序

《志林》序

《范子计然》序

《魏子》序

《任子》序

《广林》序

生理实验术要略

虞预《会稽典录》序

《会稽郡故书杂集》序

谢承《会稽先贤传》序

钟离岫《会稽后贤传记》序

贺氏《会稽先贤像赞》序

朱育《会稽土地记》序

贺循《会稽记》序

1915 年

《射阳聚石门画象》说明

《百喻经》校后记

《嘉祥村画象说明》

《嘉祥孙家庄画象》说明

《大云寺弥勒重阁碑》校记

《肥城孝堂山新出画象》说明

1916 年

《寰宇贞石图》整理后记

《嘉祥关庙画象》说明

《嘉祥郗家庄画象》说明

《嘉祥洪家山画象》说明

《嘉祥竹园画象》说明

《凤凰画象》说明

关于废止《教育纲要》的签注

1917 年

《欧美名家短篇小说丛刊》评语

会稽禹庙窆石考

《□肱墓志》考

《徐法智墓志》考

《郑季宣残碑》考

1918 年

狂人日记

梦

爱之神

桃花

《吕超墓志铭》跋

他们的花园

人与时

我之节烈观

吕超墓出土吴郡郑蔓镜考

《墨经正文》重阅后记

随感录二十五（只有发表时间）

《鲍明远集》校记

随感录三十三

随感录三十五

随感录三十六

随感录三十七

随感录三十八

渡河与引路

《美术杂志》第一期

《钩骑四人画象》说明

1919 年

随感录三十九

随感录四十

随感录四十一

随感录四十二

随感录四十三

什么话？

随感录四十六

随感录四十七

随感录四十八

随感录四十九

关于《拳术与拳匪》

孔乙己

随感录五十三

随感录五十四

《孔乙己》附记

随感录三则

他

对于《新潮》一部分的意见

药

随感录

随感录五十六　“来了”

随感录五十七　现在的屠杀者

随感录五十八　人心很古

随感录五十九　“圣武”

明天

随感录六十一　不满

随感录六十二　恨恨而死

随感录六十三　“与幼者”

随感录六十四　有无相通

随感录六十五　暴君的臣民

随感录六十六　生命的路

我们现在怎样做父亲

《一个青年的梦》译者序

自言自语

寸铁

拳术与拳匪

《一个青年的梦》自序

一件小事

1920 年

《一个青年的梦》正误

《域外小说集》序

风波

头发的故事

1921 年

故乡

《沉没之塔》译者附记

译了《工人绥惠略夫》之后

“生降死不降”

名字

《三浦右卫门的最后》译者附记

无题

《坏孩子》附记

智识即罪恶

事实胜于雄辩

《一个青年的梦》后记

《两个小小的死》译者附记

1922 年

《爱罗先珂童话集》序

阿Q正传

估《学衡》

为“俄国歌剧团”

无题

将译《桃色的云》以前的几句话

《桃色的云》第二幕第三节中

译者附白

白光

端午节

记剧中人物的译名

《桃色的云》序

《遂初堂书目》抄校说明

《桂海虞衡志》抄校本题注

“以震其艰深”

儿歌的“反动”

破《唐人说荟》

所谓“国学”

兔和猫

社戏

“一是之学说”

不懂的音译

对于批评家的希望

反对“含泪”的批评家

即小见大

不周山

《呐喊》自序

1923 年

关于《小说世界》

看了魏建功君的《不敢盲从》

以后的几句声明

《中国小说史略》序言

宋民间之所谓小说及其后来

题《中国小说史略》赠川岛

新镌李氏藏本《忠义水浒全书》提要

题寄清水安三

明以来小说年表

1924 年

答陈新会吕医尊君

对于“笑话”的笑话

奇怪的日历

望勿“纠正”

祝福

幸福的家庭

《中国小说史略》后记

肥皂

在酒楼上

《嵇康集》序

《嵇康集》逸文考

《嵇康集》著录考

娜拉走后怎样

中国小说的历史的变迁

大涤馀人百回本《忠义水浒传》

回目校记

秋夜

《俟堂专文杂集》题记

求乞者

译《苦闷的象征》后三日序

又是“古已有之”

答二百系答一百之误

《自己发见的欢喜》译者附记

文学救国法

我的失恋

《文艺鉴赏的四阶段》译者附记

《有限中的无限》译者附记

论雷峰塔的倒掉

说胡须

《论雷峰塔的倒掉》附记

论照相之类

记“杨树达”君的袭来

“说不出”

关于杨君袭来事件的辩证（一）

《苦闷的象征》引言

烽话五则

关于杨君袭来事件的辩证（二）

“音乐”？——有趣

我来说“持中”的真相

复仇

复仇（其二）

未有天才之前

通讯（致郑孝观）

1925 年

希望

诗歌之敌

A.Petofi的诗

咬文嚼字（一）

关于《苦闷的象征》

忽然想到（一）

忽然想到（二）

雪

咬嚼之余

风筝

好的故事

再论雷峰塔的倒掉

咬嚼未始“乏味”

看镜有感

咬文嚼字（二）

青年必读书

忽然想到（三）

忽然想到（四）

长明灯

过客

聊答“……”

报《奇哉所谓……》

通讯（复孙伏园）

论辩的魂灵

苦闷的象征

通讯（一）

牺牲谟

《陶元庆氏的西洋绘画展览会目录》序

示众

战士和苍蝇

白事

通讯（二）

《未名丛刊》是什么，要怎样？（一）

这是这么一个意思

夏三虫

一个“罪犯”的自述

《苏俄的文艺论战》前记

忽然想到（五）

鲁迅启事

忽然想到（六）

《莽原》出版预告

春末闲谈

死火

狗的驳诘

通讯（复高歌）

通讯（复吕蕴如）

通讯（复向培良）

杂语

通讯（致孙伏园）

灯下漫笔

高老夫子
前期正误
启事
杂感
北京通信
忽然想到（七）
编完写起
导师
长城
为北京女师大学生拟呈教育部文
（第一件）
忽然想到（八）
忽然想到（九）
“碰壁”之后
为北京女师大学生拟呈教育部文
（第二件）
俄译本《阿Q正传》序及著者自叙传略
并非闲话
编者附白
我的“籍”和“系”
咬文嚼字（三）
我才知道
“田园思想”
《敏捷的译者》附记
忽然想到（十）
前期《杂忆》正误
颓败线的颤动
补白（二）
正误
第八期《田园思想》正误
补白（三）
立论
死后
论“他妈的！”
论睁了眼看
流言和谎话
女校长的男女的梦
正误
答KS君
通信（复霉江）
《中国小说史略》再版附识
“碰壁”之余
并非闲话（二）
《望勿“纠正”》附记
《随感录三十三》补记
正误
孤独者
伤逝
从胡须说到牙齿
弟兄
《热风》题议
离婚
十四年的读经
评心雕龙
并非闲话（三）
坚壁清野运动
寡妇主义
《出了象牙之塔》后记

这个与那个（一）——读史
这个与那个（二）——捧与挖
我观北大
这样的战士
“公理”的把戏
这个与那个（三—九）
碎话
《这个与那个》正误
聪明人和傻子和奴才
腊叶
这回是“多数”的把戏
论“费厄泼赖”应该缓行
《未名丛刊》是什么，
要怎样？（二）

1926 年

杂论管闲事·做学问·灰色等
有趣的消息
学界的三魂
《学界的三魂》附记
古书与白话
一点比喻
不是信
我还是不能“带住”
送灶日漫笔
《华盖集》后记
谈皇帝
狗·猫·鼠
无花的蔷薇
中山先生逝世后一周年
阿长与《山海经》
无花的蔷薇之二
死地
可惨与可笑
记念刘和珍君
空谈
如此“讨赤”
淡淡的血痕中
一觉
大衍发微
无花的蔷薇之三
二十四孝图
《痴华鬘》题记
新的蔷薇——然而还是无花的
再来一次
五猖会
《何典》题记
《穷人》小引
通信（复未名）
无常
马上日记
马上支日记
马上日记之二
记“发薪”
《十二个》后记
《未名丛刊》与《乌合丛书》
《小说旧闻钞》序言
记谈话

翻译工作

鲁迅最早从事的文学活动中，翻译早于他的文学创作。他一生重视译介外国文学的工作，翻译了日本、苏俄、德国、法国等十多个国家100多位作者的200多篇（部）作品，约300万字。鲁迅作为伟大作家的同时，是一位名副其实的翻译家。鲁迅在北京时期翻译了80多篇（部）作品，约占他一生翻译作品的三分之一，其中以日本、俄国作品居多，间有德国、芬兰、荷兰作家的作品。鲁迅翻译作品的品种有小说、剧作、散文、文艺理论等。

翻译工作的开始

鲁迅青年时代在南京江南水师学堂和矿路学堂读书时学习过英文，他很注重外国先进思想的翻译读物，严复翻译的英国生物学家赫胥黎的《天演论》曾对鲁迅产生过重大影响，以后又读过很多林纾翻译的书。留学日本时，由于学日语的环境很好，加上他学习很刻苦，所以在听读说写诸方面都很精通。鲁迅在学习德文上也下过很大功夫。在仙台医学专门学校读书时，由于当时德国的医学很发达，德语是学校的必修课，使他的德语学习接受了正规的训练。他还经常到东京的旧书店购买旧的德文书报，借助词典阅读，达到能够很流畅地阅读德文书刊的程度。据周作人的回忆，鲁迅喜爱东欧和北欧文艺作品，他阅读的欧洲文学作品大都是德文版的。在日本，鲁迅还学习过俄文。鲁迅的外语程度基本是：精通日文，德文次之，略知英文与俄文。

鲁迅到日本后的第二年即1903年，便据日本井上勤的译本重译了法国小说家儒勒·凡尔纳著的科学幻想小说《月界旅行》和《地底旅行》。1909年，与周作人合作翻译了《域外小说集》。

在北京的翻译

鲁迅的翻译思想是逐步确立的，而在北京时期，鲁迅的翻译

*《现代日本小说集》初版封面

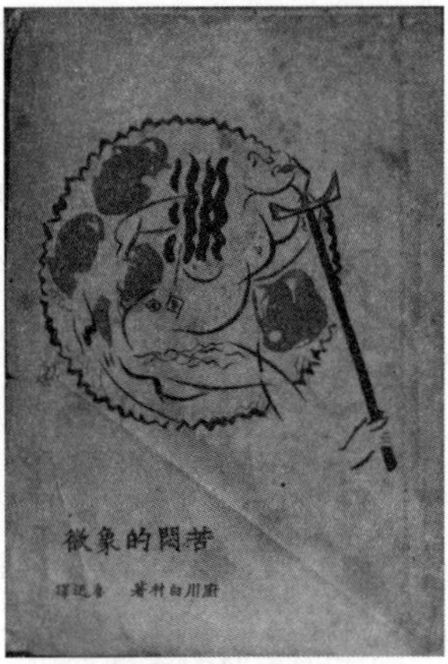

*《苦闷的象征》初版封面

*《工人绥惠略夫》初版封面

思想起了重大的变化。鲁迅认为“文艺是国民精神所发的火光，同时也是引导国民精神的前途的灯火”。（鲁迅《论睁了眼看》） 他以为，翻译即是“拿来”外国的文艺之火，引导本国的国民精神。鲁迅在《“硬译”与“文学的阶级性”》一文中曾说：“人往往以神话中的 Prometheus比革命者,以为窃火给人，虽遭天帝之虐待不悔，其博大坚忍正相同。但我从别国里窃得火来，本意却在煮自己的肉的，以为倘能味道较好，庶几在咬嚼者那一面也得到较多的好处，我也不枉费了身躯……”因此，鲁迅的翻译被称为中国20世纪的普罗米修斯，从别国里窃得火来，煮自己的肉，这便是鲁迅的翻译观。

鲁迅从1913年开始大量译介外国文艺作品。1913年至1914年，他翻译了几篇关于儿童艺术教育方面的文章，其中包括日本上野阳一做的《艺术玩赏之教育》、《儿童之好奇心》、《社会教育与趣味》及高岛平三郎做的《儿童观念界之研究》。这些译作同鲁迅在教育部的本职工作密切相关，他真诚地希望中国教育能够借鉴外国先进的教育观念。

五四运动之后，鲁迅译介了大量的日本文学作品。1920年，他翻译了日本武者小路实笃的剧本《一个青年的梦》。在《〈一个青年的梦〉译者序二》中，鲁迅说：“所以我以为这剧本也很可以医许多中国旧思想上的痼疾，因此也很有翻成中文的意义。”在这期间，鲁迅翻译的日本文学作品还有芥川龙之介的《鼻子》、夏目漱石的《挂幅》、有岛武郎的《与幼小者》，等等。1923年6月，署名周作人编译的《现代日本小说集》由上海商务印书馆出版，其中收录鲁迅译作11篇，周作人译作19篇。

鲁迅译书速度很快，据《鲁迅日记》载，1924年4月8日鲁迅在北京东亚书店买到日文版《苦闷的象征》，9月22日便开手翻译，10月10日译讫。1925年3月《苦闷的象征》作为《未名丛刊》之一出版。该书是日本文学评论家厨川白村所写的一部介绍19世纪末、20世纪初欧美文学与文艺思潮的著作。1925年2月，鲁迅又翻译了厨川白村的《出了象牙之塔》，1925年12月作为《未名丛刊》之一出版。

鲁迅很早就开始翻译俄国文学。1921年，他从德译本转译了俄国作家阿尔志跋绥夫的中篇小说《工人绥惠略夫》，1922年由上海商务印书馆列为《文学研究会丛书》之一出版。1922年2月，经鲁迅、周作人介绍，俄国盲诗人爱罗先珂被蔡元培特聘到北京大学教授世界语，借住在八道湾住宅，与鲁迅结下了很深的友谊。这是鲁迅认识的第一个俄国作家。从1921年9月至1922年4月，鲁迅翻译了爱罗先珂的《池边》等十多篇童话作品。1922年7月，鲁迅翻译的《爱罗先珂童话集》由上海商务印书馆出版，列为《文学研究会丛书》之一。1922年鲁迅又翻译了爱罗先珂以日文写作的三幕童话剧《桃色的云》，1923年7月由北京新潮社出版，列为《文艺丛书》之一。由于鲁迅的译介，中国青年对俄国文化有了进一步的了解。

鲁迅在北京期间，还翻译过俄国作家托罗斯基、阿尔志跋绥夫、契里诃夫、安特来夫、迦尔洵的作品，德国作家尼采、凯尔沛来斯，以及芬兰、捷克、保加利亚作家的作品。

*《爱罗先珂童话集》初版封面

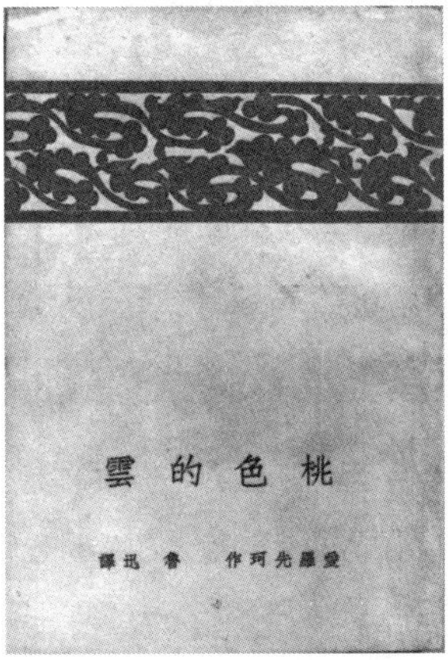

* 《桃色的云》初版封面

*《小约翰》初版封面

1926年暑假期间，鲁迅和他的老友，毕业于德国柏林大学的齐寿山相约在中央公园（今中山公园），对译荷兰作家望·蔼覃的长篇童话《小约翰》。鲁迅非常喜欢这部作品，称之为“无韵的诗，成人的童话”（鲁迅《〈小约翰〉引言》）。从《鲁迅日记》看，从7月7日起，直至8月13日，几乎每天都有“往公园”的记录。这是鲁迅离京南下前最重要的一部译作。1928年1月《小约翰》被收入《未名丛刊》出版，请画家孙福熙设计了封面。1929年5月《小约翰》再版，鲁迅重新设计了封面，采用了勃仑斯的《妖精与小鸟》做封面图案并自题书名。

除自己翻译外，他还在1925年8月发起组织现代文学社团——未名社。该社编辑出版的《未名丛刊》，侧重对外国文学的译介，以俄国、英国及北欧文学居多。果戈理、托尔斯泰、陀思妥耶夫斯基、安特列夫等俄国作家的作品都是通过《未名丛刊》介绍到中国来的。

附：鲁迅在北京的译作年表

（按译作时间编年）

1913年

［日本］上野阳一：艺术玩赏之教育

［日本］上野阳一：儿童之好奇心

［日本］上野阳一：社会教育与趣味

1914年

［德国］海涅：Heine的诗

［日本］高岛平三郎：儿童观念界之研究

1918年

［德国］尼采：察罗堵斯德罗绪言

1920年

［日本］武者小路实笃：《一个青年的梦》自序

［日本］武者小路实笃：一个青年的梦

［德国］尼采：察拉图斯忒拉的序言

［俄国］M.阿尔志跋绥夫：工人绥惠略夫

[俄国] M.阿尔志跋绥夫：幸福

1921年

[日本]森鸥外：沉没之塔

[俄国] M.阿尔志跋绥夫：医生

[日本]芥川龙之介：鼻子

[日本]芥川龙之介：罗生门

[日本]菊池宽：三浦右卫门的最后

[芬兰]亚勒吉阿：父亲在亚美利加

[芬兰]明那·亢德：疯姑娘

[保加利亚]伐佐夫：战争中的威尔珂

[捷克]凯拉绥克：近代捷克文学概观

[俄国]安特来夫：黯淡的烟霭里

[德国]凯尔沛来斯：小俄罗斯文学略说

[俄国]爱罗先珂：池边

[俄国]安特来夫：书籍

[日本]中根弘：盲诗人最近时的踪迹

[俄国]爱罗先珂：雕的心

[俄国]契里诃夫：连翘

[俄国]爱罗先珂：鱼的悲哀

[俄国]迦尔洵：一篇很短的传奇

[俄国]爱罗先珂：世界的火灾

[俄国]契里珂夫：省会

[俄国]爱罗先珂：两个小小的死

[俄国]爱罗先珂：为人类

1922年

[俄国]爱罗先珂：古怪的猫

[俄国]爱罗先珂：俄国的豪杰

[日本]秋田雨雀：读了童话剧《桃色的云》

[日本]江口涣：忆爱罗先珂华希理君

[日本]夏目漱石：挂幅

[日本]夏目漱石：克莱喀先生

[日本]森鸥外：游戏

[日本]有岛武郎：与幼小者

[日本]有岛武郎：阿末的死

[日本]江口涣：峡谷的夜

[日本]菊池宽：复仇的话

[俄国]爱罗先珂：桃色的云

[俄国]爱罗先珂：小鸡的悲剧

[俄国]爱罗先珂：时光老人

兔と猫（自译为日文）

1923年

[俄国]爱罗先珂：观北京大学学生演剧和燕京女校学生演剧的记

[俄国]爱罗先珂：爱字的疮

[俄国]爱罗先珂：红的花

1924年

[日本]厨川白村：苦闷的象征

[日本]山本修二：《苦闷的象征》后记

[日本]厨川白村：西班牙剧坛的将星

[日本]厨川白村：观照享乐的生活

[荷兰]Multatuli：高尚的生活

[日本]厨川白村：从灵向肉和从肉向灵

[荷兰]Multatuli：无礼与非礼

1925年

[日本]厨川白村：描写劳动问题的文学

[日本]厨川白村：现代文学之主潮

[日本]厨川白村：出了象牙之塔

[日本]伊东千夫：我独自行走

[日本]鹤见佑辅：自以为是

[日本]鹤见佑辅：徒然的笃学

[日本]长谷川如是闲：圣野猪

[日本]鹤见佑辅：北京的魅力

[日本]金子筑水：新时代与文艺

[德国]拉斐尔·开培尔：小说的浏览和选择

[日本]片山孤村：思索的惰性

[日本]片山孤村：自然主义的理论及技巧

[日本]厨川白村：《出了象牙之塔》题卷端

[日本]厨川白村：艺术的表现

[日本]厨川白村：游戏论

[日本]厨川白村：为艺术的漫画

[日本]厨川白村：从艺术到社会改造

[日本]岛崎藤村：从浅草来

1926年

[日本]长谷川如是闲：岁首

[日本]厨川白村：东西之自然诗观

[日本]中泽临川、生田长江：罗曼·罗兰的真勇主义

[日本]有岛武郎：生艺术的胎

[日本]有岛武郎：小儿的睡相

[日本]武者小路实笃：论诗

[日本]鹤见佑辅：所谓怀疑主义

[苏联]托罗斯基：亚历山大·勃洛克

[日本]武者小路实笃：在一切艺术

[俄国]阿尔志跋绥夫：巴什庚之死

笔名作家

笔名是作者发表作品时用的别名。中国现代文学史是作家使用笔名最多的时代，这是由新旧势力之间险恶的斗争环境所致。茅盾、巴金、老舍、曹禺、夏衍、丁玲、艾青等都是笔名。随着时间的推移，人们往往把作家的原名淡忘，而代之以其发表最著名的作品时用过的笔名。笔名的取用常常表达了作者的经历、心境和审美情趣。

笔名最多的作家

鲁迅是中国历史上使用笔名最多的作家。所用笔名的数量是空前的，现在来看，恐怕也是绝后的。李允经先生曾有《鲁迅笔名索解》一书，详细解说了鲁迅使用过的笔名，对鲁迅笔名的取用、含意有精辟的分析，可作为研究鲁迅笔名的重要参考。

鲁迅一生使用过一百四十多个笔名。鲁迅生于绍兴周氏家族，出生时取名樟寿，字豫山，因与“雨伞”音相谐，祖父将他的字改为豫才，青年时代到南京读书时，由本家叔祖改名周树人，取“百年树人”之意。鲁迅最早使用的笔名为1898年所作的《戛剑生杂记》，“戛剑生”即击剑的人之意，体现了少年鲁迅的壮志情怀。1903年鲁迅在日本发表译文时使用过“庚辰”、“自树”、“索子”、“索士”等笔名。1907年发表《人之历史》等论文时使用过“令飞”的笔名，而其长孙的名字也正是来源于此。1908年，在发表《文化偏至论》时使用了“迅行”的笔名，后来的“鲁迅”在一定意义上延续了这一笔名，“迅”即快速行动之意，是鲁迅对自己的勉励。

在北京使用过的笔名

1918年4月2日，鲁迅写下了中国现代文学史上第一篇白话小说《狂人日记》，第一次使用“鲁迅”这一笔名。《狂人日记》

是鲁迅的代表作，鲁迅的小说创作从此也一发而不可收。鲁迅在《〈阿Q正传〉的成因》中曾说："鲁迅就是承迅行而来的，因为那时的《新青年》编辑者不愿意有别号一般的署名。"鲁迅的好友许寿裳曾向鲁迅问到过这一笔名的含意，鲁迅说："我从前用过迅行的别号是你所知道的，所以临时命名如此，理由是：（一）母亲姓鲁，（二）周鲁是同姓之国，（三）取愚鲁而迅行之意。"（许寿裳《亡友鲁迅印象记》）他用"鲁迅"这一笔名发表的小说、散文、杂文共五百多篇，而"鲁迅"也就成为他使用最多也影响最大的笔名。民国时期，言论无自由，为避文祸，许多作家以笔名进行战斗。鲁迅是新文化战线上的一员猛士，他所采用的战术多种多样，使用的笔名当然也最多。

鲁迅在北京时期用过近二十个笔名，除使用最多的"鲁迅"外还有：

唐俟——1918年5月在《新青年》上发表新诗《梦》时首次使用。此后发表新诗4篇、《随感录》22篇、译文4篇以及《我之节烈观》等6篇杂文时，使用的都是这一笔名。"俟"有等待之意，这一笔名充满着对中国前途的期待。

俟——1918年9月在《新青年》上发表《随感录二十五》时首次使用。杂文集《热风》中的9篇《随感录》使用的都是这一笔名。

迅——1918年11月在《新青年》上发表《随感录三十八》时首次使用。此后用这一笔名发表的文章还有《〈一个青年的梦〉译者序二》、《关于爱情定则讨论的意见》等9篇。"迅"即"鲁迅"略写。

神飞——首见于1919年8月《国民公报》新文艺专栏上发表的散文诗《自言自语》，该诗分为七节陆续发表，使用的都是这个笔名。"神飞"也有快速行动之意。

庚言——首见于1918年12月《每周评论》第二号发表的《〈美术杂志〉第一期》。此外，《随感录》三则也使用了这一笔名。鲁迅幼年时曾有法名"长庚"，"庚言"即长庚之言的意思。

风声——1921年5月6日在《晨报·副刊》上发表杂文《“生降死不降”》时首次使用。此后，鲁迅又以这个笔名发表过《名字》、《无题》等15篇杂文和一篇译文。“风声”寓意迅捷且扫荡一切。

尊古——仅1921年11月3日在《晨报·副刊》上发表杂文《“则皆然”》时使用过。唐　先生曾解释过这个笔名的含意：“‘尊古’的笔名……一则与本文内容有关，二则可以解释为针对钱玄同的‘疑古’而发，颇象一时兴会所至时起用的笔名。”（唐弢《鲁迅全集补遗续编·编校后记》）

巴人——仅用于1921年12月4日至1922年2月在《晨报·副刊》上连载的小说《阿Q正传》。鲁迅自己说：“署名是‘巴人’，取‘下里巴人’，并不高雅的意思。”（鲁迅《〈阿Q正传〉的成因》）

某生者——1922年9月20日在《晨报·副刊》上发表杂文《“以震其艰深”》时首次使用。此后又有4篇杂文用过这个笔名。“某生者”是讽刺当时文坛一些作者喜欢用“某生者”作为小说开头，千篇一律而无变化。

小孩子——仅用于1922年10月9日发表在《晨报·副刊》上的杂文《儿歌的“反动”》。鲁迅以“小孩子”做笔名是讽刺胡怀琛的一首既无聊又无趣的儿歌。

雪之——仅用于1923年9月14日发表在《晨报·副刊》上的杂文《“两个桃子杀了三个读书人”》。“雪之”即洗清之意，此文讽刺了章士钊对“二桃杀三士”这个典故的曲解，进而加以洗清，还之以本来意义。

敖者——1924年1月27日在《晨报·副刊》上发表杂文《奇怪的日历》时首次使用。1935年又以此笔名发表过《死所》。“敖者”有被赶出来之意。

宴之敖者——1924年9月首次用于《〈俟堂专文杂集〉题记》。鲁迅曾解释“宴之敖者”：“宴从宀（家），从日，从女；敖从出，从放；我是被家里的日本女人逐出的。”这个笔名记述了兄弟失和的事件。

俟堂——见于鲁迅辑录的《六朝造象目录》稿本及《俟堂专文杂集》的书名，鲁迅生前未出版。“俟堂”之名的由来，是因陈师曾送鲁迅一方石章，并问刻作何字，鲁迅说：“你叫槐堂，我就叫俟堂罢。”“俟”有等待之意，当时教育部内有长官想挤掉鲁迅，“俟堂”这一笔名的意思是说，我就等在这办公的大堂上，颇有轻蔑之意。

……即鲁迅——1924年11月26日鲁迅致钱玄同信的署名。五四运动后鲁迅与钱玄同关系日渐疏远，钱曾主张废掉姓氏，于是鲁迅以“……”表示废掉姓氏，又以“即鲁迅”来注明，幽默地表达了自己反对废掉姓氏的主张。

L.S——首见于1925年1月12日在《语丝》周刊第九期发表的译文《PETOFI SANDOR的诗》。此后又在发表一篇译文和两篇杂文时用过这个笔名。“L.S”即是“鲁迅”二字英文第一个字母。

冥昭——仅用于1925年4月24日发表在《莽原》周刊第一期上的杂文《春末闲谈》。屈原《天问》中有“冥昭瞢暗，谁能极之”句，“冥昭”可引申为黑夜与白天之意，鲁迅在文中讽刺统治者“日施手段，夜费心机”。

卂——1925年7月12日鲁迅致钱玄同信的署名。“卂”是一个生僻字，即疾飞。钱玄同是文字学家，鲁迅使用这个字作签名，其中一个原因是钱玄同能懂这个字义。鲁迅在《致章廷谦》信中曾解释过，“迅即 ， 实即隼之简笔”。

杜斐——鲁迅1925年12月在《国民新报·副刊》连载译文《从浅草来》时使用这一笔名。当时现代评论派陈西滢骂鲁迅是“土匪”、“学匪”、“学棍”，而鲁迅在“土”字旁边加一“木”，在“非”字下加一“文”，以“杜斐”为自己新的笔名。这一笔名可以显见鲁迅在反击现代评论派时仍是一种悠然自得的姿态。

附：鲁迅一生用过的笔名表

(据李允经先生《鲁迅笔名索解》整理)

年	笔名
1898	戛剑生
1902	树人
1903	庚辰 自树 索子 索士
1907	令飞 迅行
1910	树
1912	黄棘 周豫才
1913	周树
1918	鲁迅 唐俟 俟迅 神飞 庚言
1921	风声 尊古 巴人
1922	某生者 小孩子
1923	雪之
1924	敖者 宴之敖者 俟堂 ……即鲁迅
1925	L.S 冥昭 卂 杜斐
1927	楮冠 楮冠病叟 华约瑟 中拉
1928	葛何德 封余 许霞
1929	EL ELEF 许遐
1930	L 隋洛文 洛文
1931	令斐 豫才 豫 唐丰瑜 冬华 长庚 宴敖 乐贲 它音 佩韦 阿二 丰瑜 明瑟 不堂
1932	白舌 遐观
1933	何家干 罗怃 动轩 周动轩 飞干 何干 孺牛 丁萌 游光 丰之余 苇索 旅隼 越客 桃椎 虞明 家干 荀继 史癖 尤刚 符灵 余铭 元艮 子明 白在宣 敬一尊 一尊

年	笔名
1934	张承禄 赵令仪 倪朔尔 栾廷石 张禄如 邓当世 宓子章 翁隼 孟弧 韦士繇 士繇 黄凯音 崇巽 常庚 燕客 白道 梦文 曼雪 公汗 董季荷 霍冲 杜德机 莫联 中头 史贲 康伯度 朔尔 焉于 茹纯 华围 越侨 张沛 仲度 直 苗挺 及锋 隼 直人 乐雯 阿法 且介
1935	庚敖 越山 康郁 洛 姜珂 越丁 旁
1936	齐物论 乐文 周玉才 晓角

另：以编、辑、译者署名的笔名：

纂述者 编纂者 译者 编辑者

旅沪一记者 编者 旅沪记者 记者

奔流社同人 朝花社 朝花社同人

上海三闲书屋 铁木艺术社 译文社同人

我的籍和系

陈西滢曾为论敌“可惜”，因他居然出身“某籍某系”。鲁迅虽对其“挑剔学潮”的指责敬谢不敏，却自豪于“绍兴籍”、“国文系”，而他在北京的交游，也以二者最为重要。

据《鲁迅日记》统计，鲁迅从1912年5月到北京，到1926年8月离京南下，与其交往的人士，包括鲁迅的亲属、同乡、同事、师生、中外友人，以及因工作关系接触到的官僚政客和文化艺术界人士，达七百多人，其中许多人已不可考。厘清鲁迅的人脉关系，对研究鲁迅及民国时期的北京都具有重要的意义。本章按《鲁迅日记》索骥，展开一幅以鲁迅为中心的、涉及民国北京社会各阶层的人脉图。

本文体例遵循如下原则：

文中的人物基本按《鲁迅日记》中出现的时间为序；

主要介绍在北京时期交往的人物；

只有书信往来而未曾谋面的不重要人物不予介绍；

同乡部分专指浙江籍人士；

同事部分专指教育部人士；

同乡、同事、师生等关系中，有交叉关系的，在文中注明。

本部分仅以《日记》为依据，但仅就《日记》还不能完全展现鲁迅与这些人物的完整关系。比如有些人物鲁迅见过，但在《日记》中并未记载。

＊周作人

亲　属

周作人

周作人（1885—1967），鲁迅二弟。原名櫆寿，字星杓，又名启明、启孟、起孟，笔名遐寿、仲密、岂明，号知堂、药堂等。他早年的读书经历与鲁迅相同：三味书屋——南京江南水师学堂——留学日本。1917年4月他追随鲁迅来到北京，历任北京大学附属国史编纂处编纂，北京大学教授、燕京大学新文学系主任等职。在新文化运动中是《新青年》的重要作者，曾任“新潮社”主任编辑。五四之后，与郑振铎、沈雁冰等人发起成立“文学研究会”；与鲁迅、林语堂等创办《语丝》周刊，任主编和主要撰稿人；还曾担任北平世界语学会会长。

周作人是中国现代著名的散文家、文学评论家、翻译家，同时也是中国民俗学开拓人、新文化运动的杰出代表。周作人的散文继承了六朝散文和晚明小品的风格，以清新淡雅、冲淡平和著称，是中国散文的优秀代表。兄弟二人情谊极为深厚，又同是新文化战线上的挚友。据《鲁迅日记》统计，自鲁迅1912年到北京后至1923年，与周作人互通信件近九百通。1919年底，在鲁迅的操持下，周家变卖了绍兴的祖屋，移居到北京八道湾11号。1923年7月，兄弟关系破裂，鲁迅被迫搬出八道湾。周作人抗战时期沦为汉奸。自1952年8月起，出任人民文学出版社编制外特约译者，翻译日本古典文学和古希腊文学作品多部；晚年写了几本回忆鲁迅的专著——《鲁迅的故家》、《鲁迅小说里的人物》、《鲁迅的青年时代》。1967年5月6日在北京去世。

* 周建人

周建人

周建人（1888—1984），鲁迅三弟。初名松寿，后改为建人，字乔峰，笔名克士、高山等。1919年迁居北京，1920年进入北京大学旁听哲学，次年到上海，任上海商务印书馆编译所编辑。1923年应瞿秋白邀请，在上海大学讲授进化论，并先后在神州大学、上海暨南大学、安徽大学任教授。他一直从事著译工作和生物学研究，提倡妇女解放，普及科学知识。1932年参加中国民权保障同盟筹备工作，1945年参与创立中国民主促进会。鲁迅与三弟周建人一直保持着很亲密的兄弟关系，周建人对大哥也一贯敬重。1984年7月29日周建人在北京去世。主要著作有《花鸟鱼虫及其他》、《略讲关于鲁迅的事情》等。

羽太信子

羽太信子（1888—1962），周作人之日本籍妻子。在《鲁迅全集》中称作“二弟妇”、“二弟夫人”、“启孟妻”、“宴太”等。1919年反日运动时，鲁迅在致钱玄同的信中还戏称羽太信子和他们的子女为“仇偶”和“半仇子女”。1909年嫁周作人，并随之来到中国。羽太信子生活上惯于挥霍，脾气古怪，造成了鲁迅兄弟的失和。鲁迅解释他的笔名“宴之敖”的含义就是“我是被家里的日本女人逐出的”。1962年逝于北京。

阮和孙

阮和孙（1880—1959），又作阮和荪、阮和森，阮久荪之次兄，浙江绍兴人，是鲁迅大姨母之子，鲁迅称之为表兄。他曾在山西当幕友，到北京时也常给鲁迅带些糟鸭卵、汾酒等。鲁迅与他经常通信，二人的书信往来一直保持到1936年。

车耕南

车耕南，又作耕男，浙江绍兴人，是鲁迅二姨母之婿，郦荔臣的妹夫。鲁迅在北京时，他在铁道部任职，经常去鲁迅处，有时和夫人一起去；不在京时也和鲁迅保持书信往来。

周锵凤

周锵凤，字忆农，又作意农，浙江绍兴人。鲁迅的族伯，在保定任职。鲁迅尊称他为“忆农伯”或“意农伯”。1913年10月25日曾到教育部看鲁迅，11月3日鲁迅回访并请他在同和居吃饭。1917年至1919年间二人还有书信往来。

周丰一

周丰一（1912—1997），原名丰、丰丸，后改丰一，浙江绍兴人，周作人与羽太信子的长子。1919至1923年间他在北京孔德学校读书，后曾在北京图书馆任职，是中国民主促进会成员。译作有日本大田洋子《广岛的一家》等。周作人在绍兴时常把带有周丰一的照片寄给鲁迅，鲁迅对这个侄儿也很好。1919年周作人一家迁至北京后，鲁迅常买些食品和玩具给他，还带他们全家乘马车游览“农事试验场”万牲园（今北京动物园）。1923年鲁迅兄弟失和后，他们就再没来往。

陈仲篪

陈仲篪，名治格，字仲篪，又作中篪，浙江绍兴人，鲁迅小舅父鲁寄湘之二女儿鲁林姑的夫婿。1913年8月29日初次访鲁迅，鲁迅在《日记》中说：“下午有名刺题陈治格者来，听其谈论，似是小舅父之婿。”后又找过鲁迅几次。最后一次是在1915年7月18日，陈仲篪向鲁迅借钱，借据写的是他的夫人鲁林姑的名字，鲁迅很反感，便拒绝了。此后他们再无交往。

羽太芳子

羽太芳子（1897—1964），日本人，羽太信子之妹，1914年初与周建人结婚。因照顾周作人妻子羽太信子生子，于1921年5月在其兄羽太重久陪同下来到中国。

羽太重久

羽太重久（1893—？），又作H君、重君等，日本人，羽太信子之弟。曾多次来中国探亲。

周静子

周静子，原名谧（1914—1984），浙江绍兴人，周作人长女。

周若子

周若子，原名蒙（1915—1929），浙江绍兴人，周作人次女。因病早逝。

鲁寄湘

鲁寄湘（1862—1917），浙江绍兴人，清代县学生员，鲁迅的小舅父。1914年、1916年两次入京谋职未成。

周冲

周冲，周建人与羽太芳子的长子，一岁多时夭折。

阮久荪

阮久荪（1886—1935），又作阮久孙、阮久巽、九孙，阮和孙之弟，浙江绍兴人，是鲁迅大姨母之子。原在山西做幕友，1916年6月因神经错乱到北京，鲁迅请医生加以治疗，但医治无效，遂派人送回家乡。

章介眉

章介眉（1855—1925），名恩寿，字介眉，浙江绍兴人，鲁迅姑祖父章介倩的族人。他1907年时曾做浙江巡抚张曾敭的幕友，辛亥革命后曾任袁世凯政府财政咨议、财政部秘书等职。1916年10月6日曾拜访鲁迅，10日，鲁迅往大荔会馆回访。鲁迅尊称他为章介眉先生。

周鞠子

周鞠子（1917—1976），又名晨、马理、马理子，周建人与羽太芳子之女，浙江绍兴人。在北京时，周鞠子常生病，鲁迅每次都去医院探望，买玩具给她，还为其付医疗费。鲁迅在上海时，他们更是来往频繁。周鞠子晚年定居唐山，死于1976年的大地震。

周丰二

周丰二（1919—？），原名沛，后改丰二，诨名小土步，周建人与羽太芳子的次子。1920年，周丰二1岁时患腹泻，《鲁迅日记》中有20多处前往池田医院、山本医院为沛看病的记载。

朱六琴

朱六琴，即鹿琴，浙江绍兴人，朱安的叔父。曾于1921年9月12日拜访鲁迅。

朱可铭

朱可铭（？—1931），名鸿猷，字可民，浙江绍兴人，朱安之兄。1913年至1924年间他们一直保持书信往来。曾于1920年、1921年拜访过鲁迅两次。

＊鲁瑞

＊朱安

鲁瑞

鲁瑞（1858—1943），鲁迅的母亲。1919年底带全家迁至北京八道湾，后随鲁迅迁至西三条21号院。鲁迅离京南下后，仍不忘常给母亲写信。鲁迅去世后，鲁瑞在朱安的陪伴下在北京生活，后于1943年去世。

朱安

朱安（1878—1947），《鲁迅日记》中称作“妇”，浙江绍兴人。1906年鲁迅奉母命与她结婚。1919年底随鲁迅全家一同迁到八道湾，后随鲁迅迁至砖塔胡同、西三条21号。鲁迅南下后一直在北京陪伴鲁迅母亲。鲁迅、鲁迅母亲相继去世后，独自生活至1947年6月29日去世。

章士英

章士英，字飏斋，浙江绍兴人，鲁迅族叔周秉钧（字心梅）之婿。曾于1921年10月2日、1922年1月27日两次看望鲁迅。

蒋子奇

蒋子奇，浙江绍兴人，鲁迅表叔蒋玉田之子。曾于1921年10月22日、23日、30日探望鲁迅，并带来些家乡的茶叶、风肉。

郦荔臣

郦荔臣（1881—1942），名永康，字荔臣，又作荔丞，浙江绍兴人，画家，擅花鸟，是鲁迅二姨母之次子。曾多次寄赠鲁迅画作，这些画作现藏鲁迅博物馆。

＊许广平

许广平

许广平（1898—1968），号景宋，广东番禺人，鲁迅的夫人。1922年考入北京女子师范大学国文系。1925年3月11日首次给鲁迅写信，1926年毕业后与鲁迅同时离京南下。1927年9月与鲁迅同赴上海定居。

同　乡

许铭伯

许铭伯（1867—1921），名寿昌，字铭伯，又字岳云，浙江绍兴人，鲁迅好友许寿裳的长兄。曾任财政部佥事、盐务署会办等职。1912年5月5日，鲁迅初到北京，当晚就去山会邑馆拜访许铭伯，并得到《越中先贤祠目》一部。鲁迅还与许铭伯、许寿裳兄弟一同游览过万牲园（即今动物园）。许铭伯与鲁迅一直保持着亲密的关系，常常一起饮酒，品茗。许铭伯的国学功底很深厚，鲁迅经常与他一起讨论相关问题。1913年许铭伯被派往黑龙江长驻任职，鲁迅还为他饯行。许铭伯的次子许诗荃是和鲁迅同船到北京的，许诗荃订婚和结婚时，鲁迅都曾出席并送了贺礼，可见鲁迅与许家关系非同一般。1921年7月1日许铭伯因脑溢血去世。

许诗荃

许诗荃（1895—？），名世瑢，字诗荃，浙江绍兴人，许铭伯次子。1912年与鲁迅同船到北京，后考入北京大学化学系。他经常找鲁迅借书并请教问题，鲁迅也常把新出版的书籍送给他。1917年从北京大学毕业，

1923年曾在北京女子高等师范学校任职，1925年底往兰州任甘肃省政府秘书等职。许诗荃与历史学家范文澜是表兄弟，又是同学，范文澜称许铭伯为姑父，许诗荃曾把范文澜带到鲁迅家拜访多次。范文澜的叔父范寿铭很看重许诗荃，认为他学习用功，年轻有为，把自己的三女儿范文滢许配给他。1913年10月22日，鲁迅出席了他们的订婚宴。1926年8月鲁迅离京后，二人便失去联系。

宋紫佩

宋紫佩（1887—1952），名琳，原字子培，后改子佩、紫佩，又字克强，浙江绍兴人。他是鲁迅的同乡，曾是鲁迅在杭州浙江两级师范学堂任教时的学生，后又是鲁迅在绍兴府中学堂的同事。曾参加《越铎日报》工作，又办《民兴日报》、《天觉报》。1913年3月30日到北京，与鲁迅同住绍兴会馆。经鲁迅介绍，到京师图书馆分馆（现国家图书馆）任掌书员，后一直在此工作。鲁迅离开北京后，托他照顾北京的家人，信件也多由他代收代转。宋紫佩是鲁迅亲密的学生，也是鲁迅一家最好的朋友。

蔡国青

蔡国青（1879—1921），名元康，字谷清，《鲁迅日记》中又记作国庼、国青、国亲、国卿、谷青、谷卿、星卿，浙江绍兴人。他是蔡元培从弟，光复会会员，与鲁迅同期留学日本，1912年5月又与鲁迅同至北京。曾任浙江高等审判厅厅长、江苏高等审判厅厅长、临时参议院议员等职，后在浙江兴业银行和中国银行任职。蔡国青与鲁迅交往密切，初到北京时常请鲁迅吃饭，绍兴同乡好友相聚时必有他参加，他还赠送过鲁迅任阜长的画。他生病时，鲁迅还到他家去看望。1921年4月17日，鲁迅得到蔡国青去世的消息之后，又给了礼银四元。

童鹏超

童鹏超，字润梅，浙江绍兴人，是鲁迅在杭州浙江两级师范学堂任教时的学生。曾患有精神病。1912年5月20日鲁迅收到他寄的一封信，称“自越发，谬极”。1914年1月，童鹏超送了几种食品给鲁迅，鲁迅派仆人给送了回去。以后童鹏超再来，鲁迅也不见他。

谢西园

谢西园，字良翰，浙江绍兴人。毕业于江南陆师学堂，曾赴日本留学，民国时在北京陆军部任职。谢西园是军界人物，与鲁迅交往不多。据《鲁迅日记》，1912年至1913年间他经常造访鲁迅，并有过借钱、还钱的记录。最后一次是1917年6月2日鲁迅收到他从杭州寄来的明信片。

陈子英

陈子英（1882—1950），名濬，字子英，浙江绍兴人，清末光复会重要成员。1906年随徐锡麟捐官去日本学习军事，曾与鲁迅、许寿裳等人在日本共同学习俄文。1910年任绍兴府中学堂监督，辛亥革命后参与创办《越铎日报》，后出任丝绸银行行长、县议会议员等职。1933年起担任东浦镇（乡）长。1913年2月、3月间，陈子英到北京，鲁迅与沈尹默、戴芦舲等朋友多次请他饮酒聚餐；1913年、1919年鲁迅两次回家探亲，也拜访了陈子英。可见，他们的友谊是非常深厚的。

陈公猛

陈公猛（1878—1948），名威，字公猛，又作公孟，浙江绍兴人，陈公侠之兄，光复会成员。陈公猛曾任北京法律译馆教员，民国初年在北京财政部任司长、参事，1915年间任中国银行副总裁。鲁迅在留学日本时与陈公猛相识。鲁迅初到北京时与陈公猛有多次互访，并多次一起与绍兴同乡宴饮聚会。鲁迅还赠送过《百喻经》给他。从《鲁迅日记》看，鲁迅似曾有事相托于陈公猛。1915年9月以后他们就再无联系。

俞英崖

俞英崖（1876—1955），浙江绍兴人，俞芬、俞芳、俞藻三姐妹之父。1912年任吉林延吉县长，1912年6月到北京时与鲁迅有几次聚会。他有收藏书画的爱好，曾将所藏元代书画家吴镇与明代书画家王铎的作品借与鲁迅观赏。

王叔眉

王叔眉（1875—1941），名述曾，字叔眉，又作叔梅，浙江绍兴人，光复会成员。民国时任福建闽侯县知事等职。鲁迅与之交往甚少，仅1912年7月22日同在陈公猛家与许寿裳、俞英崖等人为辞去教育总长的蔡元培饯别。

冯汉叔

冯汉叔（1880—约1940），名祖荀，字汉叔，浙江仁和人。曾留学日本东京帝国大学，专攻数学，是中国现代数学的早期代表人物。1909年与鲁迅同在浙江两级师范学堂任教，后转到北京大学任教。《鲁迅日记》中载，1912年8月他曾三次到教育部拜访鲁迅。他喜欢喝酒，但不闹事。有一天，鲁迅在往教育部上班的路上与汉叔相遇，彼此举帽一点头后将要走过去的时候，汉叔忽叫停车，似乎有话要说。至下车之后，他却从皮夹里掏出二十元钞票来，交给鲁迅，说："这是还那一天输给你的欠账的。"鲁迅因为并无其事，便说："你弄错了，你没有欠我钱。"冯汉叔以为鲁迅客气，不肯收钱，忙说："周先生，你这样不好，我们打牌说好'真刀真枪'的，不过赌运不好输掉了，你不要过意不去，过两天我们还可以再来。”鲁迅说：“那一天我并没有同你打牌，也并不输钱给我呀。”他这才说道：“哦，哦，这不是你吗？”乃作别而去。原来冯汉叔与别人打牌没带够钱，欠了赌账，一夜没睡，糊里糊涂记错了债主。可见这些浙江籍的同乡都是极熟悉的。

寿洙邻

寿洙邻（1873—1961），名鹏飞，字洙邻，浙江绍兴人，绍兴三味书屋塾师寿镜吾次子，曾随父在三味书屋任教。1904年赴京应考，获朝考一等第一名，被委任为吉林农安县知县，撰有《农安县志》、《奉天乡土地理教科书》等。辛亥革命后，先后出任热河都统、山东盐运使等职。1914年至1928年，任北京平政院首席书记官。新中国成立后，任中央文史馆馆员，1961年1月卒于北京。从《鲁迅日记》看，鲁迅与寿洙邻从1912年至1923年一直保持往来，寿洙邻住在宣武门内菜市口烂漫胡同，他们经常互访并与同乡们畅饮。寿洙邻母亲去世时，鲁迅前往吊唁并送上礼金。鲁迅搬出八道湾后，他们的来往就减少了。寿洙邻曾以钝拙的化名，指出鲁迅《中国小说史略》中的错误，鲁迅即进行了更正。寿洙邻对鲁迅极为赞赏，1956年写过《我也谈谈鲁迅的故事》的回忆文章。

袁文薮

袁文薮（1873—？），名太虚、毓麟，字文漱、文薮，浙江杭州人。曾留学日本和英国，曾任甘肃省财政厅厅长等职。袁文薮与鲁迅同期在日本留学，并与鲁迅、周作人、许寿裳一起拟议出版《新生》杂志。《鲁迅日记》中有3次与袁文薮相关的记录：一次是1912年9月24日他到绍兴会馆看望老朋友鲁迅，这是唯一的一次见面；一次是1913年2月27日许寿裳派人来取鲁迅兄弟翻译的《域外小说集》，是赠予袁文薮的；还有一次是1914年5月30日鲁迅将周作人译的《炭画》寄赠给他。

蒋抑卮

蒋抑卮（1875—1940），名鸿林，字一枝、抑卮，又作抑之，浙江杭州人。1906年以后任浙江兴业银行董事并经营广昌绸缎庄。爱好藏书，有凡将草堂藏书约5万册（后捐出，现藏上海图书馆）。鲁迅辑校《嵇中散集》时，曾向他借过文澜阁刻本和明刻本。1902年与鲁迅同期到日本留学，相识后成为好友，同在章太炎门下学习过文字音韵，1904年回国。鲁迅与蒋抑卮关系密切，现存鲁迅书信中最早的一封信就是1904年鲁迅从日本写给蒋抑卮的，他在日本组织成立浙江同乡会，资助出版《浙江潮》和鲁迅兄弟翻译的《域外小说集》。周作人曾回忆说："译印《域外小说集》也是不意的由于一个朋友的帮助。这人叫蒋抑卮，原是秀才，家里开着绸缎庄，又是银行家，可是人很开通，他来东京医病，寄住在我们和许寿裳的寓里，听了鲁迅介绍外国文艺的话，大为赞成，愿意借钱印行。结果是借了他一百五十元，印了初集一千册，二集五百册，但是因为收不回本钱来印第三集，于是只好中止。"（周作人《鲁迅的青年时代》）鲁迅到北京工作后，蒋抑卮曾多次来看望。直到1928年，他们仍保持着书信往来。

许诗苓

许诗苓（1886—1959），名世琳，字诗苓，浙江绍兴人，许铭伯长子，许诗荃之兄。1912年至1919年在汉口中国银行工作，在此期间曾5次与鲁迅相聚。

俞毓吴

俞毓吴，名锳，字毓吴、月湖，浙江绍兴人。鲁迅与他交往不多，《日记》中只有三次同乡请客时在座的记录。

周大封

周大封，浙江绍兴人。曾任山东莱阳县知事。《鲁迅日记》仅有一次记载：1913年1月3日，“午后有周大封来访，自云居笄头山，父名庆榕，与我家为同族”。

张稼庭

张稼庭（？—约1923），名孝曾，字稼庭，浙江安吉人。鲁迅在浙江两级师范学堂时的同事。1913年时在北京中国银行担任文书工作，曾多次与鲁迅等同乡聚餐。

曾丽润

曾丽润（1879—1945），名侣人，又作吕仁，浙江绍兴人，寿洙邻的内弟。曾在陕西做幕友。民国初年为北京绍兴会馆董事。鲁迅与之交往不多，仅有过聚餐，但1918年其母过寿时，鲁迅曾与阮和荪、杜海生合送过寿屏。

朱希祖

＊朱希祖

朱希祖（1879—1944），字逖先，又作迪先，浙江海盐人，历史学家。1908年曾在日本与鲁迅等一起听章太炎讲学，又是鲁迅在浙江两级师范学堂任教时同事。1913年2月到北京清史馆任编修，后任北大教授。五四运动前后，常为《新青年》和《晨报·副刊》撰稿。1918年任北京大学中文系主任、史学系主任。1920年底与沈雁冰、郑振铎等发起成立文学研究会。1921年前往杭州，任浙江省教育司第三科科长。1923年回京任北京大学史学教授，曾在北京女子师范大学兼课。1926年夏，改任清华、辅仁两大学教授。1928年重返北大，任史学系主任，并发起成立中国史学会。一生著述颇丰。1944年逝于重庆。鲁迅与朱希祖作为同学、同事，是很好的朋友，1912年至1926年鲁迅在京期间他们一直保持往来，互赠书籍、拓片，同谒章太炎师，经常一起聚餐饮酒，与乡人聚会。

马幼渔

＊马幼渔

马幼渔（1878—1945），名裕藻，字幼渔，浙江鄞县人，音韵学家、文字学家，是金石考古学家马衡之兄。毕业于日本早稻田大学、东京帝国大学，1908年曾与鲁迅同听章太炎讲学。1911年任浙江教育司视学，1913年任北京大学教授、国文系主任，并兼任女子师范大学讲师、国文系主任。与鲁迅、许寿裳、钱稻孙等共同具名朱希祖起草的“注音字母方案”。女师大风潮中，领衔发表鲁迅起草的“七教授宣言”，积极参与组织校务维持会。鲁迅与马幼渔曾是同学、同事，鲁迅在北京时他们的交往甚密，常常是“谈了一通，甚快”。他们经常与北大同人或同乡一起聚餐、畅饮。1920年8月，马幼渔聘请鲁迅到北京大学讲授中国小说史，并亲自将聘书送到绍兴会馆。直到1934年，鲁迅在上海时，马幼渔还保持和鲁迅的书信往来，家里的婚丧事都要报与鲁迅知道。鲁迅去世后，马幼渔题写了挽联：“热烈情绪，冷酷文章，直笔遥师莳汉阁；清任高风，均平理想，同心深契乐亭君”。

芷青

芷青，即朱联沅，字芷青，浙江海盐人，晚清诗人，朱希祖的族叔，曾任北京高等师范学校管理员兼国文部教员。1913年3月1日许寿裳宴客时，与朱希祖、沈尹默等同在座。此外鲁迅与之并无交往。

＊沈尹默

沈尹默

沈尹默（1883—1971），原名实，字君默，后改尹默，别号鬼谷子，浙江湖州人，著名的学者、诗人、书法家、教育家，沈士远之二弟，沈兼士之兄。1905年留学日本，1908年在浙江两级师范学堂任教，1913年后曾在北京大学、燕京大学等校国文系任教授，做过孔德学校校长、女子师范大学讲师。1918年参与编辑《新青年》。1925年5月与鲁迅、马裕藻等联名在《京报》发表《关于北京女子师范大学风潮宣言》。1929年任河北教育厅厅长，1931年返回北京大学任教，后又任北平大学校长等职。沈尹默是通过他的弟弟沈兼士与鲁迅相识的。他初到北京时住海昌会馆，与鲁迅相距很近，常相往还，经常聚餐。1925年沈尹默出版第一本诗集《秋明集》就赠予鲁迅。据他回忆：“‘五四’前后，有一个相当长的时期，每逢元日，八道湾周宅必定有一封信来，邀我去宴集，座中大部分是北大同仁每年必到的是：马二、马四、马九弟兄，以及玄同、柏年、逖先、半农诸人。”这个朋友圈与鲁迅的关系都是较密切的。

林式言

林式言，名玉麒，字式言，浙江温州人。1904年起曾任福建莆田、永福等县知县，组织上海东瓯同乡会，又任杭州浙江两级师范学堂庶务主任。1913年被举为国会议员。鲁迅与他只有一次见面，1913年3月14日《鲁迅日记》载：“午后林式言至部来访，并访协和。”

钱玄同

钱玄同（1887—1939），名夏，字中季，号德潜、玄同、疑古玄同，浙江吴兴人，文字音韵学家。在日本

＊钱玄同

留学时与鲁迅同听章太炎讲学。1913年后历任北京大学、北京师范大学国文系教授、系主任等职。1917年加入中华民国国语研究会，致力国语运动，并参与编辑《新青年》，在此期间与鲁迅关系密切，多次一起聚餐、互赠书籍，《鲁迅日记》中常有“钱中季来谈，至夜分去”的记录。鲁迅的第一篇白话小说《狂人日记》，就是在他的催促下完成的。1920年《新青年》编委会分化，与鲁迅关系渐渐疏远。

王惕如

王惕如，又作王铁如、王铁渔，浙江绍兴人。曾在绍兴、北京、四川等地行医，并研究中国古典文学。1913年至1915年间，与鲁迅常有聚餐、交谈等交往。

王幼山

王幼山（1872—1928），名家襄，字幼山，浙江绍兴人。曾留学日本。1913年间为参议院议员、议长，大总统选举会主席。王幼山是在京的浙籍名流。1913年3月24日何燮侯在厚德福饭庄招饮时，鲁迅与王幼山同时在座。

李霞卿

李霞卿（1887—？），名宗裕，后改仲侃，字霞卿，又作李霞青、李遐卿，浙江绍兴人，是鲁迅在绍兴府中学堂任教时的学生和同事，《越铎日报》创办人和编辑。1915年考入北京大学国文系，1918年毕业。李霞卿在绍兴时常与鲁迅有书信往来，进京后经常探望鲁迅，给鲁迅带过茶叶。鲁迅也经常给予他帮助，借钱、赠书籍给他。1926年鲁迅离京后，两人就再无联系。

沈钧儒

沈钧儒（1875—1963），字秉甫，号衡山，浙江嘉兴人，著名爱国民主人士，法学家，政治活动家。1909年任杭州浙江两级师范学堂监督，曾聘请鲁迅为该校生理学及化学教师。后任浙江咨议局副议长。1912年至1914年间任浙江教育司司长，1917年初为司法部秘书。新中国成立后，历任民盟中央主席、中央人民政府委员、最高人民法院院长、全国人大常委会副委员长、全国政协副主席等职。鲁迅到北京后，沈钧儒曾于1913年、1914年两次到鲁迅家中，与其会面。1917年来京后，他儿子结婚、母亲去世，鲁迅都曾以礼出席。1918年沈钧儒还来看过鲁迅，鲁迅在《日记》中称之为先生，可见鲁迅对他还是很尊重的。鲁迅去世后，沈钧儒曾参加葬礼，并题写“民族魂”三字，覆于鲁迅遗体上。

魏福绵

魏福绵，浙江上虞人，绍兴浙江第五中学毕业。1913年考入北京大学预科，通过许寿裳侄子许世璇的介绍认识鲁迅，请鲁迅为他作保人。在北京读书期间与鲁迅交往频繁，曾向鲁迅借钱和汇划学费。于1919年自北京大学工科采矿冶金学门毕业，1930年后在上海的上虞同乡会任职。

关来卿

关来卿，名维震，字来卿，又作关先生，浙江宁波人。1902年曾任宁波市慈湖中学堂校长。1913年任京师图书馆分馆主任。1913年至1914年间与鲁迅来往密切，多有互访。鲁迅一直将他尊称为“关来卿先生”。

钱念敏

钱念敏（1853—1927），名恂，字念敏，浙江吴兴人，光复会会员，钱玄同同父异母之兄长，钱稻孙之父。晚清著名外交家，在音韵学方面颇有建树。曾任湖北省留日学生监督，自1907年起，历任清政府驻日、荷、法、意等国使馆参赞、公使等职，1914年任北京参政院参政。钱稻孙曾把钱念敏写的《史目表》一册赠鲁迅。《鲁迅日记》中有一处提到钱念敏：1913年9月28日，“昨汪总长令部员往国子监，且须跪拜，众已哗然。晨七时往视之，则至者仅三四十人，或跪或立，或旁立而笑，钱念敏又从旁大声而骂，顷刻间便草率了事，真一笑话”。

倪汉章

倪汉章，浙江绍兴人。1913年为北洋政府内阁总理赵秉钧的门客，在北京闲居。后曾任参议院庶务科科员、宪法会议庶务科秘书。1913年9月15日蔡谷卿在家招饮时，鲁迅与倪汉章同在座；21日绍兴会馆行秋祭礼时，倪汉章与许寿裳、蔡谷卿都到场参加。鲁迅与他是同乡，并无过多交往。

陶冶一

陶冶一（1886—1962），名铸，字冶公、冶一，号望潮，浙江绍兴人，光复会会员，陶成章的族叔。与鲁迅同时留学日本，并同从马里亚·孔特夫人学习俄文。在日本长崎医学专门学校药科学医，1913年回国后入陆军部参事处任办事员，1926年后历任汉口市政府委员兼卫生局长、国民政府军事委员会政治训练部代主任等职。在北京期间他经常看望鲁迅，并多次请鲁迅吃饭。不在北京时，他们也有许多书信往来。

陶书臣

陶书臣（1887—？），名礽，字书臣，又作书诚，浙江绍兴人。1913年12月来北京看鲁迅，因其要考法官但不知怎么报考，鲁迅为他写了一封信，要他带上向蔡国青询问。1914年后任京师地方检查厅京师第一监狱看守长。他与鲁迅一直保持联系。1919年鲁迅搬入八道湾时，他还为鲁迅送去藤椅、铁制家具等。

范文澜

＊范文澜

范文澜（1893—1969），初字芸台，又作云台，后改字仲沄，浙江绍兴人，许铭伯的内侄，历史学家，著有《中国通史简编》等。1913年进北京大学文预科，次年考入文本科国学门，在此期间因许铭伯的关系在绍兴会馆与鲁迅相识。1917年自北京大学毕业后赴日本留学，曾任蔡元培私人秘书。1918年，经许寿裳介绍，到沈阳高等师范学堂任教，后又在南开大学、北京大学、北京师范大学、中国大学、辅仁大学等校任教。范云台自1913年至1918年，常和许诗荃一起探望鲁迅，曾从河南带回安阳宝山石刻拓片62种82枚赠给鲁迅。

童杭时

童杭时（1877—1949），原名荫乔，字枕谿，号萱甫，浙江嵊县人。1913年赴日学习法政，1917年回国。曾随徐锡麟反清，民国后曾任孙中山元帅府参议，反对袁世凯称帝。后一直在司法界任职。1914年1月曾拜访鲁迅，欲请鲁迅吃饭，鲁迅“不赴”。1916年9月12日还拜访过鲁迅一次。

俞伯英

俞伯英，浙江绍兴人。曾任绍兴中西学堂英文教员。1912年9月11日胡孟乐招饮时，与鲁迅同在座。1914年1月9日与车耕南一起拜访鲁迅。

陈公侠

＊陈公侠

陈公侠（1883—1950），名仪，字公侠，浙江绍兴人，陈公猛之弟。1902年留学日本时与鲁迅相识。辛亥革命后历任浙江都督府军政司司长、袁世凯统率办事处军事参议官、浙江陆军第一师师长、浙江省省长等职。1945年日本投降后，赴台就任台湾省行政长官兼警备总司令。1912年至1920年间，陈公侠曾多次拜访鲁迅并有书信往来。

蒋孟平

蒋孟平，又作孟频、孟苹，浙江吴兴人，民国初年在北京开设经营古董字画的来远公司。鲁迅在1914年通过蒋抑卮与他结识，1917年1月5日《鲁迅日记》载：“下午往兴业银行访蒋抑之，坐少顷同至其家，以唐《杜山感兄弟造象》拓本一枚见赠，云是蒋孟苹臧石，去年购自陕西，价数千金也。”这件由银行家馈赠的、古董商的藏品，应是鲁迅所藏拓片中最昂贵的藏品了。

来雨生

来雨生，名裕询，字雨生，又作雷雨生，浙江萧山人。与鲁迅同期留学日本，1914年在北京教育界任职。1914年曾三次到教育部拜访鲁迅，并请鲁迅吃过饭。

沈稚香

沈稚香，浙江绍兴人，民国初年任绍兴酱业公司董事。

1914年1月23日曾与陈东皋到北京拜访鲁迅。

陈东皋

陈东皋，浙江绍兴人，民国初年任绍兴县教育科科长。1914年1月23日曾与沈稚香到北京拜访鲁迅。

丁葆园

丁葆园，浙江绍兴人，曾在北京交通部工作。1914年1月25日曾拜访鲁迅。

沈后青

沈后青，名鉴史，字后青，浙江绍兴人，陈公侠内弟，北京日本正金银行职员。1913至1914年间与鲁迅有多次互访。

谢晋

谢晋，浙江萧山人。1914年4月15日因投考县知事来请鲁迅作保。

董仿都

董仿都，名敩江，字仿都，浙江人，北京公立第一女子高等小学校长。1914年5月5日同裘子元同访鲁迅，15日鲁迅回访。

胡仰曾

胡仰曾，名以鲁，字仰曾，浙江定海人，曾留学日本，师从章太炎学习小学。民国后，任司法部参事，1912年被教育部聘为“读音统一会”会员。1914年12月31日在马幼渔家聚餐时与鲁迅同在座。

＊沈兼士

沈兼士

沈兼士（1887—1947），又作臤士、坚士，浙江吴兴人，沈士远、沈尹默之弟，同盟会员，文字学家，著有《文字形义学》等。1905年留学日本。1922年任北京大学国学门主任，后历任北京大学、辅仁大学、清华大学、厦门大学等校教授。他是五四新文化运动的积极参加者。鲁迅与沈兼士是好友，经常一起聚会共餐，互赠书籍。1925年，在女师大风潮中，沈兼士同鲁迅、马幼渔、钱玄同等人，发表《对于北京女子师范大学风潮宣言》，声援女师大同学的正义斗争。1926年，他随鲁迅赴厦门大学国文系任教，不久返回北京任故宫博物院文献馆馆长。1929年，又任辅仁大学文学院院长。1932年鲁迅从上海回京探亲时沈兼士热情邀请鲁迅到校演讲。鲁迅在给许广平的信中说："南北统一后，'正人君子'们树倒猢狲散，离开北平，而他们的衣钵却没有带走，被先前和他们战斗的有些人拾去了。未改其原来面目者，据我所见，殆惟幼渔、兼士而已。"鲁迅去世后，他曾任《鲁迅全集》编委。

陶念卿

陶念卿，又作陶念钦，浙江绍兴人，曾任京师图书馆分馆主任。1915年到北京后，经常拜访鲁迅，鲁迅送过他《会稽郡故书杂集》，他们多次在广和居聚餐，鲁迅在《日记》中一直尊称他为"念卿先生"或"念钦先生"。1918年后，《鲁迅日记》中就没有二人交往的记载了。

毛漱泉

毛漱泉，名毓源，字漱泉，浙江余姚人，曾与鲁迅同时在日本仙台求学。1914年至1915年间与鲁迅多有来往。鲁迅向其赠送过周作人译著《炭画》，还上门拜访过他。

＊马叙伦

马叙伦

马叙伦（1884—1970），字彝初，浙江杭县人。1911年赴日本，由章太炎介绍加入同盟会。辛亥革命前入南社。1913年，任北京医学专科学校国文教员，1915年在北京大学文学院兼课，1917年任北京大学哲学系教授。五四期间，任北京中等以上学校教职员联合会主席，参加反帝反封建斗争。1922年任浙江省立第一师范学校校长，浙江省教育厅厅长。马叙伦在1915年2月14日曾与鲁迅、沈尹默、钱中季、朱希祖等一起去章太炎家探望。鲁迅还赠送过马叙伦《会稽郡故书杂集》。

龚未生

龚未生（1882—1922），名宝铨，字未生，浙江嘉兴人，章太炎之长婿，光复会创办人之一。1902年留学日本，曾与鲁迅等同听章太炎讲学。1912年后曾任浙江图书馆馆长，其间刊印章太炎的《章氏丛书》，派人赴京抄录《四库全书》。1915年、1916年曾多次拜访鲁迅，并赠鲁迅新刻本《齐物论释》。他的夫人去世时，鲁迅曾前往吊唁。他们的书信往来保持到1921年。

徐耨仙

徐耨仙（1881—1934），浙江绍兴人，与陈子英同里。1915年时在绍兴任小学教员。1915年3月24日曾至京访鲁迅。

罗飏伯

罗飏伯，名赓良，字飏伯，又作杨伯，浙江绍兴人，曾留学日本。1911年在绍兴山会初级师范学堂与鲁迅同事。1915年、1916年到北京时拜访鲁迅，鲁迅也到宾馆回访他。

周友芝

周友芝，又作周友之、周友芷，浙江绍兴人。民国初年在财政部公债司任职，1915年、1916年常访鲁迅。1916年5月7日《鲁迅日记》载："周友芝来，多发谬论而去。"

俞明震

俞明震（1860—1918），字恪士，号觚庵，浙江绍兴人。陈师曾是他的外甥。曾任南京江南水师学堂总办，故鲁迅尊称为俞师。1915年为平政院肃政厅肃政史。鲁迅在北京时曾多次拜访他。鲁迅对俞明震很尊重，并欣赏他的教育方法，在《琐记》一文中曾有回忆："但第二年的总办是一个新党，他坐在马车上的时候大抵看着《时务报》，考汉文也自己出题目，和教员出的很不同。有一次是《华盛顿论》，汉文教员反而惴惴地来问我们道：'华盛顿是什么东西呀？……'"

徐仲荪

徐仲荪（1876—1943），名锡麒，字仲荪，浙江绍兴人，徐锡麟二弟。曾与鲁迅同期留学日本，1915年时在上海开药店。1915年9月26日看望鲁迅。

甘润生

甘润生，名元灏，字润生，又作闰生，浙江绍兴人，鲁迅在三味书屋读书时的同学。1915年起在北京中国银行任职。1915年至1917年间多次看望鲁迅，《鲁迅日记》中常称他为"甘君"，表达了一种老同学的感情。

范伯昂

范伯昂，名文济，字伯昂，浙江绍兴人，范文澜之长兄。1915年10月31日许铭伯请客时他与鲁迅同在座。

邵明之

邵明之（1877—1942），名文熔，字铭之，又作明之，浙江绍兴人。他与鲁迅同期留学日本，归国后曾在杭州任土木工程师，又在江苏如皋创办华丰盐垦公司。1915年至1916年间他曾三次拜访鲁迅。直到1933年，二人有多次书信往来。

王子馀

王子馀（1874—1944），名世裕，字子馀，浙江绍兴人，清末《绍兴公报》与民国初年《禹城新闻》等报纸创办人，晚年曾编修《绍兴县志》。1916年8月27日、1917年1月24日曾到北京拜访鲁迅，鲁迅赠他《会稽郡故书杂集》一部。

顾鼎梅

顾鼎梅，名燮光，字鼎梅，浙江绍兴人，金石学家、书画家。1917年间在河南一带搜集金石拓本，曾为鲁迅代购多种拓片，并赠送鲁迅他所辑的《琬琰新录》一本。鲁迅1918年作《〈吕超墓志铭〉跋》一文，被顾鼎梅收入1919年编刊的《吕超墓志拓片专集》，题为《南齐〈吕超墓志〉跋》，末署“绍兴周树人跋”。

宋孔显

宋孔显（1896—1968），字达卿，号懋堂，浙江绍兴人，周作人的学生，与宋紫佩、宋芷生等是本家。1917年毕业于绍兴浙江第五中学，后考入北京大学哲学系，1925年毕业，曾与俞平伯等人研究《红楼梦》。1925年9月5日曾拜访鲁迅。

封德三

封德三，名夔臣，浙江绍兴人，是鲁迅兄弟在江南水师学堂的校友。1917年8月、9月间4次探访鲁迅，并请鲁迅兄弟、季自求等在香厂澄园聚餐。1920年11月，他到教育部看望过鲁迅。鲁迅到上海后还保持与他的书信往来。

端木善孚

端木善孚（1880—1948），名彰，字善孚，浙江丽水人。1912年12月，任保定陆军军官学校第一期战术教官，1914年底任北京政府陆军部编练处督练官、陆军部科长等职。1917年8月26日曾拜访鲁迅。

许骏夫

许骏夫（1888—1965），名炳堃，字缄甫，号潜夫，《日记》中称作许俊甫、许骏甫、许骏夫，浙江德清人。曾留学日本学习工业，1912年任浙江省民政部实业科科长，并创办浙江甲种工业学校、浙江工业专门学校。1917年因办理实业教育成绩卓著，被授予三等嘉禾勋章。1920年任浙江省公立工业专门学校校长。1917年至1920年间到北京时多次拜访鲁迅。

范乐山

范乐山，名宗镐，字乐山，浙江绍兴人，范文澜的族叔。《鲁迅日记》中仅一处记载，1918年2月10日曾拜访鲁迅。

马叔平

马叔平（1881—1955），名衡，字叔平，浙江鄞县人，金石考古学家，马幼渔之四弟。

1922年被聘为北京大学研究所国学门考古研究室主任兼导师，并在清华大学、北京师范大学、北京女子师范大学兼课。

* 马叔平

1929年后，任故宫博物院理事会理事兼古物馆副馆长，1934年4月任故宫博物院院长。1918年至1923年间鲁迅与马叔平常有来往，书信不断，多次一起饮酒聚餐。二人在金石学方面常有交流，他曾送鲁迅《马叔平所藏契文》一书，鲁迅也曾赠他新疆得来的石刻拓片。1923年后，他们就鲜有交往了。

徐以孙

徐以孙（1866—1919），名维则，字以孙，又作以槼、以愻、贻孙，浙江绍兴人，金石拓本收藏家、金石目录学家，曾任北京大学国史编纂处编纂。1918年5月18日曾拜访鲁迅，1918年间他们书信往来很多，常互相寄赠拓片并交流心得。

钱秣陵

钱秣陵，名振椿，字秣陵，浙江余杭人，1918年时任北京大学文预科讲师。1918年12月22日刘半农在东安市场中兴茶楼设宴，鲁迅与周作人出席，同席还有徐悲鸿、钱秣陵、沈士远、沈尹默、钱玄同。

沈士远

沈士远（1881—1957），浙江吴兴人，沈尹默、沈兼士之兄。曾任北京大学预科教授、庶务部主任，兼女子师范大学讲师，1926年为燕京大学国文系教授。1918年至1923年间，鲁迅与北京大学沈氏兄弟多有来往，曾在一起聚会、宴饮、畅谈。鲁迅还曾将《呐喊》赠给沈士远。

陈大齐

陈大齐（1886—1983），字百年，浙江海盐人，心理学家，著有《心理学大纲》、《现代心理学》等，曾任北京大学、北京师范大学教授。陈大齐是《新青年》杂志的政论作者之一，与鲁迅过从甚密。二人常在一起聚会，并有书信往来。1983年陈大齐在台湾去世。

＊陈大齐

许诗荀

许诗荀（1900—1930），名世珣，字诗荀，浙江绍兴人，许铭伯第三子。1922年毕业于北京大学化学系，后在北洋政府实业部任职。在北京时，诗荃、诗荀兄弟俩常一起来看望鲁迅，鲁迅曾将《苦闷的象征》等书赠给他们。1924年许诗荀结婚，鲁迅贺礼金两元。

罗家伦

罗家伦（1897—1969），字志希，浙江绍兴人，教育家，思想家，社会活动家。1917年为北京大学英文系学生，是新潮社主要成员，曾担任《新潮》杂志编辑。1920年自北京大学毕业后赴美留学。1919年罗家伦与鲁迅有很多来往，鲁迅对他与傅斯年办的《新潮》杂志给予了很大支持。

＊罗家伦

许诗芹

许诗芹（1903—？），名世瑾，字诗芹，《鲁迅日记》称作许世堇、许诗荩、诗堇，浙江绍兴人，许铭伯之幼子。1919年考入北京医学专门学校，1923年毕业，1926年时为北京医科大学助教。作为老朋友许铭伯的幼子，1919年至1926年间多次看望鲁迅，还曾为鲁迅开过治疗胃病的药方。

王倬汉

王倬汉，名云衢，浙江嵊县人。1919年北京大学国文系毕业。1921年4月3日，1924年2月15日、6月27日三次拜访鲁迅。

赵之远

赵之远，浙江绍兴人。1920年1月25日曾拜访鲁迅，当时正在北京大学法律系读书。

李宗武

李宗武（1895—1968），又名季谷，浙江绍兴人，李霞卿之弟。1920年与瞿秋白等赴苏俄，后又留学日本、英国。1924年回国，曾在北京师范大学、北京大学等校任教。1920年至1924年间与鲁迅多有书信来往，鲁迅曾为其校阅他与毛咏棠合译的、日本武者小路实笃所著《人间的生活》。回国后他多次拜访鲁迅，并“谈良久，逮夜乃归”。鲁迅还将自己译的《苦闷的象征》赠给他。1932年，李宗武还到上海看望鲁迅。

章子青

章子青，名运昌，字子青，浙江绍兴人。1920年2月11日、8月13日鲁迅两次拜访章子青，《日记》中均称之为“先生”。

邵次公

邵次公（1886—1937），名瑞彭，字次公，浙江淳安人，曾加入光复会、同盟会、南社。1912年任众议院议员，后曾任北京师范大学国文系教员。1921年3月，鲁迅给他寄赠《域外小说集》一本；1924年12月8日宋子佩在宣南春设宴，鲁迅与他同在座。

沈雁冰

沈雁冰（1896—1981），原名沈德鸿，字雁冰，笔名茅盾、

＊沈雁冰

郎损、玄珠、方璧等，《鲁迅日记》又作方保宗、保宗、保中、仲方、雁冰、明甫、谢芬，浙江桐乡人，现代著名作家、文学评论家，著有长篇小说《子夜》、《蚀》三部曲（《幻灭》、《动摇》、《追求》）等。1913年考入北京大学预科，1920年，接编并全面革新《小说月报》，并1921年1月发起成立了“文学研究会”。1921年4月起与鲁迅开始通信，此后有大量书信往来。他主编《小说月报》时常向鲁迅约稿，鲁迅翻译的俄国作家的作品曾在《小说月报》上以“俄罗斯文学研究”和“被损害民族的文学专号”刊登。他与鲁迅第一次见面是在上海，至1936年鲁迅去世，二人一直保持紧密的联系。

许羡苏

许羡苏（1901—1968），字淑卿，《鲁迅日记》又称作许璇苏、许小姐，浙江绍兴人，许钦文之四妹，周建人在绍兴女子师范学校任教时的学生。1920年到北京投考，暂住在八道湾周宅。1921年报考北京女子师范学校时，鲁迅为她作保。1924年自北京女子高等师范学校数理学系毕业。1926年鲁迅南下后，她长住西三条21号，帮鲁迅母亲料理家务。1930年春到河北大名第五女子师范任教，1931年至浙江萧山、杭州教书。1932年4月去成都。《鲁迅日记》载鲁迅致许羡苏的信件达二百多封，许羡苏给鲁迅的信也有近九十封，说明了他们关系的密切。

章菊绅

章菊绅（1880—1931），名嵚，字厥生，浙江余杭人，藏书家、历史学家。清末举人，曾留学日本，是鲁迅在杭州浙江两级师范学堂时的同事。1923年时任北京大学历史系教授，与鲁迅有多次书信往来。

＊郁达夫

郁达夫

郁达夫（1896—1945），原名文，浙江富阳人，著名小说家、散文家、诗人，著有《沉沦》、《春风沉醉的晚上》等。曾留学日本。1921年6月与郭沫若、成仿吾等人组织成立创造社，担任《创造季刊》、《创造月刊》、《洪水》半月刊编辑。1923年至1925年与鲁迅同在北京大学任教，来往密切，常互赠书籍并在一起聚会。1925年、1926年在武昌师范大学、广东大学任教，其间回京度假时都曾去拜访鲁迅。1926年底在上海负责创造社出版部工作。1928年至1929年与鲁迅合编《奔流》月刊，1930年与鲁迅共同发起成立“自由运动大同盟”。鲁迅曾书赠郁达夫“人生得一知己足矣，斯世当以同怀视之”一联，此联现仍保存在鲁迅博物馆。

孙惠迪

孙惠迪（1915—？），又作惠迭，浙江绍兴人，孙伏园之子，北京孔德学校学生。1923年至1925年间常随孙伏园与鲁迅相聚。

章矛尘　孙斐君

＊章矛尘

章矛尘（1901—1981），名廷谦，字矛尘，笔名川岛等，浙江绍兴人，作家，著有散文集《月夜》、《和鲁迅相处的日子》等。1919年，入北京大学哲学系读书，在校时常在北京《晨报·副刊》、《语丝》等杂志发表文章，1922年毕业后留校。1923年4月8日在中央公园（今中山公园）首次与鲁迅见面。1924年参与《语丝》出版发行，鲁迅常予以鼓励和帮助。1923年至1933年间《鲁迅日记》提及他有二百九十多处，交往甚密。1927年，鲁迅曾为他标点的《游仙窟》作序。同年，他

＊从右至左前排：鲁迅、许广平、周建人，后排：孙伏园、林语堂、孙福熙

继鲁迅之后到厦门大学任职。后到杭州浙江大学、杭州高级中学任教。抗战胜利后，回北京大学任中文系副教授。

孙斐君（1897—？），名桂丹，字斐君，黑龙江安达人。1922年自北京女子高等师范学校毕业，1924年与章廷谦结婚，1925年在河北省立高级中学任教。鲁迅与他们夫妇交往密切，他们经常一起去看望鲁迅。鲁迅给章廷谦写信时必要问候孙斐君。

孙福熙

孙福熙（1898—1962），字春苔，又作春台，孙伏园之弟，浙江绍兴人，画家、作家，著有散文集《山野掇拾》、小说集《春城》等。1921年至1924年留学法国，1926年至1927年间任上海北新书局编辑，1928年到杭州任国立西湖艺术学院教授。1919年11月9日初次拜访鲁迅，鲁迅与他关系很密切。1925年留学回国后，他所创作的散文集《山野掇拾》在鲁迅帮助下由开明书店出版。孙福熙曾为鲁迅的《野草》、《小约翰》设计封面画。

俞芬 俞芳 俞藻

俞芬（1899—1960），字馨如，俞英崖长女。1923年在北京女高师附中读书，1924年毕业后任家庭教师，有时去北京大学旁听鲁迅讲课。

俞芳（1911—？），俞英崖次女。1924年入培根小学读书时，鲁迅为她作保。

俞藻（1913—？），俞英崖三女。1924年入培根小学读书时，鲁迅为她作保。

三姐妹是浙江绍兴人。俞芬和许钦文之妹许羡苏是同学，又是鲁迅三弟周建人的学生。鲁迅兄弟失和后，就搬入砖塔胡同61号院与俞家三姐妹做了邻居。鲁迅自1923年8月2日至1924年5月25日，在砖塔胡同住了近10个月，这期间鲁迅与俞家三姐妹相处非常融洽，给她们送食品、糖果和玩具，给她们讲故事和知识，还赠书给她们。鲁迅南下后她们还常去照看太夫人，有时还代太夫人给鲁迅写信。

夏浮筠

夏浮筠（1884—？），名元瑮，字浮筠，又作浮云，浙江余杭人，物理学家，夏曾佑之子。曾留学美国、德国，1912年后任北京大学教授、北京女子师范大学讲师。1924年曾拜访鲁迅，鲁迅赠他《中国小说史略》一部。他还和鲁迅同时赴西安讲学。

袁匋盦

袁匋盦，《鲁迅日记》又称作袁公，浙江绍兴人，画家，擅山水花鸟。1924年间在北京卖画为生，鲁迅在砖塔胡同居住期间，曾通过俞芬向他求画。1933年鲁迅与郑振铎合编《北平笺谱》时，曾将北京琉璃厂静文斋印制的、袁匋盦的“梅花笺”一幅编入书中。其《秋山》等作品现藏鲁迅博物馆。

郑介石

郑介石（1895—1966），名奠，字介石，后改字石君，浙江诸暨人，语言学家。1915年考入北京大学国文系，师承黄侃、钱玄同，1920年毕业。1923年至1926年在北京女子师范大学任教，1928年在浙江大学任教，1932年在北京大学任教。1924年女师大风潮中曾随鲁迅等应学生之邀前往调解。鲁迅还赠过他《中国小说史略》。1924年至1928年间他多次拜访鲁迅。

姚梦生

姚梦生（1905—1969），后改名蓬子，字裸人，笔名梦生等，浙江诸暨人。曾就读于北京大学，1924年至1925年间曾有两次拜访鲁迅。1930年曾加入“左联”。鲁迅在上海时与他交往较多，鲁迅于1932年曾有《赠蓬子》七言诗一首。

陶元庆

陶元庆（1893—1929），字璇卿，又作璿卿，浙江绍兴人，美术家。1924年到北京，12月3日首次和许钦文一起拜访鲁迅，以后交往密切，《鲁迅日记》中提到他的名字有七十多次。他是鲁迅非常看重的青年美术家，他经常和许钦文、章衣萍等一起拜访鲁迅，并带些食品、茶叶送给鲁迅，鲁迅也常请他们一起聚餐。他曾为鲁迅的《坟》、《彷徨》、《朝花夕拾》、《苦闷的象征》等著译做封面。1925年3月19日，陶元庆西洋绘画展览会在北京西四的帝王庙内开幕，鲁迅亲自出席参观，并为《陶元庆氏西洋绘画展览会目录》写序。1926年他曾为鲁迅作素描画像一幅，这是鲁迅生前最喜爱的一幅画像，至今仍悬挂在北京鲁迅故居内。1926年8月鲁迅离京南下时，陶元庆还到车站送行。陶元庆曾在台州浙江第六中学、上海立达学园、杭州国立艺术院任教。在上海时，他也常与鲁迅来往，1929年8月陶元庆因病去世，年仅36岁。鲁迅出资300元为他建造墓地。

冯稷家

冯稷家（1884—1969），名农，字稷家，浙江嵊县人。曾与蔡元培等创办北京私立华北大学。1924年12月8日宋紫佩招饮于宣南春饭馆，鲁迅、许寿裳等与他同在座。

孙席珍

孙席珍（1906—1984），原名彭，以字行，笔名丁非等，浙江绍兴人，作家、诗人。1922年，考入北京大学并任《晨报·副刊》校对，与赵景深、焦菊隐、于毅夫、蹇先艾等组织绿波社，编辑《京报·文学周刊》。1925年曾数次拜访鲁迅。

邵元冲

邵元冲（1890—1936），字翼如，浙江绍兴人，国民党“一大”中央执行委员。曾留学美国，1924年任黄埔军校政治部代主任，后随孙中山北上，任孙中山机要主任秘书。1925年2月17日邀鲁迅赴宴，鲁迅“晚一赴即归”。

＊许寿裳

同　事

许寿裳

许寿裳（1882—1948），字季黻，号上遂，鲁迅又称其为季茀、季市、许先生，浙江绍兴人。他是鲁迅在日本东京弘文学院读书时的同窗，后成为鲁迅最亲密的朋友、同事。1909年回国，任教于浙江两级师范学堂，并邀鲁迅去任教。民国时任教育部佥事、科长、参事、普通教育司司长，并向蔡元培推荐鲁迅到教育部工作。1917年至1921年任江西教育厅厅长，1922年至1924年任北京女子高等师范学校校长，1925年8月鲁迅被章士钊免职后，许寿裳也愤而辞职，1927年与鲁迅同在中山大学任教，又一同辞职。不久，他应蔡元培之邀，任大学院（即后来的“中央研究院”）参事等。鲁迅去世后，1937年曾与周作人同编撰《鲁迅年谱》。1946年赴台湾主持台湾省编译馆。著有《亡友鲁迅印象记》、《我所认识的鲁迅》、《俞樾传》等。编译馆裁撤后，转往台湾大学任教。1948年2月18 日，许寿裳于台大宿舍遇刺被害。

蔡元培

*蔡元培

蔡元培（1868—1940），字鹤卿，号孑民，浙江绍兴人，著名教育家。清末翰林，曾参加反清革命，1904年组织光复会，后又加入同盟会。1907年赴德国留学，1912年回国后任南京临时政府首任教育总长，由许寿裳推荐聘请鲁迅到教育部任职。1916至1927年任北京大学校长，实行教育改革，开学术自由之风，倡导“思想自由、兼容并包”，广纳人才。1920年聘请鲁迅为北京大学讲师，讲授中国小说史，还请他为北大设计校徽。1927年任大学院院长时，又聘请鲁迅为特约撰述员。1932年与宋庆龄、杨杏佛发起组织中国民权保障同盟，后推荐鲁迅为上海分会执行委员。蔡元培对鲁迅非常看重，许寿裳在《亡友鲁迅印象记》中回忆：“我被蔡先生邀到南京帮忙，草拟各种规章，日不暇给，乘间向蔡先生推荐鲁迅。蔡说：‘我久慕其名，正拟驰函延请，现在就托先生——蔡先生对我，每直称先生——代函敦劝，早日来京。’”就这样，鲁迅应蔡元培之邀来到教育部。蔡元培任教育总长时提倡美育，鲁迅也很赞同他的教育主张。鲁迅到北京不久就被派往“夏季讲习会”讲授《美术略论》，实际上是在贯彻蔡元培的主张。蔡元培很看重鲁迅的小说，曾说："鲁迅兄做的小说，我实在五体投地的佩服。"蔡元培知道鲁迅研究古碑拓，还曾赠送过鲁迅碑帖拓片。鲁迅对蔡元培很尊敬，现在鲁迅博物馆还保留着鲁迅致蔡元培的书信手稿十多通，文中均将其尊称为"先生"。鲁迅去世后，蔡元培参加了鲁迅治丧委员会，参加了葬礼，并为初版《鲁迅全集》撰写序言，对鲁迅的成就十分推崇。

胡梓方

胡梓方（1887—1921），名朝梁，字梓方，《鲁迅日记》中又记为胡梓芳、胡子方，江西铅山人。胡梓方是近代诗人，著有《诗庐诗存》。1912年至1914年任社会教育司主事，其兄胡韵仙是鲁迅在南京读书时的同学。据《日记》记载，鲁迅与之有多次交往。

董恂士

董恂士（1877—1916），名鸿祎，字恂士，《日记》又称作董次长，浙江绍兴人，光复会成员，其岳父是钱玄同之兄钱念劬。1902年留学日本，1912年任教育部秘书长，7月任次长，1913年4至9月任教育部代理总长。鲁迅1926年去职南下前，教育部总共更换过38任教育总长、24任教育次长。蔡元培之外，董恂士是与鲁迅较为交厚的，是鲁迅的上级中最好的朋友。鲁迅到北京没几天他们就一起在广和居聚饮，当日便"宿于邑馆，以桌卧之"。他们之间常有往来，有时谈至深夜。1916年3月5日董恂士去世，鲁迅得到消息后马上就到他家看望他的家属，21日，"赙董恂士家十元"，并在26日前往吊唁。

张协和

张协和（1873—1957），名邦华，字燮和、协和，浙江海宁人，是鲁迅在南京矿路学堂、日本弘文学院读书时的同窗好友。1909年回国在浙江两级师范学堂任教，与鲁迅同于1912年成为教育部佥事，任科长。鲁迅与这个老同学交往甚密切。他们经常一起吃饭、饮酒、饮茶、逛琉璃厂，经济上也能互相帮衬。鲁迅离京到上海后，他们还保持着交往，几乎每年张协和都要去看鲁迅。他的儿子生病时，鲁迅还帮他联系医院治疗。张协和最后一次看鲁迅是1936年5月16日，《鲁迅日记》载："协和及其次子来。"1956年张协和曾写过《忆鲁迅先生在南京矿路学堂》一文。

何燮侯

何燮侯（1878—1961），号燏时，浙江诸暨人。1898年赴日留学，是中国第一批留学日本的学生。1902年在东京与许寿裳、陶成章、鲁迅等百余人组成浙江同乡会，1903年曾联名发出《绍兴同乡公函》，介绍西方先进的教育、民主、工业等情况，呼吁乡梓兴学求知，发愤图强。1908年春回国，冬，调北京，任学部主事，兼京师大学堂教习。1912年初任工商部矿务司司长，年底首任校长严复辞职后接任北京大学校长，1913年辞职回浙江。1949年曾应邀参加第一次全国政治协商会议，出席开国大典。1961年在杭州去世。1912年鲁迅刚到北京一周，何燮侯作为同乡就来看望鲁迅。在任北京大学校长期间曾多次请鲁迅吃饭聚会。他辞职后，1920年还在北京与鲁迅有一次最后的会晤。

杜海生

杜海生（1876—1955），名子懋，字海生，浙江绍兴人。1910年任绍兴府中学堂监督时曾聘请鲁迅任教，1912年参加教育部临时教育会议，1926年后任上海开明书店经理。杜海生与鲁迅关系较近，在北京时《鲁迅日记》中常见"杜海生来"。1917年至1918年间，鲁迅常托他给家中汇寄钱款。他们最后一次见面是在1934年，当时杜海生与周建人一起看望鲁迅。

胡玉缙

胡玉缙（1859—1940），字绥之，江苏吴县人。1913年间任历史博物馆筹备处处长，鲁迅到北京后受教育部之命筹办历史博物馆，与胡玉缙走得很近。他们共同考察过天坛及先农坛，看是否可改作公园；一起去过琉璃厂买古玩。1915年鲁迅搜集拓片时，他们有多次互访，胡玉缙曾赠给鲁迅《龙门山造像题记》拓片23枚，鲁迅又回赠二弟从绍兴家乡寄来的《跳山建初摩崖》和《永明造像》拓本。此后就无联系了，但在1917年5月23日胡玉缙嫁女时，鲁迅“送银一元”。

齐寿山

齐寿山（1881—1965），名宗颐，字寿山，河北高阳人。他的二哥是著名戏曲理论家、民俗学家齐如山（1875—1962）。齐寿山行三，曾留学德国，毕业于柏林大学政法科，1912年后任教育部社会教育司第三科科员、视学。他与鲁迅在北京共事14年，除许寿裳外，齐寿山是与鲁迅交往最为密切的朋友。鲁迅在北京时经常与齐寿山一起聊天、吃饭，逛小市、公园，齐寿山在生活上也经常给鲁迅一家以帮助。1917年张勋复辟之乱时，齐寿山帮助鲁迅安排避难住所。1921年周作人生病，鲁迅也是请他为二弟在西山安排租房养病。1924年鲁迅购买西三条住房时，齐寿山更是在资金上帮了很大的忙。1925年鲁迅被章士钊非法免去教育部的职务，他和许寿裳一起辞职表示抗议。

1920年鲁迅从德译本转译俄国作家阿尔志跋绥夫的小说《工人绥惠略夫》，是齐寿山给了他很多帮助。鲁迅在《译了〈工人绥惠略夫〉之后》一文中曾说：“我本来还没有翻译这书的力量，幸而得了我的朋友齐宗颐君给我许多指点和修正，这才居然脱稿了，我很感谢。”1926年鲁迅在离京南下前，利用暑假期间与齐寿山在中央公园（现中山公园）内从德文转译荷兰作家望·蔼覃的长篇童话《小约翰》，从7月6日开始翻译，几乎每天都在中央公园会面，鲁迅在《〈小约翰〉引言》中描述过当时译书的情景：“我们的翻译是每日下午，一定不缺的是身边一壶好茶叶的茶和身上一大片汗。有时进行得很快，有时争执得很凶，有时商量，有时谁也想不出适当的译法。译得头昏眼花时，便看看小窗外的日光和绿荫，心绪渐静，慢慢地听到高树上的蝉鸣，这样地约有一个月。”直到8月13日译完。鲁迅离京南下后，他们的交往就少了。1932年鲁迅回北京探亲时曾去拜访他，但当时齐寿山去兰州做了邓宝珊的军中幕僚。齐寿山晚年在台湾度过，1965年卒于台北。

范源濂

* 范源濂

范源濂（1875—1927），字静生，湖南湘阴人。曾留学日本，清光绪三十一年（1905）回国，在北京任学部主事，并参与创办法律学校和殖边学堂。民国建立后，曾任教育部次长、教育总长，1917年与蔡元培等人组织中华职业教育社，1919年与张伯苓、严修共同创办天津南开大学。1923年任北京师范大学首任校长，后因经费不足辞职，该校学生曾发动挽留活动。鲁迅不同意他的教育观点，在《寡妇主义》一文中曾讽刺范源濂发明的“速成师范”。1927年12月病逝于天津。

杨莘耜

杨莘耜（1883—1973），名乃康，字莘耜，又作莘士，浙江吴兴人。曾在杭州浙江两级师范学堂与鲁迅同事，与鲁迅是很好的朋友。1912年在教育部普通教育司任职，住在吴兴会馆。鲁迅与他常互访，并一起聚餐。1913年、1914年曾被教育部派往陕西视察，1917年又被派往安徽、山东视察。他知道鲁迅收藏并研究碑帖，多次为鲁迅搜集碑帖拓片、汉画像拓片、古钱、古代玩具等。1917年9月后担任吉林省教育厅厅长。1918年与鲁迅有过一次通信后，再无交往记录。

钱稻孙

钱稻孙（1887—1962），字介眉，浙江吴兴人，钱念敏之子，钱玄同的侄子，著名科学家钱三强的堂兄。曾随父到日本读完中学，后又在意大利留学。1910年回国，1912年任教育部主事，1915年1月兼任京师图书馆分馆主任，后升任视学，曾在北京大学东方文学系兼课。1927年在清华大学教授日语等课程，翻译过《神曲》、《源氏物语》等作品。抗战时期沦为汉奸。鲁迅在教育部工作期间，关系最近的除许寿裳、齐寿山外就是钱稻孙了。他们经常在一起聚餐饮酒、逛书肆、玩碑拓、赏字画，在生活上也经常互助。1912年，鲁迅与许寿裳、钱稻孙奉命设计了“国徽图”，图案是钱稻孙执笔完成的，鲁迅则写就《致国务院国徽图说明书》一文，在《教育部编纂处月刊》上发表。1925年女师大风潮以后，鲁迅与钱稻孙基本断绝了来往。新中国成立后，钱稻孙在人民文学出版社从事翻译工作，做出过卓越的成绩。

伍博纯

伍博纯（？—1913）名达，字博纯，江苏武进人，曾任教育部社会教育司第三科科长、中华通俗教育研究会理事。鲁迅与之交往甚少。1912年7月10日至8月10日，全国临时教育会议在教育部礼堂召开时，该会借机大量发展会员。1912年8月6日《鲁迅日记》载：“伍博纯来，劝入通俗教育研究会甚力，却之不得，遂允之。”但鲁迅只是一个挂名会员，从未参加该会的任何活动。

汤哲存

汤哲存，名孝佶，字拙存，又作哲存，浙江绍兴人，清末民初实业家和政治活动家汤寿潜之子。曾留学日本，1914年与何燮侯一起到南洋考察矿产。民国初年，似应为鲁迅在教育部的同事。1912年8月31日《鲁迅日记》载："晚董恂士招饮于致美斋，同席者汤哲存、夏穗卿、何燮侯，张协和、钱稻孙、许季黻。"此外再无其他记载。

夏穗卿

夏穗卿（1863—1924），名曾佑，字穗卿，《鲁迅日记》中又多称作夏司长、夏先生，浙江余杭人，光绪进士。他学识渊博，1902年曾撰写《中国古代史》，梁启超、蔡元培等对他都很看重。1912年任教育部社会教育司司长，是鲁迅的顶头上司。1913年至1915年间，鲁迅与他交往甚密，鲁迅经常与他去图书馆、历史博物馆看图书及文物。工作之外，还一起饮酒、吃饭、游公园、逛书肆，还互赠书籍。鲁迅内心对夏的为人处世却很不满，私下说他"阴鸷可畏"，称之为"老虾公"。在鲁迅遗存的手稿中，还有一幅手录的夏穗卿先生诗句："帝杀黑龙才士隐，书飞赤鸟太平迟"，后面又注："此夏穗卿先生诗也。故用僻典，令人难解，可恶之至"，但手稿不知录于何时。从中，可以看出他们之间的微妙关系。1916年夏穗卿转任京师图书馆馆长，鲁迅与他的关系就疏远了。1924年5月夏穗卿去世时鲁迅交了礼金二元并参加了他的丧礼。

胡孟乐

胡孟乐（1879—？），名豫，又作猛碌，浙江绍兴人。与鲁迅同期赴日本留学，同在山会初级师范学堂教书，1912年时任教育部普通教育司主事。胡孟乐与鲁迅既是同乡，又是同事，算是较近的朋友。鲁迅初到北京时，胡孟乐就来看望过，还和鲁迅等同乡多次聚餐饮酒。1913年9月11日胡孟乐将从山东带来的汉画像拓本10枚赠送给鲁迅，这是有记录的鲁迅收藏汉画像的开始。同年年底，胡孟乐被教育部免官，鲁迅慨叹“庄生所谓‘不胥时而落’者是矣”（荀子所说，鲁迅误记为庄子），表达了对他的同情。此后他们再未见面，只有过一次通信，1914年2月7日《鲁迅日记》载：“午后得胡孟乐函，即复之。”

李梦周

李梦周（？—1918），曾任教育部主事、佥事、司长。李梦周与鲁迅并非一个部门，接触甚少。《鲁迅日记》中仅于1912年9月7日记载：“晚见李梦周于季市处。”再就是李梦周逝世后，1918年4月1日，“赙李梦周二元”。

宋汲仁

宋汲仁，名守荣，字汲人，后改名宋迈，字洁纯，浙江吴兴人。《鲁迅日记》中关于他的记载颇为怪异：1912年9月28日，“宋汲仁来。宋名守荣，吴兴人，似是本部录事也”。1913年12月19日，“夜宋守荣送其自著书十余册来，欲令作序”。24日，“下午宋守荣忽遣人来索去其书”。1914年3月26日，“晚宋守荣寄书来，多风话”。7月31日，“下午宋守仁来，其名刺忽又改名宋迈而字洁纯云”。此后《日记》中再无二人交往的记载，看来鲁迅非常不喜欢这个人。

戴螺舲

戴螺舲（1874—？），名克让，字螺舲，又作芦林、芦苓、芦舲、芦龄、螺苓，浙江余杭人。历任教育部社会教育司主事、佥事。

戴螺舲曾祖戴熙（1801—1860），字醇士，号榆庵，谥文节，清代画家、钱币学家。工诗书，善绘画，曾师法王翚，为

“四王”以后的山水画大家，曾著有《古泉丛话》。戴螺舲也擅绘画，1924年8月18日曾赠鲁迅自作画一幅。

他和鲁迅同在教育部社会教育司任佥事，有共同的爱好，无论工作关系还朋友关系都是非常亲近的。《鲁迅日记》中从1912年至1926年鲁迅离京，有一百余处相关的记载。他们在工作中经常一起考察，参加各种展览工作；在生活上互相照应，经常互赠食品；经济上也常互相援助；此外，还经常与许寿裳、齐寿山、钱稻孙等一起聚餐饮酒、逛书肆，互赠碑帖、书籍，鉴赏字画。可见，二人是真正意义上的同事加朋友。1928年5月，戴螺舲还带着公子到上海看望过鲁迅。

梅撷云

梅撷云（1877—1947），名光羲，字撷云，江西南昌人，佛学家。曾被湖北总督张之洞派往日本学军事和政治经济；民国后任教育部秘书，1913年后历任交通部参事、交通部航政司司长、蒙藏院司长等职。晚年在重庆国民政府“司法院”任职。

他是杨仁山居士的入室弟子,中国佛学会及中国佛教协会会员,著有《相宗纲要》、《相宗纲要续篇》等。曾因公务与鲁迅一起考察先农坛及天坛，并赠送过鲁迅《佛教会报告》、《佛学丛报》等书籍。

沈商耆

沈商耆（1877—1929），名彭年，字商耆，江苏青浦（今属上海）人，曾任教育部社会教育司佥事。《鲁迅日记》中1912年至1917年记载沈商耆有20次。他们是很不错的同事，一起工作，常一起吃饭。沈父去世时，鲁迅与许寿裳参加了葬礼并付了礼金。

许季上

许季上（1892—1953），名丹，字季上，浙江杭州人，佛学居士，精梵文并通晓多种外语。1912年任教育部主事、视学，通俗教育研究会编审员。1917年在北京大学兼课，讲授印度哲学。1921年后去开滦煤矿任英文秘书。新中国建立后被聘为天津文史馆馆员，1953年病逝。

鲁迅与许季上交往甚密，1912年至1928年，《鲁迅日记》中二人的交往记录有二百五十多处。他们同好古籍与佛学，经常互访并一起聚饮、逛书肆、游古迹，生活上也多次互相帮助。许季上母亲做寿、儿子满月、夫人去世时鲁迅都曾前往；许季上生病时，鲁迅多次去探望。1914年鲁迅出资刻印《百喻经》，也是由许季上促成。

王伟忱

王伟忱（？—1922），名嘉祎，号嘉榘，字伟人，《鲁迅日记》又写作王维忱，浙江嘉兴人。与鲁迅同期留学日本，曾是光复会负责人，《浙江潮》编辑。民国后任教育部主事、佥事等职。《鲁迅日记》记载的和王伟忱交往不多，多为与浙江同乡一同宴饮。

游允白

游允白，名洪范，字允白，湖南汉寿人，曾任教育部社会教育司主事。鲁迅与游允白同在社会教育司工作，游允白应是鲁迅的下属。鲁迅与之交往不多，曾赠他《域外小说集》，他曾赠鲁迅《姚惜抱尺牍》一部。

常毅箴

常毅箴，名国宪，字毅箴，《鲁迅日记》中又称作常君，湖南衡阳人，社会教育司主事，曾兼任京师图书馆分馆主任。1913至1915年，鲁迅与之交往较多，常一起逛小市，买古钱，他也经常请鲁迅饮酒聚餐。他的孩子满月时，鲁迅前往祝贺并给了礼金。

杨仲和

杨仲和，名彬，字仲和，河北宛平人，社会教育司办事员，鲁迅的下属。鲁迅与杨仲和交往不多，但他给鲁迅帮了不少忙。杨仲和家境困难，1914年过元旦时给鲁迅送食物被鲁迅婉言谢绝了。1923年鲁迅兄弟失和后，他帮鲁迅四处找房看屋，终于在12月2日定下阜成门内西三条21号院，鲁迅当天请他和房主等人在西长安街龙海轩吃了饭，后又送他《呐喊》、《桃色的云》相谢。

刘冠雄

刘冠雄（1850—1927），字子英、资颖，福建闽侯人。曾留学英国，历任北洋政府海军总长、福建镇抚使、海军上将等。1913年1月28日以海军总长兼任教育总长，因部员反对，于3月19日辞职。1913年2月5日《鲁迅日记》载："范总长辞职而代以海军总长刘冠雄，下午到部演说少顷，不知所云。"

陈象明

陈象明（1873—？），名文哲，字象明，湖北广济人。1912年为教育部佥事，后调编审处任编审员。《鲁迅日记》中仅一处记载：1913年2月22日，"陈象明母丧，致奠金一元"。

黄元生

黄于协，字元生，福建闽侯人，教育部社会教育司办事员。1913年至1914年间十余次登门拜访鲁迅，《鲁迅日记》中有"对坐良久，甚苦"，"其论甚奇可笑"的记载。

朱焕奎

朱焕奎，字莘芍，江苏宜兴人。1913年至1914年间为教育部社会教育司第二科科员、主事，后入财政部供职。1913年8月7日，鲁迅自绍兴探亲归来，他邀鲁迅到便宜坊晚餐，与其弟朱石甫一起为鲁迅接风。此后，还给鲁迅送过“食物两包”。

吴雷川

吴雷川（1870—1944），名震春，字雷川，浙江余杭人。清末进士、翰林院编修，民国后历任教育部佥事、科长、参事。1926年任燕京大学教授兼副校长。1928年后任教育部常任次长。曾研究基督教神学，并有多种学术著作。鲁迅在北京期间与吴雷川有很多交往。1915年鲁迅曾为宋紫佩请吴雷川写《宋氏族谱》的序，吴转托白振民写，写成后鲁迅代宋氏付与稿酬20元，但白振民并不接受。于是鲁迅用这钱请二人和许寿裳、钱稻孙等到中央公园（今中山公园）闽菜馆吃了一顿饭以示答谢。这钱并没有用完，于是大家又在益昌饭馆聚餐一次。1916年2月，吴雷川创办了景教（即基督教）书籍阅览所，鲁迅捐资4元赞助。吴雷川兄长及夫人去世时，鲁迅都付礼金以示哀悼。

汤尔和

汤尔和（1878—1940），名櫆，字尔和，浙江余杭人，同盟会员。与鲁迅同期留学日本，原习陆军，后改学医。回国后，任杭州浙江两级师范学堂校医。民国后，任北京医学专门学校校长，1915年创立中华民国医药学会，任会长。1922年任教育部次长、总长，1926年后任内务部总长，次年改任财政部总长兼盐务署督办。“七七事变”后沦为日伪汉奸。鲁迅在北京第一次见汤尔和是在1913年8月18日何燮侯招饮的宴会上，同座均为浙江籍老朋友。鲁迅与汤尔和有过多次互访，汤尔和赠送过医学方面的书籍给鲁迅。鲁迅曾到医学专门学校上

＊汤尔和

门访问，二人共同读碑帖，鲁迅还向他求取了药方。

王屏华

王屏华，名铸，江苏太仓人，社会教育司第二科主事。1914年有几次与鲁迅等同事们一起聚餐。1915年8月31日，《鲁迅日记》载："王屏华中风落职归，助三元。"

汪大燮

汪大燮（1859—1929），字伯棠、伯唐，《鲁迅日记》中又称作汪总长，浙江余杭人，清朝举人。1902年做留日学生监督，1905年任驻英公使。1913年9月任教育总长，次年1月辞职。1917年11月代理国务总理。《鲁迅日记》载：1913年9月15日，"上午汪大燮到部，往见之"。28日，"又云是孔子生日也。昨汪总长令部员往国子监，且须跪拜，众已哗然。晨七时往视之，则至者仅三四十人，或跪或立，或旁立而笑，钱念敏又从旁大声而骂，顷刻间便草率了事，真一笑话。闻此举由夏穗卿主动，阴鸷可畏也"。从这段日记中可以看出这几个人的关系，以及鲁迅对"祭孔"的态度。

伍仲文

伍仲文（1881—1954），名崇学，字习之、仲文，江苏南京人。1913年为教育部视学，1915年3月任普通教育司司长。1917年9月任江西教育厅厅长，后任浙江教育厅厅长，1919年底辞职。伍仲文是鲁迅在南京矿路学堂和日本弘文学院读书时的同学，他在北京时住察院胡同，与鲁迅住处不远，常有互访。有时给鲁迅送些肴饵、笋干、馒头等食品，也常一起与一些朋友聚会。

祁伯冈

祁伯冈，名锡蕃，字伯冈，又作柏冈，河北永年人，社会教育司主事，通俗教育研究会讲演股会员。1913年起鲁迅与祁伯冈始有交往，二人关系较好，鲁迅经常和他与教育同事们聚餐。他曾赠鲁迅烟、茶、食物等。他知道鲁迅研究碑拓，还赠送过鲁迅河北磁州出土的墓志拓片。他父母去世时，鲁迅都曾出席吊唁。1917年后，他们就没什么联系了。

王仲猷

王仲猷，名丕谟，字仲猷，河北通县（今属北京）人，回族。曾任社会教育司第二科主事兼阅览室主任，后又兼京师图书馆主任、通俗教育研究会会计干事及中央公园（今中山公园）图书阅览所主任。1913年他结婚时，鲁迅参加了他的回教式婚礼并送上二元贺礼。《鲁迅日记》载：11月2日，“午后王仲猷在铁门安庆会馆结婚，往观，礼式以新式参回教仪式为之”。1923年到1924年间，他们不仅常常相互走动，还经常书信往来。鲁迅西三条寓所的买定、装修等，都得到了王仲猷的热心帮助。

张仲素

张仲素（1879—？），名谨，字仲苏、仲素，河北清苑人。曾留学德国，1912年任专门教育司佥事，1917年任京师教育局局长，1921年至1928年任直隶教育厅厅长。他也是教育部中与鲁迅来往较密切的，经常聚会饮酒畅谈的好友之一。如《鲁迅日记》所载：1915年9月10日，“晚齐寿山邀至其家食蟹，有张仲素、徐吉轩、戴芦舲、许季上，大饮啖，剧谭，夜归”。鲁迅也曾出席张仲素母亲的寿宴，可见他们的关系是很近的。

毛子龙

毛子龙，名邦伟，字子龙，贵州遵义人，清末进士，著有《教育大纲》等。曾任内阁中书，后留学日本。民国后任教育部佥事，编审处审查员。1919年至1923年间任北京女子师范学校校长。《鲁迅日记》中只有1913年和1915年两次在宴会中与他同座的记载。

顾养吾

顾养吾（1880—？），名澄，字养吾，江苏无锡人。1911年在北京清华学堂任教，1912年间任教育部佥事兼总务厅统计科科长，后在财政部等处任职。曾赠鲁迅所著《统计一夕谈》。1914年1月16日，他在醉琼林饭庄请鲁迅与文明书局总纂张景良商榷，出版周作人译《炭画》一书的事。4月，该书顺利出版。

陈墨涛

陈墨涛（1883—1923），名简，字墨涛，浙江绍兴人。曾任教育部统计科主事，虽为鲁迅同事，但二人交往不多。

徐吉轩

徐吉轩（1870—？），名协贞，字吉轩，湖北钟祥人，金石、甲骨文字学者。1912年起任教育部佥事、科长，兼历史博物馆馆长。徐吉轩是鲁迅在教育部中较好的朋友之一，1914年至1925年间他们来往密切，除公务外，常在一起逛小市、买书籍、互赠拓片，切磋文学，还常在一起与齐寿山、戴芦舲、许季上等互相请客，开怀畅饮。他的父亲做寿与去世时，鲁迅都曾付礼金，以示朋友情谊。鲁迅买房和改建时，他也曾大力帮忙。1929年鲁迅回京探亲时，还特地拜访他。可见，他们有很深的友谊。

陈师曾

陈师曾（1876—1923），名衡恪，字师曾，号槐堂，江西义宁人，书画家，湖南巡抚陈宝箴孙，陈三立长子，陈寅恪之兄，是鲁迅在南京矿路学堂、日本弘文学院读书时的同学。民国后任教育部编审处编审员。1913年到北京从事美术教育工作，善诗文、书法，尤长于绘画、篆刻。1915年以后，历任国立北京高等师范学校国画教师、北京大学中国画导师、国立北京美术专门学校中国画教授，著有《中国绘画史》、《中国文人画之研究》、《染苍室印存》等。鲁迅与陈师曾友谊颇深，对陈师曾的艺术也非常看重。他们共同在教育部筹办展览会，还经常一起吃饭、畅谈，逛琉璃厂、小市，买碑帖、画帖，互赠碑帖及汉画像拓片。他为鲁迅题写了《域外小说集》、《会稽郡故书杂集》的封面，篆刻多枚印章。此外，鲁迅还收藏了多张陈师曾的画作。

张阆声

张阆声（1882—1965），名宗祥，字阆声，别号冷僧，浙江海宁人。曾留学日本，归国后与鲁迅同在杭州浙江两级师范学堂任教。1914年任教育部视学、科长，1919年兼任京师图书馆主任。1922年任浙江省教育厅厅长。鲁迅与张阆声自1914年至1921年多有往来，鲁迅曾赠他《会稽郡故书杂集》等书籍，还赠送过绍兴出的“永明造像”拓片；张阆声也曾将所藏古陶文拓片赠送鲁迅。鲁迅常到图书馆借书，他所辑校《说郛》时用的底本就是从张阆声处借的。

钱均夫

钱均夫（1882—1969），名家治，字均甫，又作均夫，浙江杭州人，著名科学家钱学森之父。曾留学日本，与鲁迅同在弘文学院读书，又同听章太炎讲学。1909年回国后与鲁迅同在杭州浙江两级师范学堂任教。1912年后任教育部视学、科长等职。1914年至1918年间，鲁迅与钱均夫多次一起共餐，他代鲁迅买过江苏出的拓片，鲁迅赠送过他《新青年》。

凌煦

凌煦，字叔舆，浙江绍兴人，时任专门教育司办事员。1914

年2月4日拜访鲁迅，请其为参加应县知事考试的余瑞作保。

裘善元

裘善元（1890—1944），字子元，浙江绍兴人，考古学家，曾任教育部办事员，通俗教育研究会小说股会员。裘善元是鲁迅在教育部交往较密切的好友。1914年至1926年间，裘善元常去找鲁迅聊天，常常是“夜裘子元来”，“至夜方去”。他们有共同的爱好，常在一起逛小市，买拓片，到琉璃厂松云阁买土偶。他的弟弟在新疆迪化（今乌鲁木齐），鲁迅曾买了宣纸寄去，托其拓碑。他们经常互赠拓片，裘善元赠送鲁迅的拓片在今天来看都是很珍贵的品种。在生活上，二人联系也较多，常一起吃饭。裘善元结婚时鲁迅前往祝贺；丧母时，鲁迅前往吊唁。鲁迅离京后，他们就无联系了。

梁善济

梁善济（1861—？），字伯强，《鲁迅日记》又称作梁次长，山西崞县人。曾留学日本，辛亥革命后加入民主党，曾任众议院议员。1914年间任教育部次长。《鲁迅日记》载：1914年5月12日，“上午次长梁善济到部，山西人，不了了”。此后，鲁迅送过他《百喻经》。

陈仲骞

陈仲骞（1873—？），名任中，字仲骞，又作仲谦，江西赣州人。1912年后历任教育部佥事、秘书、参事，1925年时任代理次长。鲁迅与陈仲骞交往不多，但应是关系不错的同事。陈仲骞赠送过鲁迅《泛梗集》，鲁迅到陈家吃过饭，在《日记》中还特地记下“有松花江白鱼”。陈母做寿时，鲁迅也前往祝贺。他们还曾因公一起到中山公园办事。

黄芷涧

黄芷涧，名中垲，字芷涧，又作子涧，同盟会员，湖北江陵人。曾留学日本，时任社会教育司佥事。1914年至1915年间与鲁迅同处社会教育司时有交往，一起逛过小市买古钱，还和教育部同事们一起有过聚餐。他的妻子去世时，鲁迅也前往吊唁。

林松坚

林松坚，字鲁生，福建闽侯人，曾任教育部主事。1914年12月31日教育部社会教育司在珠市口金谷春饭庄公宴时，与鲁迅同在座。1919年鲁迅找房、看房时，林松坚也帮了很多忙。

吴文瑄

吴文瑄，社会教育司工作人员。1914年12月31日教育部社会教育司在珠市口金谷春饭庄公宴时，与鲁迅同在座。

汪书堂

汪书堂（？—1923），名森宝，字书堂，江苏吴县人，擅书画，曾任教育部视学兼秘书。陈师曾继室汪梅未（字春绮，1882—1913）是汪书堂之妹，汪旭初之姐。在教育部钱稻孙、齐寿山、陈师曾、汪书堂和鲁迅有着非常好的关系，他们常一起吃饭、逛小市，买拓片，并互赠书籍。1915年至1916年间交往频繁。

谈君讷

谈君讷（1873—？），名锡恩，字君讷，《鲁迅日记》中误记作谭君陆，湖北兴山人。曾任普通教育司佥事。仅在1915年1月16日宴请刘济舟时与鲁迅同在座。

朱炎之

朱炎之（1883—？），名炎，字炎之，上海人。《鲁迅日记》中仅有1915年3月31日他请鲁迅等七人一起聚餐的记载，时任教育部专门教育司第三科佥事。

乔曾劬

乔曾劬（1892—1948），字大壮，四川华阳人，诗词家、书法篆刻家。清末就读于北京译文馆，1913年任京师第二初级审判厅书记官，1915年任教育部编审员。1935年后曾任中央大学艺术系教授、台湾大学中国文学系教授等职。鲁迅与他曾有过多次交往：1924年2月，鲁迅曾赠他《中国小说史略》一册；9月，鲁迅请他书写《离骚》集句“望崦嵫而勿迫，恐鹈鴂之先鸣”，至今挂在西三条的鲁迅故居内。

冀育堂

冀育堂（1892—1967），名贡泉，字育堂，号醴亭，山西汾阳人，法学教育家，著有《伦理学》、《法学通论》等。曾留学日本学习法律。1912年8月任社会教育司主事，1913年任山西省立法政专门学校校长，1914年至1921年间任山西大学法科学长。1913年至1916年间和鲁迅与社会教育司同事多次聚饮。1921年他到北京还给鲁迅带了山西的汾酒。

白振民

白振民，江苏南通人。清末举人，1915年时任教育部视学。1915年鲁迅曾为宋紫佩请吴雷川写《宋氏族谱》的序，吴又转托白振民写，写成后鲁迅代宋氏付与稿酬20元。白振民并不接受，于是鲁迅用这钱请二人及许寿裳、钱稻孙等到中央公园（今中山公园）闽菜馆吃了一顿饭以示答谢。这钱并没有用完，于是大家又在益昌饭馆聚餐一次。

高阆仙

高阆仙（1873—1940）名步瀛，又作朗仙，河北霸县人。清末举人，1902年赴日本留学。辛亥革命后任教育部佥事、编审处主任，1915年8月任社会教育司司长，后任北京师范大学国文系教授等。高阆仙作为司长与同人相处很好，1915年至1925年间他与鲁迅常有来往，多次请鲁迅及同事、朋友饮宴。他们是很好的书友，高阆仙曾赠鲁迅《吕氏春秋点勘》、《淮南子》等多种书籍，还为鲁迅代购过书；鲁迅还将一部"粗本《雅雨堂丛书》卖与高阆仙，得泉四元"。他母亲八十大寿时，鲁迅曾前往贺寿。

虞叔昭

虞叔昭，曾任教育部职员。1915年10月1日虞叔昭请同事吃饭，鲁迅在座。1916年2月虞叔昭结婚，鲁迅随礼一元。6月，部里派人到总统府吊祭袁世凯，要求必须穿大礼服。于是鲁迅只得向虞叔昭借了大礼服，参加吊祭活动。至1919年，二人还有书信往来。

朱孝荃

朱孝荃（？—1924），名颐锐，字孝荃，湖南衡阳人，曾任社会教育司主事兼通俗图书馆主任。1915年后，他与鲁迅关系较密切，鲁迅曾赠送过他《会稽郡故书杂集》及碑帖拓片，还常托他购买佛学书籍。他们之间常互赠食品，并常和友人一起聚餐。1924年9月朱孝荃去世时，鲁迅还付了礼金以示哀悼。

孙冠华

孙冠华，浙江余杭人。曾任社会教育司主事，是与鲁迅在同一部门工作的同事。《鲁迅日记》载：1915年11月4日，鲁迅到他家里参加丧礼；1920年3月17日，孙冠华嫁妹时鲁迅随了礼金二元。

孙伯恒

孙伯恒（1879—？），名壮，字伯恒，北京大兴人，前清进士，书法家、收藏家，金石学研究者。曾任商务印书馆经理。1915年为教育部通俗教育研究会小说股调查干事，北京通俗教育研究会会员。《鲁迅日记》载：1915年11月13日，“下午往琉璃厂……遇孙伯恒，遂至商务印书馆坐少顷，观土俑及杂拓本并唐人写经”。他们应是老相识，1933年鲁迅欲编《北平笺谱》时写给郑振铎的信中还提及请孙伯恒帮忙搜集信笺。

何沧苇

何沧苇（1880—1916），名震彝，字鬯威，江苏江阴人，清末进士，与杨圻、汪荣宝和翁玉润并称“江南四公子”，曾参与编修《清史稿》。民国时居北京，任教育部佥事。鲁迅曾与他和陈师曾同逛小市，还曾赠送给他《永明造像》拓片。

张一麐

张一麐（1867—1943），又作张一麟，字仲仁，江苏吴县人。1915年10月任教育总长，不久辞职。1915年10月29日，鲁迅曾被张总长召见。

王叔钧

王叔钧（1874—？），名章祜，四川华阳人。1912年任社会教育司第二科科长，年底调任四川教育厅厅长，1916年又任教育部编审员，继鲁迅之后兼任通俗教育研究会小说股主任。1917年任内务部秘书、直隶教育厅厅长。1920年8月至1921年5月任教育部次长。他在教育部工作期间与鲁迅多有往来，并一起宴饮。他曾赠送过一批四川所出拓片给鲁迅，《鲁迅日记》载：1917年2月5日，“王叔钧持赠《李业阙》拓本一枚，《高颐阙》四枚，画象二十五枚，檐首字二十四小方，《贾公阙》一枚，云是当地刘履阶念祖所予”。

蒋竹庄

蒋竹庄（1873—1958），名维乔，字竹庄，江苏武进人，佛学家、哲学家，著有《因是子静坐法》、《中国近三百年哲学史》等。民国后历任教育部秘书长、参事、编审处编审员等职。1912年蒋竹庄随蔡元培到北京教育部任职，1913年10月辞职回上海入商务印书馆主持编辑中学及师范学校教科书。1916年7月重回教育部任职。鲁迅与他虽同在教育部，但交往不多。《鲁迅日记》载：1916年1月18日，“得蒋竹庄父、兄讣，与同人合送幛子，分一元五角”。

杨千里

杨千里（1882—1958），名天骥，字千里，江苏吴江人，书法家，曾参加同盟会和南社。历任中国公学、复旦公学教员，教育部视学，监察院秘书，无锡、吴江等县县长等。《鲁迅日记》载：1916年1月19日，“午后杨千里赠《饮流斋说瓷》二本”。

朱造五

朱造五，名文熊，字造五，江苏昆山人。1912年后曾任教育部图书审订员、编审员，通俗教育研究会小说股会员等职。1916年5月鲁迅曾送过他《百喻经》一册。1925年9月日本友人在石田料理店请客时，与鲁迅同在座。

潘企莘

潘企莘（1892—1974），名渊，字企莘，浙江上虞人。1914至1916年与周作人同在绍兴浙江第五中学任教。1916年5月到北京应试文官，鲁迅为他作保，录取后在社会教育司任职，并兼通俗教育研究会编译员。1923年间在北京女子高等师范学校兼课。1916年至1925年与鲁迅交往密切，拜访鲁迅五十多次，鲁迅还赠送过他《域外小说集》、《中国小说史略》等书籍，他的女儿生病时，鲁迅为他联系到山本医院治病，并在他和山本之间担任翻译。女师大风潮中，始终与鲁迅站在一起声援进步学生。1925年10月赴英留学后，即与鲁迅中断了联系。

王维白

王维白（约1878—？），名家驹，字维白，江苏丹徒人。民国后任教育部佥事、视学等职。鲁迅与他交往不多，他家有丧事时鲁迅曾付奠金。

李慎斋

李慎斋，名懿修，字慎斋，河北清苑人。1916年任教育部会计，1923年至1925年间为社会教育司办事员。鲁迅于兄弟失和后购置新宅时，他一直帮鲁迅办事，《鲁迅日记》中就有五十多条相关记载。西三条21号寓所的购买、翻修，乃至“老虎尾巴”的设计都是由他帮助办理的。鲁迅曾送过他《呐喊》一本。

李匡辅

李匡辅，名明澈，字匡辅，湖北黄梅人。曾任社会教育司分部工作人员。1918年李匡辅母亲去世，鲁迅参加了葬礼并付礼金4元。《鲁迅日记》载：1920年1月10日，“下午往池田医院为沛取药，并问李明澈君疾”。说明他们有很好的关系。

龙荫桐

龙荫桐，名沐棠，字荫桐，江西万载人。曾在北京大学学习法律。1918年在社会教育司任职。1918年1月6日曾拜访过鲁迅。

柯世五

柯世五（1877—？），名兴昌，汉军镶蓝旗人。1901年留学日本，1912年后任教育部佥事、庶务科科长。《鲁迅日记》仅两处与其相关的记载：1918年1月19日，“柯世五之弟娶妇，送两元”。1924年2月8日，“张国淦招午饭，同席吴雷川、柯世五、陈次方、徐吉轩、甘某等”。

范吉陆

范吉陆（1875—？），名鸿泰，字吉陆，又作吉六，湖北鄂城人。历任教育部总务厅庶务科技正、专门教育司司长等职。1916年5月范吉陆丧母，鲁迅前去吊唁；1918年11月范吉陆嫁女，1923年12月丧妇，鲁迅均为出礼金。

程叔文

程叔文，名士晋，字叔文，湖南宁乡人。1921年9月16日曾访鲁迅，时任社会教育司一等额外部员。

徐思贻

徐思贻，名翼，字思贻，江苏常熟人。曾在社会教育司任职。鲁迅与他的交往记录不多。《鲁迅日记》载，1919年7月20日鲁迅曾参加他夫人的葬礼。1921年、1924年、1925年间他们一起逛过小市，鲁迅还赠过他《颜勤礼碑》拓片。

齐耀珊

齐耀珊（1865—？），字照岩，吉林伊通人。清光绪年间进士，历任湖北抚署文案、湖北提学使等职。民国后历任北京盐务筹备处处长、参政院参政、浙江省省长、山东省省长等职。1921年12月任农商总长兼教育总长，1922年4月免教育总长兼职。《鲁迅日记》载：1921年12月29日，“晨往齐耀珊寓”。

张绂

张绂（？—1923），字耘叔，浙江永嘉人。1923年1月19日因病故去，时任专门教育司主事，鲁迅“赙五元”。

孙北海

孙北海，名初超，字北海，山东文登人。曾任社会教育司分部工作人员、京师图书馆馆员。《鲁迅日记》载：1923年3月18日、5月4日两次介绍日本友人到京师图书馆参观。

罗膺中

罗膺中（1900—1950），名庸，字膺中，原籍江苏江都，生于北京，古典文学研究专家、国学家，清初扬州八怪之一“两峰山人” 罗聘的后人。1924年自北京大学研究所国学门研究生毕业后在教育部任职，与鲁迅同事，同时兼任北京大学国文系讲师、北京女子师范大学教授。1923年8月23日他结婚时鲁迅送贺礼一元。1924年女师大风潮爆发之初，鲁迅和他都曾应学生之邀至学校调解。

张国淦

张国淦（1876—1959），字乾若、伸嘉，湖北蒲圻人，方志专家、藏书家。1912年后曾任总统府秘书长、国务院秘书长、农商总长、司法总长等。1924年1月第二次任教育总长，9月辞职。1924年2月8日曾招鲁迅等5人一起吃午饭。

陈次方

陈次方（1869—？），名问咸，字次方，湖北安陆人。教育部佥事，在总务厅会计科任职。1924年2月8日，教育总长张国淦曾招鲁迅、陈次方等5人一起吃午饭。

罗黄阶

罗黄阶，应为教育部职员。1924年3月2日与李慎斋一起拜访鲁迅，9月14日又与李慎斋之子李若云一起拜访鲁迅，并赠自撰书屏四幅。

杨遇夫

杨遇夫（1885—1956），名树达，字遇夫，湖南长沙人，语言文字学家。曾留学日本，1920年起历任教育部国语统一筹备会辞典编辑，兼北京法政专门学校教授、北京高等师范学校国文系教授、教育部编译馆编译员、清华大学国文系和历史系教授。1924年至1925年间曾数次拜访鲁迅。

谢仁冰

谢仁冰（1883—？），名冰，字仁冰，江苏武进人，曾任教育部普通教育司佥事。1920年4月2日他嫁妹时鲁迅送礼钱一元，1924年5月他丧母时鲁迅出席了在广慧寺的葬礼。

陈文虎

陈文虎，名延龄，字文虎，湖南郴县人，曾任教育部总务厅文书科佥事。1924年11月8日鲁迅曾拜访之。

陈子良

陈子良，名庆麟，浙江象山人。1925年1月21日曾拜访鲁迅，时任社会教育司一等额外部员。

黎劭西

黎劭西（1889—1978），名锦熙，字劭西，湖南湘潭人，语言文字学家，黎锦明之兄。

1915年到北京，应教育部之聘任教科书特约编纂员、国语统一筹备会委员等职。1920年开始在高等学校任教，曾任北京高等师范学校、北京女子师范大学、北京大学等校国文系讲师、教授。1925年3月21日，章衣萍、吴曙天、孙伏园欲向王又庸学习日语，故在西车站食堂设宴请客，当时邀鲁迅作陪，黎劭西也在座。之后，他寄赠所著《国语文法》给鲁迅。年底，他又登门拜访过鲁迅。

邹明初

邹明初（1897—1979），字德高，四川长寿人。1923年自北京大学政治系毕业。1924年创办大中公学并兼任校长。曾任社会教育司二等额外部员，北京《民国日报》编辑。1925年5月22日、9月4日曾两次拜访鲁迅。

章士钊

＊章士钊

章士钊（1881—1973），字行严，笔名孤桐、青桐、秋桐等，汉族，湖南长沙人，民主人士、作家和政治活动家。曾任《苏报》主笔。1914年5月在东京与陈独秀等创办《甲寅》杂志，1917年11月任北京大学文科研究院教授、国会众议员。1924年至1926年间任司法总长兼教育总长。1925年鲁迅因支持女师大学生运动被他革职，鲁迅为此向平政院提出控告，取得胜利后复职。

吕剑秋

吕剑秋，名复，字建秋、剑秋，河北涿鹿人。1925年任教育次长时曾于9月2日探访鲁迅。

符九铭

符九铭（1879—？），名鼎升，字九铭，江西省宜黄人。曾留学日本，1912年后历任江西省教育司司长，参议院参议员，国立北京高等师范学校和国立北京工业专门学校教授，广东、江苏教育厅厅长。1926年时在教育部编审处任职。1926年7月1日曾拜访鲁迅。

学生

商契衡

商契衡（1890—？），字颐芗，浙江嵊县人，鲁迅在绍兴府中学堂任教时的学生。1912年进入北京大学理科学习，1914年至1915年常年向鲁迅借学费。1916年毕业后任北京大学图书馆事务员。至1918年，经常看望鲁迅。

钱允斌

钱允斌，名聘珍，字允斌，浙江吴兴人，鲁迅在杭州浙江两级师范学堂任教时的学生。1913年4月曾到北京造访鲁迅，《鲁迅日记》载：5月6日，“晚钱允斌来，索去十元，云学资匮也”。以后再无消息。

王镜清

王镜清（1892—？），字鉴秋，浙江嵊县人，鲁迅在绍兴府中学堂任教时的学生。1913年考入北京大学预科，请鲁迅作保。1917年退学。在京学习期间经常看望鲁迅，有时还带些茶叶，曾向鲁迅借钱以支付学费。

童亚镇

童亚镇（1891—？），字夏城，浙江嵊县人，鲁迅在绍兴府中学堂任教时的学生。1913年考入北京大学预科，请鲁迅作保，1914年至1916年在医科一部肄业。在京学习期间经常来找鲁迅，多为借支学费事。

韩寿晋

韩寿晋（1893—？），字原荪，浙江绍兴人，鲁迅在绍兴府中学堂任教时的学生，韩寿谦之弟。1913年考入北京大学预科，请鲁迅作保。1920年毕业于北京大学政治系。在京学习期间经常来找鲁迅，多为借支学费事。

韩寿谦

韩寿谦（1890—？），字毅光，鲁迅在绍兴府中学堂任教时的学生，韩寿晋之兄。1913至1908年间多次见鲁迅，有时借钱，有时为弟请假事。

王式乾

王式乾（1889—？），字道纲，浙江嵊县人，鲁迅在绍兴府中学堂任教时的学生。 1914年考入北京工业专门学校，鲁迅曾为他考试入学作保。后转入北京大学机械科，1919年毕业。1914年至1919年间常向鲁迅借钱以支付学费。

徐宗伟

徐宗伟（1895—？），字贻孙，浙江上虞人。1914年考入北京工业专门学校，鲁迅曾为他考试入学作保。后转入北京大学机械科。1914年至1918年间常向鲁迅借钱以支付学费。

徐元

徐元（1892—？），字嘉德，浙江上虞人。鲁迅在绍兴府中学堂任教时的学生。1914年考入工业专门学校，鲁迅曾为他考试入学作保。后转入北京大学机械科。1914年至1918年间常向鲁迅借钱以支付学费。

尹宗益

尹宗益（约1888—？），字嵩吉，浙江嵊县人，鲁迅在绍兴府中学堂任教时的学生。1916年在北京大学就读理科。《鲁迅日记》载，1916年他曾有三次看望鲁迅。

许世瑛

许世瑛（1910—1972），字诗英，《日记》中又称作世英，浙江绍兴人，许寿裳长子。鲁迅曾做过他的启蒙老师，1930年考入清华大学国文系时曾为他开列应读文学书目。1936年自清华大学研究院毕业。鲁迅在北京时，他常随父亲一起与鲁迅聚会。

祝庆安

祝庆安（1889—？），名宏猷，字庆安，浙江绍兴人，鲁迅在杭州浙江两级师范学堂任教时的学生，1916年在北京高等师范学校理化部学习，曾于6月11日、12月2日两次来看望鲁迅。

吴方侯

吴方侯（1891—？），名祖藩，字方侯，浙江绍兴人，鲁迅在杭州浙江两级师范学堂任教时的学生。1916年自北京高等师范学校理化部毕业后，曾任绍兴稽山中学、绍兴第五师范学校和杭州浙江第一师范学校教员。在京读书时曾来看望鲁迅，此后至1917年间有二十多次书信往来。

尹翰周

尹翰周（约1888—？），字德松，浙江嵊县人，鲁迅在绍兴府中学堂任教时的学生。1916年在北京大学读理科。在京读书时曾4次拜访鲁迅。

孙伯康

孙伯康（1894—1943），字安生，浙江绍兴人，鲁迅在山会初级师范学堂时的学生。1918年5月曾在北京看望鲁迅并有多次书信往来。

冯克书

冯克书，字德峻，浙江绍兴人，鲁迅在山会初级师范学堂任教时的学生。1918年在北京高等师范学校英语部学习。7月4日曾探访鲁迅。

胡博厚

胡博厚，字载安，浙江绍兴人。1918年9月10日找鲁迅为他入北京大学作保证人。

孙伏园

孙伏园（1894—1966），名福源，后改伏园，笔名柏生、松年等，浙江绍兴人，鲁迅于山会初级师范学堂任教时的学生。1913年转入浙江第五中学，1918年入北京大学国文系旁听，次年转正科，1921年毕业，曾参加新潮社并任编辑。1919年兼任北京《国民公报·副刊》编辑，1920年兼任《晨报》编辑，1921年主编《晨报·副刊》。1924年以记者身份与鲁迅等同赴西安讲学。同年10月辞去《晨报》职务，改任《京报·副刊》编辑并发起创办《语丝》周刊。后与鲁迅同赴厦门、广州，1928年赴法留学，回国后在河北定县中华平民教育促进会工作。

1919年至1928年间鲁迅与孙伏园关系极密切，从孙伏园编辑《国民公报·副刊》、《晨报·副刊》到他创办《语丝》和主编《京报·副刊》，鲁迅对其编辑工作都非常支持，包括《阿Q正传》在内的很多作品都交由孙伏园编发。以后他们的关系逐渐疏远。1936年10月，鲁迅逝世后，正在担任《晨报·副刊》编辑的孙伏园撰写了一副挽联："踏莽原，刈野草，热风奔流，一生呐喊；痛毁灭，叹而已，十月噩梦，万众彷徨。"

胡愈之

胡愈之（1896—1986），原名学愚，字子如，浙江上虞人，社会活动家，具有多方面卓越成就的学者，著有《莫斯科印象记》等，是鲁迅在绍兴府中学堂任教时的学生。1921年至1927年间为商务印书馆《东方杂志》助理编辑。1928年赴欧游学，1931年2月回国后复任《东方杂志》编辑。曾参与创建世界语学会。1921年11月，因介绍爱罗先珂到北京大学任教与鲁迅开始书信往来，鲁迅所译爱罗先珂童话通过他发表。1926年8月30日鲁迅抵达上海的第二天，郑振铎等文化界人士十多人为鲁迅接风在消闲别墅夜饭时，与鲁迅首次见面。1932年12月，宋庆龄、蔡元培、鲁迅等发起成立"中国民权保障同盟"，胡愈之也是重要成员之一。

宋知方

宋知方（？—1942），名崇义，字知方，又作宋子方，浙江上虞人，鲁迅在浙江两级师范学堂任教时的学生。毕业后，在临海中学、台州中学等校任教。鲁迅于1913年7月、1916年12月两次离京回绍兴探亲时，宋知方都去看望鲁迅。1913年至1922年间他们的书信往来有近40通。

＊董秋芳

董秋芳

董秋芳（1897—1977），笔名冬芬、秋航等，浙江绍兴人。1913年就读绍兴第五师范时与许钦文、陶元庆等同学。1920年考入北京大学英语系，常选听鲁迅的课。

与许钦文等组织“春光社”，邀请鲁迅等做指导。1924年底至1926年初常拜访鲁迅，送鲁迅食品，鲁迅赠他《出了象牙之塔》一本。1926年后与鲁迅有很多书信往来。曾在《京报·副刊》、《语丝》上发表多篇杂文。1926年鲁迅为董秋芳翻译的俄国文学作品《争自由的波浪》一书作《小引》。

魏建功

＊魏建功

魏建功（1901—1980），字天行，江苏如皋人，语言、文字学家，书法、篆刻家，著有《古音系研究》等。1921年考入北京大学国文系，二年级时选修鲁迅“中国小说史”课程，1925年毕业。先后任教于北京大学、中法大学、朝鲜京城帝国大学等。抗日战争胜利后，任台湾省国语推行委员会主任委员兼台湾大学中文系特约教授。1948年10月后回北京大学任教。1923年1月曾作文攻击爱罗先珂，遭鲁迅批评。1925年曾组建黎明中学，8月28日他上门邀请鲁迅至该校兼课，鲁迅在该校兼课四个月，此间他曾给鲁迅送过讲课费。1926年鲁迅辑录《唐宋传奇集》时，还请他以北京大学藏本加以校对。《唐宋传奇集》出版后，鲁迅将该书寄赠给他。鲁迅1929年、1932年两次回京探亲时，都曾与他相聚。

许钦文

＊许钦文

许钦文（1897—1984），原名许绳尧，浙江山阴人，作家，著有小说集《故乡》等。1917年毕业于杭州省立第五师范学校，留校任教。1920年赴北京，在北京大学旁听鲁迅的《中国小说史略》课程。1923年经孙伏园介绍结识鲁迅。1922年发表第一篇作品短篇小说《晕》，此后经常在《晨报·副刊》发表小说和杂文，在创作上常受到鲁迅的指导。1926年，短篇小说集《故乡》由鲁迅编选出版，列入《乌合丛书》。他与鲁迅交往非常密切，1923年至1936年《鲁迅日记》中与许钦文相关的记载就有四百多处。他自称为鲁迅的“私淑弟子”。鲁迅去世后，他曾著有五十多篇回忆和研究鲁迅的文章。

常维钧

＊常维钧

常维钧（1894—？），名惠，字维钧，又作惟钧，北京人。1923年在北京大学法文系学习时是北大歌谣研究会的主力会员，参加《歌谣》周刊编辑工作，曾请鲁迅为该刊设计封面。他选修了鲁迅的“中国小说史”课程，并担任刻蜡版油印讲义的任务。自1923年8月起经常拜访鲁迅，他和鲁迅互有赠书，并和朋友在一起聚餐。1929年、1932年鲁迅两次回京探亲，常维钧都来探望，保持着很好的师生关系。

向培良

向培良（1905—1959），湖南黔阳人，作家。曾在长沙省立第一中学读书，1923年考入北京私立中国大学，1924年至1925年与鲁迅交往频繁，鲁迅曾赠他《苦闷的象征》。他是狂飙社主要成员，1925年后又参加鲁迅主办的莽原社，后往开封编辑《豫报·副刊》，10月回京与高长虹等刊印《狂飙》。鲁迅曾给予他很多鼓励和帮助，为他编选小说集《飘渺的梦及其他》，并介绍给北新书局出版。后因他写的独幕剧《终夜》，《莽原》未予刊登，便攻击鲁迅，受到鲁迅指责。鲁迅赴厦门前在女师大的讲演稿是他记录整理的。

李庸倩

李庸倩（？—1940），名秉中，字庸倩，四川彭山人。曾在北京大学读书，1924年底在鲁迅资助下考入黄埔军校第二期步科，毕业后赴莫斯科中山大学、日本陆军步兵学校学习。1932年回国。自1924年一月起，经常来看望鲁迅。1929年5月鲁迅回京探亲，恰逢李庸倩回国结婚，鲁迅赴中央公园（今中山公园）参加了他的婚礼，并赠“花绸一丈”。 他还常给鲁迅寄书、赠碑帖拓片。直到1936年鲁迅去世前他们的书信不断，鲁迅寄给他的书信就有三十多通。《鲁迅日记》提及他的名字有一百三十多次。

顾世明

顾世明（1893—1924），字仲雍，浙江绍兴人，鲁迅在山会初级师范学堂任教时的学生。1924年在北京师范大学国文系读书。1924年3月29日曾拜访鲁迅。

汪震

汪震（1901—？），字伯烈，江苏武进人。1924年在北京高等师范学校国文系读书。1924年3月29日曾拜访鲁迅。

卢自然

卢自然，字文斋，河南渭县人。1924年在北京师范大学国文系读书。1924年3月29日曾拜访鲁迅。

傅岩

傅岩，字介石，浙江绍兴人。1924年在北京师范大学国文系读书。1924年3月29日曾拜访鲁迅。

张目寒

张目寒（1900—1980），安徽霍邱人，鲁迅在世界语专门学校任教时的学生。曾向《莽原》周刊投稿。1924年至1925年间经常拜访鲁迅，并将李霁野等介绍给鲁迅认识。后被于右任提拔为国民党中央执行委员、监察院议事科长。

李人灿

李人灿，北京大学学生。1924年至1925年间多次拜访鲁迅，向鲁迅借过钱，还请鲁迅看过小说稿。

＊陈翔鹤

陈翔鹤

陈翔鹤（1901—1969），四川巴县人，作家。1923年起，和林如稷、冯至等组织浅草社、沉钟社，受到鲁迅的好评。1923年至1927年在北京大学选修美国文学和中国文学，曾听鲁迅授课。1924年至1926年间曾多次拜访鲁迅。1927年后在山东、吉林、河北等地大中学校任教。1927年4月，他将所著中篇小说《不安定的灵魂》寄赠鲁迅。

＊陈炜谟

陈炜谟

陈炜谟（1903—1955），《日记》中又称作陈厶，四川泸县人，作家，浅草社、沉钟社成员。1923年至1927年在北京大学英文系读书，曾听鲁迅讲“中国小说史”。毕业后在天津、哈尔滨等地中学任教。1925年至1926年间曾和陈翔鹤、冯至一起拜访过鲁迅并有书信往来。1929年5月，鲁迅回京探亲时还和他与众朋友聚餐。

昝健行　薛效宽

昝健行（1895—？），字元勋，甘肃靖远人，江苏苏州师范学校毕业。薛效宽，名声震，字效宽。1924年鲁迅在西安讲学时二人为西北大学国文专修科学生，鲁迅的讲演是由他们记录的。

陆秀贞

陆秀贞（1907—1993），原名秀珍，后改陆晶清，《日记》中又称作晶卿、陆锦琴、陆小姐，云南昆明人。1922年考入北京女子高等师范学校，是许广平的同学。1925年兼任《京报·副刊》《妇女周刊》编辑。因女师大风潮与鲁迅来往，1926年毕业。1924年9月她就拜访过鲁迅，后又和许广平等多次访鲁迅。1929年鲁迅回京探亲时她还来看望过。

吕云章

吕云章（1893—1974），字倬人，别名沄沁，山东蓬莱人，北京女子师范大学国文系学生，许广平同学。在女师大风潮中她与许广平、陆晶清常在一起，多次访鲁迅并有很多书信往来。

荆有麟　金仲芸

荆有麟（1903—1951），《日记》又称作有林、织芳，山西猗氏人。1924年在北京世界语专门学校读书时，曾听鲁迅讲《苦闷的象征》，开始与鲁迅交往，写作或翻译都请鲁迅过目。1925年学校停办后，鲁迅介绍他任京报馆校对，并参加《莽原》周刊的出版工作。他与鲁迅关系十分密切。《鲁迅日记》中与荆有麟交往及书信往来的记载有三百多处，他是鲁迅家的常客，常给鲁迅带些水果等食品，并常在一起聚餐饮酒。鲁迅南下后，他仍常去西三条，对鲁迅留京的亲属有所关照，并与鲁迅保持密切的通信联系。曾著有《鲁迅回忆断片》。

金仲芸，荆有麟之妻。常随荆有麟拜访鲁迅，鲁迅曾赠她《呐喊》等书籍。她也是《莽原》撰稿人。

李遇安

李遇安，《日记》中又写作遇庵，河北人，北京师范大学学生。1924年至1926年间常为《语丝》、《莽原》撰稿，与鲁迅书信往来四十多通。1926年任中山大学委员会职员，后赴上海，又往江西。

高秀英

高秀英，字超群，河南开封人。1924年自北京女子高等师范学校数理系毕业，是许羡苏同学。1924年12月1日、7日曾两次上门拜访鲁迅。

许以敬

许以敬，安徽贵池人。1924年自北京女子高等师范学校国文系毕业，是许广平同学。1924年12月7日与高秀英一起上门拜访鲁迅。

傅筑夫

傅筑夫（1902—1985），字作楫，河北永年人，经济学家、历史学家。1921年考入北京师范大学化学系，不久转入国文系。1924年12月14日与梁生为拜访鲁迅，请教有关神话资料的问题。

梁绳祎

梁绳祎（1906—1995），一名生为，字容若、子美，河北行唐人，文学史家。1924年间为北京师范大学国文系学生。1924年12月14日与傅筑夫拜访鲁迅，请教有关神话资料的问题。后又与鲁迅有过书信往来。

高歌

高歌（1904—？），山西盂县人，高长虹之弟，狂飙社成员，鲁迅在北京世界语专门学校任教时的学生。1925年与吕琦、向培良在河南开封编《豫报·副刊》。1924年12月20日随高长虹拜访鲁迅。1925年至1926年鲁迅离开北京前他经常拜访鲁迅，并常有书信往来。1926年8月28日鲁迅离京时他还到车站相送。

钟青航

钟青航，四川人。1925年时为北京中国大学旁听生。1925年1月9日曾拜访鲁迅；8月11日又访，《鲁迅日记》载："夜钟青航来，似已神经错乱。"

任国桢

任国桢（1898—1931），字子卿，又作子清，辽宁丹东人。1924年自北京大学俄文专修科毕业。在北京大学就读期间，任国桢与在校兼课的鲁迅相识并开始书信往来。1925年5月22日曾登门拜访鲁迅。鲁迅曾为他编译的《苏联的文艺论战》一书撰写《前记》，并将该书收入《未名丛书》，于1925年8月出版。

李霁野

＊李霁野

李霁野（1904—1997），又作季野、寄野，安徽霍邱人，作家、翻译家。1924年底开始认识并写信给鲁迅，1925年8月底在鲁迅发起和支持下，与韦素园、台静农等组织未名社。后又参加过《莽原》等刊物的编辑。曾任孔德学院讲师，河北女子师范学院、辅仁大学、重庆女子师范学院、台湾大学教授，南开大学外语系主任等。《鲁迅日记》中提及李霁野有247处，致他的书信也有二百多通。他是鲁迅很亲密的学生，鲁迅在创作、翻译及生活上都给了他很多帮助。

刘弄潮

刘弄潮（1905—1988），四川灌县人。1923年为北京大学旁听生，1925年由共青团员转为共产党员。1925年春在北京女师大社会主义青年团任交通员，曾受李大钊指示多次拜访鲁迅，请他指导青年工作。

孔宪书

孔宪书，云南海通人，北京大学英文系学生。1925年4月6日曾拜访鲁迅。

林卓凤

林卓凤（1906—？），字悟真，广东澄海人。1925年时为北京女子师范大学国文系学生，后转入北京师范大学。她是许广平同学，曾与许广平一起拜访鲁迅。

尚钺

尚钺（1902—1982），字宗武、钟吾，河南罗山人，历史学家，狂飙社成员。1921年入北京大学预科，后入本科，自英国文学系肄业。曾旁听鲁迅讲课。1925年4月28日首次与高长虹一起拜访鲁迅，之后联系频繁，鲁迅对他帮助很多。鲁迅离京后关系产生隔阂，就再无联系。

纪玉帆

纪玉帆，绥远人，北京大学学生。1925年5月5日曾与高长虹一起拜访鲁迅。

曹靖华

＊曹靖华

曹靖华（1897—1987），原名曹联亚，《日记》中又称作亚丹、汝珍等，河南省卢氏人，翻译家、散文家，译著有《铁流》、《苏联作家七人集》等，北京大学教授。1920年在上海外国语学社学俄文，后与韦素园等同去莫斯科留学。1922年回国后曾在北京大学旁听鲁迅讲课。1924年加入文学研究会，1925年5月因王希礼俄译《阿Q正传》事始与鲁迅通信。同年底加入未名社，并成为主要成员。曹靖华是和鲁迅关系非常亲密的学生，交往长久而深厚。1925年至1936年去世前两天，鲁迅致曹靖华的书信就近二百通。1927年4月，曹靖华重赴苏联，其间常与鲁迅通信，介绍苏联革命文学，并代鲁迅搜集苏联优秀版画和书籍,1933年回国，在大学任教并从事文学翻译工作。

＊台静农

台静农

台静农（1903—1990），字伯简，《日记》中又称作靖农、青曲、青辰，安徽霍邱人，作家、文学评论家、书法家。著有《地之子》、《建塔者》等，编有《关于鲁迅及其著作》。北京大学研究所国学门肄业。1927年后，任教于辅仁大学、厦门大学、山东大学、齐鲁大学等。1946年赴台，后任台湾大学中文系教授。

1925年春初识鲁迅，后参加鲁迅发起成立的未名社。两人关系密切，友谊深厚。1925年至1936年间，他们经常互访，鲁迅书信中有致台静农书信九十通，鲁迅对他的文学创作多有帮助。

鲁彦

鲁彦（1901—1944），姓王名衡，字忘我，笔名鲁彦，浙江镇海人，乡土小说作家、翻译家，著有《柚子》等。1920年到北京大学旁听，1925年在北京从事创作和翻译。1925年5月14日首次拜访鲁迅，在北京期间与鲁迅常互访，至1928年，他们的书信往来也很频繁。

＊韦素园

韦素园

韦素园（1902—1932），又作韦漱园，安徽霍邱人，翻译家，译著有俄国果戈理小说《外套》等。曾在鲁迅指导下主持未名社工作。1925年至1932年间鲁迅与他交往密切，经常互访，讨论稿件。此间鲁迅致韦素园信就有近百通。1927年他因肺病入北京西山疗养院疗养。1929年鲁迅回北京探亲时曾专程看望他。他去世后鲁迅为他书写了墓记，并作《忆韦素园君》一文。

陈斐然

陈斐然，名文华，字斐然，河北安次人。1925年自北京师范大学国文研究科毕业。1925年5月至8月间曾5次拜访鲁迅。

张平江

张平江（1903—？），四川广安人。1925年时为北京女子师范大学国文系学生，是许广平同班同学。1925年5月22日、31日曾两次访鲁迅。

李桂生

李桂生（1904—1948），字洁华，安徽太平人。1925年时为北京女子师范大学国文系学生，是许广平同班同学。1925年6月7日、24日两次寄鲁迅信及稿，鲁迅也给予了回复。在女师大风潮中她遭到刘百昭率领的流氓殴打致伤，鲁迅于8月26日亲赴医院看望。

赵赤坪

赵赤坪（1902—1948），又名善甫，安徽霍邱人。1923年在韦素园、李霁野的帮助下，进入北京俄语专科学校学习。曾参加过未名社的工作，他创作了一些诗歌，并与鲁迅结识。1925年曾随台静农、李霁野、韦素园等多次拜访鲁迅。

王顺亲

王顺亲（约1899—？），原名王纯卿，浙江绍兴人。与许羡苏、俞芬在绍兴时都是周建人的学生，1925年为北京女子师范大学学生，与许广平是同班同学。1924年6月8日初次与许羡苏一起拜访鲁迅，鲁迅赠她《呐喊》、《彷徨》、《朝花夕拾》等，鲁迅还曾请许广平、许羡苏、王顺亲及俞氏三姐妹到家里吃饭饮酒。

柯仲平

柯仲平（1902—1964），云南广南人，诗人，曾是狂飙社、创造社成员，代表作有长诗《海夜歌声》等。北京法政大学肄业。1925年至1926年间多次拜访鲁迅。

＊韦丛芜

韦丛芜

韦丛芜（1905—1978），原名韦崇武，又名韦立人、韦若愚，笔名蓼南，安徽霍邱人，韦素园之弟，未名社成员，翻译家，译著有《穷人》、《罪与罚》等。1925年结识鲁迅，常去北京大学旁听鲁迅讲课。与曹靖华、韦素园、台静农、李霁野等在鲁迅的倡导下，创办未名社，同时主编《燕大月刊》，还负责未名社的经营。鲁迅曾为他翻译的《穷人》作“小引”。1929年自燕京大学毕业，次年底去上海从事翻译工作。1925年至1926年间与鲁迅书信来往较多，曾多次拜访鲁迅。后曾挪用未名社款项，积欠鲁迅版税。1933年后与两人断绝来往。

孙尧姑

孙尧姑，字叔贻，贵州贵阳人。1925年自北京女子师范大学国文系毕业。1925年9月6日曾拜访鲁迅。

黄鹏基

黄鹏基（1901—1952），笔名朋其，四川仁寿人，小说家，著有短篇小说集《荆棘》等。他曾是北京大学法文系学生，《莽原》撰稿人，是《莽原》“中坚的作者”。1925年至1926年间多次拜访鲁迅，经常有书信往来。鲁迅离京南下前他和夫人石珉，及荆有麟、金仲芸夫妇在漪澜堂为鲁迅饯行。

＊张光人

张光人

张光人（1902—1985），笔名胡风、谷非等，湖北蕲春人，现代文艺理论家、诗人、文学翻译家。1925年进北京大学预科，曾旁听鲁迅讲“中国小说史”。1929年留学日本学习英文，1933年回上海，任“中国左翼作家联盟”宣传部长、行政书记，与鲁迅往来密切。

冯至

冯至 （1905—1993），原名冯承植，字君培，河北涿县人，诗人、翻译家。1921年暑假考入北京大学，1923年参加文艺团体浅草社，1925年与林如稷等创立沉钟社，发表了许多诗与散文，鲁迅称他为“中国最为杰出的抒情诗人”。1926年至1935年间，冯至多次拜访鲁迅并一起聚过餐。

段沸声

段沸声，山西晋南人，狂飙社成员。1926年与高歌、向培良等数次访鲁迅，鲁迅离京南下时曾到车站相送。

李世军

李世军（1901—1989），甘肃静宁人。北京大学国文系毕业，1926年时在国民党北京市城南区党部工作，“三一八惨案”时曾在现场拍照，后被北洋政府通缉，调往甘肃。1926年5月25日行前向鲁迅辞别。

朱寿恒

朱寿恒，广东人。1926年时为燕京大学学生，经韦丛芜介绍与鲁迅相识。《鲁迅日记》载：1926年8月3日，“得丛芜函约在北海公园茶话，晚赴之，坐中有李寿恒女士、许广平女士、常维钧、赵少侯及素园”（鲁迅误记为李寿恒）。鲁迅离京后，他们还有书信来往。

＊张我军

张我军

张我军（1902—1955），台北板桥人。1926年9月考入北京私立中国大学国文系，1927年10月插班转入国立北京师范大学国文系，1929年留校任日文讲师，并在北京大学兼课。1926年8月11日曾拜访鲁迅并赠《台湾民报》。

刘亚雄

刘亚雄（1901—1988），山西省兴县人。1926年2月，作为北京女子师范大学学生加入中国共产党，“三一八惨案”后被开除学籍，被中共中央派往苏联学习。8月20日她来向鲁迅辞行。

石评梅

石评梅（1902—1928），名汝璧，笔名评梅、波微、漱雪等，山西平定人，作家。曾在《晨报·副刊》、《语丝》等报刊上发表散文、诗歌、小说和剧本。1923年在北京女子高等师范学校毕业后任该校附中女子部主任兼国文、体育教员。鲁迅离京南下时，她曾到车站送行。

外 宾

海端生

海端生，美国人。1913年2月以芝加哥大学教员的身份到中国考察社会教育状况等。鲁迅对他并无兴趣。《鲁迅日记》载：1913年2月13日，“下午有美国人海端生者来部，与次长谈至六时方去，同坐甚倦”。

爱罗先珂

＊爱罗先珂

爱罗先珂（1889—1952），俄国盲诗人，童话作家，世界语者。25岁离开俄国本土，先后在暹罗（今泰国）、缅甸、印度、日本等地漂泊。1921年来到中国，1922年2月在周氏兄弟推动下，被蔡元培特聘到北京大学教授世界语，并借住在八道湾住宅。7月，往芬兰参加世界语大会，11月返京。1923年4月回国。鲁迅在此期间与爱罗先珂结下了深厚的友谊，曾以这段生活为题材创作了小说《鸭的喜剧》，并翻译、出版了他的一些童话作品，如《爱罗先珂童话集》和童话剧《桃色的云》等。

永持德一

永持德一，日本人，曾任北京税务专门学校教员。《鲁迅日记》载：1923年1月5日，“永持德一君招饮于陶园，赴之，同席共九人，十时归”。席间鲁迅为永持德一书写了《诗经》摘句一幅：“昔我往矣，杨柳依依；今我来思，雨雪霏霏。”7日，永持德一等日本朋友又到八道湾拜访了鲁迅。

＊与日本友人合影，右四为鲁迅，居中者为蔡元培，左一为许寿裳

藤冢邻

藤冢邻，日本汉学家。1923年间任日本名古屋高等学校教授，后任朝鲜京城大学教授。1923年1月7日曾随永持德一拜访鲁迅，鲁迅赠他《会稽郡故书杂集》一部，唐石经拓片一份。4月15日，日本友人丸山在中央饭店招饮，出席的有鲁迅、爱罗先珂、周作人、藤冢邻、竹田、徐耀辰、张凤举共八人。藤冢邻还曾赠鲁迅《通俗忠义水浒传》并《拾遗》一部八十本，《标注训识水浒传》一部十五本，以供鲁迅研究中国小说之用。1926年鲁迅以所著《中国小说史略》寄赠给他。

丸山昏迷

丸山昏迷（1894—1924），原名丸山幸一郎，又名昏迷生，日本人。1919年到北京任日文报纸《新支那》、《北京周报》的编辑、记者。曾在北京大学旁听过鲁迅讲课。1923年间他与鲁迅来往很多，有时一起参加中、日朋友聚餐，鲁迅还将所著《中国小说史略》赠送给他。

今关天彭

今关天彭（1891—1970），名寿麿，号天彭，日本汉学家。1923年起长住中国，在北京建立今关研究所，从事中国古今文化资料的搜集与研究。1923年2月11日随翻译贺嗣章来拜访鲁迅，并赠书日文版《北京顾亭林祠》给鲁迅。鲁迅到上海后，他们还有来往，并多次将自己的著作赠送鲁迅。

桔朴

桔朴（1880—1945），日本人，中国问题研究者。1923年时任日本外务省在北京出版的汉文报纸《顺天时报》的记者。1923年1月7日曾随永持德一拜访鲁迅。

今村

今村，日本人，东京立教大学学生。1923年1月20日爱罗先珂与周作人设宴时与鲁迅同在座。

井上

井上，日本人，爱罗先珂的学生。1923年1月20日爱罗先珂与周作人设宴时与鲁迅同在座。

清水安三

清水安三（1891—？），日本人，天主教神父。1923年间为北京崇贞学园主持人。曾为《北京周报》向爱罗先珂和鲁迅约稿。1923年1月20日爱罗先珂与周作人设宴时与鲁迅同在座。此后，他们还在一起喝过咖啡。

李又观

李又观，原名李丁奎，朝鲜爱国者，1923年时在中国流亡。1923年3月18日曾拜访鲁迅。

泽村专太郎

泽村专太郎（1884—1930），日本人，东京帝国大学美术史教授。1923年时在北京做研究工作。1923年4月后多次拜访鲁迅，并一起和周作人等北大朋友们聚餐。鲁迅曾在琉璃厂买了一份《孝堂山画像》送给他，他赠鲁迅“大同石窟诸佛影象一册”。

黎君

黎君，东京帝国大学美术史教授泽村专太郎的助教。1923年4月16日张凤举于同和居招饮时，鲁迅与他同在座。

石川半山

石川半山，日本人。1923年时为日本《万朝报》记者，在中国研究风俗民情等。1923年8月26日鲁迅在北京大学上课时遇见他和丸山昏迷，当晚丸山昏迷在大陆饭店招饮，鲁迅与他同在座。

藤原镰兄

藤原镰兄（1878—1935），日本人。1922年至1927年底为日文《北京周报》主编兼发行人。1923年5月8日晚丸山昏迷在大陆饭店招饮，鲁迅与他同在座。

田边尚雄

田边尚雄（1883—？），日本音乐理论家。1923年时作为日本东洋音乐学校讲师来中国从事东洋音乐史研究。1923年5月14日，鲁迅到北京大学第二院去听田边尚雄讲《中国古乐之价值》。

小坂狷二

小坂狷二（1888—？），日本人，铁道局工程师、世界语学者。1924年4月23日曾在世界语学校演说，鲁迅前往听讲。

绥理绥夫

绥理绥夫，俄国人。1924年12月28日，荆有麟在中兴楼餐馆宴请，他与鲁迅同在座，时任北京世界语专门学校教授。

伊法尔

伊法尔（1885—1942），通译伊文，俄国人，曾为北京大学俄文教员。1925年7月16日与胡成才一起访鲁迅，应是讨论翻译的问题。

峰簱良充

峰簱良充，日本人。曾为日本东京高等师范学校教员，经许寿裳介绍结识鲁迅。1925年9月间多次拜访鲁迅，9月17日曾在石田料理店宴请鲁迅，在座的有伊藤武雄、立田清辰、重光葵、朱造五、许寿裳。

伊藤武雄

伊藤武雄（1895—？），日本人，中国社会政治研究家。1925年9月17日峰　良充在石田料理店宴请鲁迅时在座，时为满铁驻北京特派员。

立田清辰

立田清辰，日本人。1925年9月17日峰　良充在石田料理店宴请鲁迅时在座，时任日本驻北京的外交官员。

重光葵

重光葵（1887—1957），日本人。1925年9月17日峰　良充在石田料理店宴请鲁迅时在座，时任日本驻北京的外交官员。

王希礼

王希礼（？—1937），苏联人。1925年在冯玉祥国民军第二军俄国顾问团当翻译，通过曹靖华认识鲁迅并书信往来。他是《阿Q正传》俄译本的最初译者。鲁迅曾应其要求作《俄文译本〈阿Q正传〉序及著者自叙传略》。1925年10月25日王希礼上门拜访鲁迅，鲁迅赠他《苏俄文艺论战》、《中国小说史略》各一本。28日鲁迅前往王希礼下榻的六国饭店回访王希礼，并赠他《语丝》合订本。

Bartlett

Bartlett，通译巴特勒特，美国人。1926年在燕京大学任教，该年6月11日由韦丛芜介绍拜访鲁迅，拟写《与鲁迅先生谈话》未成。

辛岛骁

辛岛骁（1903—1967），日本汉学家，日本著名汉学家盐谷温的学生和女婿。1926年暑期到中国旅行，经盐谷温介绍与鲁迅相识。1926年8月17日首次拜访鲁迅，至1929年间他们有许多书信往来。1933年辛岛骁任朝鲜大学教授时，还给鲁迅寄玩具及食品。

小林胖生

小林胖生，日本人。1926年时在北京研究中国风俗等。该年7月1日曾宴请鲁迅。

季自求

季自求（1887—1944），名天复，字自求，号靖公，江苏南通人，是周作人在南京水师学堂的同学。辛亥革命，先后任南通自治局秘书科科长、调查部部长、军械部部长。1912年1月，以孙中山为临时大总统的南京中华民国临时政府成立后，任总统府侍从副官、参谋部参谋。1915年、1916年两次随陈宧入四川，任军务处一等参谋等职，回京后任陆军秘书。鲁迅到北京后，经周作人介绍结识季自求。1912年10月4日，季自求首次拜访鲁迅，三天后，鲁迅到季自求所住的南通会馆回访。他们有共同的爱好，常一起逛小市、地摊，常“清谈永昼”、“谈至薄暮方归”。鲁迅赠他《域外小说集》，他以所藏的碑帖回赠。他们还一起鉴赏字画，互相切磋。鲁迅曾作《〈墨经正文〉重阅后记》一文，所用《墨经正文解义》一书就是从季自求处借来的。至1918年，他们的交往就很少了。

袁世凯

＊袁世凯

袁世凯（1859—1916），字慰亭，号容庵，河南项城人。辛亥革命期间逼清帝退位，1912年任中华民国临时大总统，后任中华民国首任大总统。1915年底恢复帝制，自称洪宪皇帝，81天后帝制取消。1912年11月2日，鲁迅收到袁世凯签署的委任状：“任命周树人为教育部佥事，此状。”12月26日，《鲁迅日记》载：“晨赴铁狮子胡同总统府同教育部员见袁总统，见毕述关于教育之意见可百余语，少顷出。”由此可证鲁迅与袁世凯见过一面。1915年鲁迅还受过袁授予的“五等嘉禾勋章”。鲁迅称袁世凯“是一个假革命的反革命”（《〈错杀了人〉异议》）。在多篇文章中加以讽刺。

刘历青

刘历青（1875—1924），名声元，字凤书，号历青，又作笠青、立青，四川万县人。1911年时曾为四川保路运动赴京请愿代表，民国初年任陆军部“修浚宜渝滩险事务处”处长。他是周作人在水师学堂时的同学。鲁迅到北京后，他经季自求介绍结识鲁迅。1912年10月4日，与季自求一起首次拜访鲁迅。刘历青擅画，《鲁迅日记》载：1913年2月23日，“午后季自求、刘立青来，立青为作山水一幅，是蜀中山，缭以烟云，历二时许始成，题云：‘十年不见起孟，作画一张寄之。’”鲁迅也喜欢他的画，《日记》载：1914年11月22日，“午后刘立青来，捉令作画”。鲁迅曾赠送给他《域外小说集》，至1916年间他们来往很多。

蒯若木

蒯若木（？—1945），名寿枢，字若木，安徽合肥人，佛学居士。与鲁迅同期留学日本，曾任北京铁路监办。蒯若木师从近代著名佛学居士杨仁山，是佛学研究会会员，1926年任金陵刻经处流通处主任，直到1945年去世。鲁迅到北京后，他多次去拜访，1921年2月2日他的夫人去世，鲁迅还去他家吊唁。

吴一斋

吴一斋，名秉成，字一斋，河南固始人。毕业于南京水师学堂，与周作人同赴日本留学，回国后在北京海军部任军法官。鲁迅与吴一斋交往不多，《日记》中只有4次会面的记载，写作“吴君秉成来”，最后一次是1917年4月14日，“寄吴一斋信”。信的内容现已不可考。周作人曾提到过此人：“有一个朋友才从南京出来，鲁迅招待他住在伏见馆，他拿了一小方火腿叫公寓的下女替他蒸一下，岂知她们把它切块煮了一锅汤，他大生其气，见了便诉说他那火腿这一件事，鲁迅因此送他诨名就叫作‘火腿’。这位朋友是河南人，一个好好先生，与鲁迅的关系一直很好，回国后在海军部当军法官，仍与鲁迅往还，不久病故，我就不曾在北京见到他过。”

顾石臣

顾石臣（1880—？），原名芮体乾，到日本留学时改姓顾，名琅，号硕臣、石臣，南京人。鲁迅在南京矿路学堂和日本弘文学院读书时同住一室的同学，二人曾合著《中国矿产志》。该书对宣传自然科学具有很大历史功绩，同时也是二人友谊的见证。1904年鲁迅与顾琅同自弘文学院毕业，顾琅进入东京帝国大学攻读采矿冶金科，鲁迅选择了学医。顾琅回国后任天津直隶高等工业学堂教务长，奉天本溪湖煤矿公司技师等职。著有《中国十大矿厂调查记》等。1912年5月21日、22日顾石臣来访鲁迅，鲁迅却不想见他，《日记》载：“晚顾石臣来，纠缠不已，良久始去。”原因未详。1915年11月有两次宴会二人是同处一桌的。以后他们之间再无交往。

江叔海

江叔海（1857—1935），名瀚，字叔海，号石翁，福建长汀人，硕学通儒。民国后，历任京师图书馆馆长、参政院参政、第一届高等文法官考试主考官、总统府顾问、京师大学堂代理校长等职。1912年在筹建京师图书馆期间，负责管理该馆，鲁迅曾和他有过一次通信，向他介绍藏书情况。1913年2月，江叔海离任，鲁迅去与他见面，讨论交接事宜。

夏揖颜

夏揖颜，名斌，字揖颜，江苏南京人，鲁迅在日本弘文学院学习时的同学。1913年1月23日访鲁迅，《鲁迅日记》载："计不见已十年。"2月18日早晨，鲁迅收到夏揖颜信，说将返回南方；在去教育部的路上遇见了他，随即返回邑馆，取了二套《域外小说集》送给他。以后就再无音讯。

王懋熔

王懋熔（？—1913），字佐昌，曾任京师图书馆馆员。1913年时与鲁迅交往较多，曾赠鲁迅《小学答问》，鲁迅也到图书馆找他借书、还书。他病逝后，鲁迅还曾"奠王佐昌三元"。

徐景文

徐景文，牙医，在北京王府井开业。鲁迅经常牙痛，从1913年至1916年共到徐景文的牙科诊所治牙19次。

卢润州

卢润州，名景亮，号润州，又作闰州，江苏镇江人，周作人在南京水师学堂时的同学。1913年间在浙江高等审判厅任职，1916年任浙江鄞县地方审判厅厅长。1916年到京多次拜访鲁迅，并一起共过饭。

单新斋

单新斋，安徽人，鲁迅在南京矿路学堂读书时的同学。《鲁迅日记》载：1913年9月2日，"早同学单新斋来谋生活无着，劝之归，送川资十元"。

＊齐如山

齐如山

齐如山（1877—1962），名宗康，字如山，河北高阳人，鲁迅好友齐寿山之兄，戏剧理论家、戏剧教育家。著述颇丰，曾为梅兰芳编写剧本数十种。1915年9月被聘为通俗教育研究会戏曲股名誉会员。鲁迅与齐家兄弟交谊颇深，一起聚过餐，他还曾以自著《说戏》一册送给鲁迅。1949年齐如山去台湾，晚年在台湾度过。

黄季刚

黄季刚（1886—1935），名侃，字季刚、季子，晚年自号量守居士，湖北蕲春人，音韵、文字、训诂学家，国学大师。留学日本时与鲁迅同听章太炎讲学。1914年间任北京大学教授。鲁迅曾赠他《域外小说集》，还曾与他和北京大学教授们聚过餐。

王君直

王君直（1867—1931），本名王金宝，字丽泉，后改名益保，字君直，天津人。1905年任学部主事，民国后在内务部任职。擅长书法，有《君直先生临查升宫词百首》行世。他是著名京剧票友、教育部通俗教育研究会戏曲股名誉会员，对京剧事业贡献很大，梅兰芳、谭鑫培的成名都有他的功劳。鲁迅只与他有一面之缘，1913年11月15日伍仲文为张仲素到长江一带视察饯行，鲁迅与他同在座。

雷志潜

雷志潜，名渝，字志潜，湖南桂阳人。1913年时任京师图书馆馆员，与鲁迅有多次接触。曾因王佐昌旅费事责问鲁迅，鲁迅认为这个年轻人不明事理。

张景良

张景良，字师石，山西介休人，曾任上海文明书局总纂。张景良于《鲁迅日记》中只出现过一次：1914年1月16日，“晚顾养吾招饮于醉琼林，以印二弟所译《炭画》事与文明书局总纂商榷也。其人为张景良，字师石，允代印，每册售去酬二成”。在饭桌上，他们谈妥了出版《炭画》的事，4月《炭画》顺利出版。以后他们为出版事还有一次书信往来。

汤聘之

汤聘之，1914年4月6日，汤聘之持来雨生的信来找鲁迅，请其为自己参加应县知事考试作保。鲁迅与他只有一面之缘。

侯希民

侯希民（1882—？），名毓汶，字希民，江苏无锡人，北京医院医师。1914年鲁迅因筹办儿童展览会事而奔波，导致生病，5月14日到北京医院由侯希民医师看病并开药。

程伯高

程伯高（1878—？），名莹度，字百高，又作伯高，四川云阳人，同盟会员，刘历青之友。1911年四川保路运动中曾任保路同志会讲演部长。1914年时为参议院议员。1914年11月22日刘历青在广和居请客时与鲁迅同在座。后鲁迅送过他《小学答问》一本。

汪旭初

汪旭初（1890—1963），原名东宝，后改名东，字旭初，江苏吴县人，语言文字学家。曾留学日本，听章太炎讲小学，与黄侃、钱玄同、吴承仕称为“章门四弟子”。民国初年任内务部佥事、大总统府法律咨议等职。1914年12月31日在马幼渔家聚餐时与鲁迅同在座。

刘济舟

刘济舟，名乃弼，字济舟，安徽人，鲁迅在南京矿路学堂和东京弘文学院读书时的同学。1915年1月拜访鲁迅，鲁迅与几个老同学在劝业场请他吃了饭。

刘升

刘升，教育部的工友。《鲁迅日记》中有五处记载。他给鲁迅送过醉枣，帮鲁迅做过汇款、接站等事。1929年鲁迅在上海时，还给鲁迅写过信。可见他们之间相处还是不错的。

沈康伯

沈康伯，江苏南京人，鲁迅在南京矿路学堂读书时的同学。1915年7月8日来北京拜访过鲁迅，《鲁迅日记》载：20日，“沈康伯将赴吉林，晚与伍仲文、张协和公饯于韩家潭杏花春，坐中又有范逸丞、稚和兄弟及顾石臣”。

陆润青

陆润青，江苏南京人，鲁迅在南京矿路学堂时的同学。1915年9月6日曾拜访鲁迅。

陈孝庄

陈孝庄，名宝泉，字筱庄，又作孝庄，天津人。1915年时任北京高等师范学校校长。1915年9月29日高阆仙在同和居请客时，与鲁迅同在座。

郭令之

郭令之，未详。1915年10月12日曾赠鲁迅《急就章草法考》二册、《偏旁表》一册，石印大本。

魏兰

魏兰（1866—1928），字石生，浙江云和人。1904年从日本东京返国，会见蔡元培，共商江浙反清计划。与蔡元培、陶成章一起在上海创立光复会。民国后曾任浙江永康、武康等县县长。1915年以免试知事入京，经龚未生介绍于1915年11月21日拜访鲁迅。

范逸丞

范逸丞，名实，字亦陈，江苏南京人，鲁迅在南京矿路学堂时的同学。《鲁迅日记》载：1912年10月26日，“遇范亦陈，予购布三元”。又载：1915年11月20日、21日与顾石臣等在韩家潭杏花春饭庄和陕西巷聚餐。

余日章

余日章（1882—1936），湖北蒲圻人。曾留学美国，获博士学位。1912年应蔡元培邀请，参加第一次全国教育会议，任北京《英文日报》助理主编。1913年任中华基督教青年会全国协会演讲部主席。1915年12月6日应教育部之邀做“各国教育之比较”的演说，鲁迅出席听讲。

黄炎培

黄炎培（1878—1965），字任之，上海人，教育家，著有《中国教育史要》等。1905年参加同盟会，辛亥革命后曾任江苏省教育司司长。1915年曾随农商部游美实业团到美国调查教育情况，回国后应邀于12月5日至17日到教育部讲演。16日鲁迅出席了教育部为黄炎培办的茶话会。

祝荫庭

祝荫庭，名椿年，字荫庭，北京大兴人，书法家。1912年蔡元培委任祝荫庭为北京教育会会长，后曾任河北省教育厅厅长。1916年1月24日，祝荫庭丧母时，鲁迅赙礼金一元。

马孝先

马孝先（1864—1933），名毓宝，字孝先、元良，安徽蒙城人。早年毕业于北洋陆军大学，辛亥革命时任九江都督，1912年任大总统顾问。经许铭伯介绍认识鲁迅。1917年间曾四次拜访鲁迅，鲁迅赠他《会稽郡故书杂集》一部，还赠他一些重出的拓片。

王画初

王画初，名道元，字画初，《日记》中又称作华祝，河北新安人。1912年9月任北京四中首任校长。1917年间为京师学务局中学教育科科长，1924年后任京师学务局局长。与鲁迅同处教育系统，当有许多联系。《鲁迅日记》中载：1917年7月12日，曾一起到许寿裳家避难；1918年8月31日，与教育部几个同事在齐寿山家聚餐。

刘半农

＊刘半农

刘半农（1891—1934），原名刘寿彭，字伴侬，后改名刘复，字半农，号曲庵，江苏江阴人，著名文学家、语言学家和教育家。1917年到北京大学任法科预科教授，同时参加《新青年》杂志的编辑工作，反对文言文，提倡白话文。1920年后先后到英国、法国留学，1925年获法国国家文学博士学位。1925年秋回国，任北京大学国文系教授、《世界日报·副刊》编辑等。他一生著作颇丰，著有《扬鞭集》、《瓦釜集》、《半农杂文》，编有《初期白话诗稿》等。1918年2月10日他在北京第一次拜访鲁迅，之后交往甚密，友谊深厚，常一起聚会、书信往来、赠送书籍，并和钱玄同一起向鲁迅约稿。1926年校勘、标点《何典》，鲁迅为作《〈何典〉题记》。

1927年后，他们中有了一些误会，关系逐渐疏远。1934年病逝后，鲁迅创作《忆刘半农君》，以示怀念。

＊胡适

胡适

胡适（1891—1962），原名洪骍，字希疆，后改名胡适，字适之，笔名天风、藏晖等，安徽绩溪人，现代著名学者、文学家，因提倡文学革命而成为新文化运动的领袖之一。1906年考入中国公学，1910年赴美国留学。1917年回国后，任北京大学教授，提倡"文学改良"和白话文学，是五四新文化运动的重要人物。1918年至1920年参加《新青年》编辑工作。1920年底提出"《新青年》不谈政治"的主张，曾遭鲁迅反对。1924年前从事小说史研究，鲁迅与他往来较多。

顾石君

顾石君，名兆麐，字石君，北京宛平人。1918年8月31日齐寿山在家中请客时与鲁迅同在座，时任京师学务局小学教育科科长。

＊徐悲鸿

徐悲鸿

徐悲鸿（1895—1953），画家、美术教育家，江苏宜兴人。1917年留学日本学习美术，1918年时任北京大学画法研究会导师。1919年留学法国学西画，归国后长期从事美术教育，先后任教于国立中央大学艺术系、北平大学艺术学院和北平艺专。1949年后任中央美术学院院长。1918年12月22日刘半农在东安市场中兴茶楼设宴，鲁迅与周作人出席，同席还有徐悲鸿、钱秣陵、沈士远、沈尹默、钱玄同。

陶孟和

陶孟和（1888—1960），名履恭，字孟和，天津人，社会学家。1906年赴日本留学，1910年赴英国伦敦大学学习社会学和经济学，1913年获经济学博士学位。同年归国，任北京高等师范学校教授。1914年至1927年历任北京大学教授、系主任、文学院院长、教务长等职。曾参加编辑《新青年》。1919年初，陶孟和曾赴欧洲考察，《鲁迅日记》载：2月12日，“向晚同往欧美同学会，系多人为陶孟和赴欧洲饯行，有三席，二十余人”。

刘文典

＊刘文典

刘文典（1889—1958），字叔雅，安徽合肥人，文史学家。曾赴日本留学，1919年后历任北京大学国文系教授、安徽大学校长、清华大学国文系主任。《鲁迅日记》载：1919年4月29日，“至前门外西车站饭，同坐陈百年、刘叔雅、朱逖先、沈士远、尹默、刘半农、钱玄同、马幼渔，共十人”。

陈顺龙

陈顺龙，牙科医生。1917年至1923年间，鲁迅共到陈顺龙处治牙9次。

李大钊

＊李大钊

李大钊（1889—1927），字守常，河北乐亭人，马克思主义在中国最早的传播者，中国共产党创始人之一。曾赴日本留学，1916年回国，任《晨钟报》主编。1918年任北京大学图书馆主任，参加编辑《新青年》杂志的工作，先后任北大评议会评议员，经济、历史等系教授。在《新青年》编辑会上与鲁迅相识并开始交往。1927年，李大钊在北京被奉系军阀张作霖逮捕，并遭杀害。鲁迅后来在《〈守常全集〉题记》中回忆道：“我最初看见守常先生的时候，是在独秀先生邀去商量怎样进行《新青年》的集会上，这样就算认识了。不知道他其时是否已是共产主义者。总之，给我的印象是很好的：诚实，谦和，不多说话。《新青年》的同人中，虽然也很有喜欢明争暗斗，扶植自己势力的人，但他一直到后来，绝对的不是。”

＊傅斯年

傅斯年

傅斯年（1896—1950），字孟真，山东聊城人，历史学家，古典文学研究专家。1913年考入北京大学预科，1916年转入北京大学文科。1918年夏与罗家伦等组织新潮社，创办《新潮》月刊。1919年毕业后先后留学英国、德国。1926年冬回国，任广州中山大学教授兼文学院院长和历史系、中文系主任。鲁迅与傅斯年在1919年4月初有书信往来，在广州时傅斯年常与鲁迅相聚。

＊陈独秀

陈独秀

陈独秀（1879—1942），原名庆同，字仲甫，安徽怀宁人，新文化运动的倡导者和主要领导人之一，中国共产党主要创始人之一。1915年9月在上海创办并主编《青年》杂志，一年后杂志改名《新青年》。1917年初受聘为北京大学文科学长，1918年12月与李大钊等创办《每周评论》。因编辑《新青年》与鲁迅相识，但无见面的记载。1920年至1921年鲁迅经常寄稿件给他，并常有往来书信。鲁迅在《我怎么做起小说来》一文中曾说：“这里我必得记念陈独秀先生，他是催促我做小说最着力的一个。”

* 郑振铎

郑振铎

郑振铎（1898—1958），笔名西谛，福建长乐人，文学家、文学评论家，著有《文学大纲》、《插图本中国文学史》、《中国通俗文学史》等。1917年入北京铁路管理传习所学习。1920年与沈雁冰等发起成立文学研究会，创办《文学周刊》、《小说月报》。曾任上海商务印书馆编辑、《小说月报》主编等，1927年旅居英、法，回国后历任燕京大学教授、暨南大学文学院院长等职。1937年与胡愈之等组织复社，编辑出版《鲁迅全集》。1921年4月起与鲁迅开始通信，此后有大量书信往来。1926年鲁迅到上海后始与他见面。他们的关系一直保持到1936年鲁迅去世前。1933年与鲁迅合编著名的《北平笺谱》、《十竹斋笺谱》，鲁迅译的《死魂灵》还列入郑振铎主编的《世界文库》。

* 汪静之

汪静之

汪静之（1902—1996），安徽绩溪人，诗人。1921年在浙江第一师范学校读书，通过周作人与鲁迅相识并开始通信。历任武昌旅鄂湖南中学、保定育德中学、暨南大学附中国文教员，商务印书馆特约编辑等职。1921年起在《新潮》、《小说月报》、《新青年》等杂志发表新诗，与潘漠华、应修人、冯雪峰等创立湖畔诗社。1922年出版新诗集《蕙的风》，鲁迅曾为他修改作品。1925年8月26日他与章衣萍、吴曙天一起来看过鲁迅。

宫竹心

宫竹心（1899—1966），山东东阿人。1921年在北京邮政局工作时给周作人写信，鲁迅为之代复，从此他们书信不断。同年，他据英译本翻译了俄国作家契诃夫的小说《坏孩子》，鲁迅又据德译本帮他修改，使该小说得以在《晨报·副刊》发表。1921年10月16日他首次拜访鲁迅，同年11月25日还有一次造访鲁迅的记录。

高福林

高福林，《日记》又称作高医士，美国传教士，绍兴福康医院院长。1921年到北京参加医学会议时于8月10日拜访鲁迅。

张凤举

张凤举（1895—1986），名黄，字凤举，又字定璜，江西南昌人，作家、翻译家。曾留学日本，1921年回国后历任北京大学、中法大学教授，北京女子师范大学讲师。创造社成员，曾有很多文章在《创造》、《语丝》、《猛进》等杂志上发表，1925年12月至1926年4月与鲁迅轮流编辑《国民新报·副刊》（乙种）。他与鲁迅1921年至1929年间有密切交往，曾互赠书籍、拓片，共编刊物，还常与周作人、马幼渔、沈士远等朋友聚餐。1925年曾在《现代评论》上发表《鲁迅先生》一文，可称为中国鲁迅研究史上第一篇有分量的文章。

萧友梅

萧友梅（1884—1940），广东中山人，音乐家，国立音乐院（今上海音乐学院）创始人之一。曾留学日本、德国，回国后任北京大学国文系讲师，并主持该校音乐研究会。1921年9月1日马幼渔宴请时他与鲁迅及张凤举、钱玄同、沈士远、沈尹默、沈兼士同在座。

徐耀辰

徐耀辰（1895—1978），名祖正，字耀辰，又作曜辰，江苏昆山人，作家、翻译家。曾留学日本。1922年回国后，经留日时的好友张凤举介绍，在北京高等师范学校任教。1923年由周作人介绍到北京大学任教授，1926年兼任北京女子师范大学讲师。1923年时他与鲁迅兄弟是关系非常亲密的好友，常一起与北大名流们聚餐宴饮。1929年5月鲁迅回京探亲时还特地与老朋友在餐馆相聚。

贺嗣章

贺嗣章，号赐湖，《鲁迅日记》误记作贺慈章，曾为日本人永持德一的翻译。曾随永持德一一起造访鲁迅。

冯省三

冯省三，山东平原人。曾为北京大学预科法文班学生，1921年因反对学校征收讲义费而被开除。1923年与陈声树等创办世界语专门学校，请鲁迅到该校兼课。至1924年，他们来往很密切。荆有麟《鲁迅回忆断片》曾写道："北大旁听生冯省三，有一天跑到鲁迅先生家里，向鲁迅先生床铺上一坐，将两脚跷起说：'喂，你门口有修鞋的，把我这双破鞋，拿去修修。'鲁迅先生毫不迟疑地，将冯省三的破鞋，拿去修好后，取回来，套到他的脚上。可是，冯省三连谢都没有说一句，悻悻地走掉了。鲁迅先生在每提到这件事时，总是说：'山东人真是直爽哇！'"

李小峰　蔡漱六

李小峰（1897—1971），名荣弟，字小峰，又作晓峰，笔名林兰，江苏江阴人。1923年自北京大学哲学系毕业。曾为新潮社成员，负责出版发行工作。通过孙伏园介绍与鲁迅相识。鲁迅第一次和他见面是1923年4月8日在中央公园（今中山公园），"同饮茗良久"。此后鲁迅一直和他保持密切往来，书信不断。1924年与孙伏园等创办《语丝》周刊。1925年，在鲁迅支持下，与大哥李志云、夫人蔡漱六及孙伏园集资在北京创立北新书局，以《新潮社文艺丛书》、《语丝》为基础展开业务，李志云为经理，他负责组稿、编辑、出版。此后，鲁迅的大部分著译都交他出版，还为他编辑、校阅书稿，编选丛书。1927年4月他随北新书局迁到上海，鲁迅又曾为他编《语丝》和《奔流》杂志。

蔡漱六（1900—？），又作林兰，江苏无锡人。1924年初与李小峰结婚，1925年 3 月后协助李小峰经营北新书局，常与李小峰一起拜访鲁迅。

陈声树

陈声树（？—1968），陕西汉阳人，世界语者。1920年考入北京大学经济系学习。1921年在校期间学习世界语，老师为俄国盲诗人爱罗先珂。1923年6月7日，《鲁迅日记》载："午后往世界语学校筹款游艺会。"这是由陈空三、陈声树、冯省三等人发起的世界语学校筹款游艺会，鲁迅、蔡元培、爱罗先珂、周作人、钱玄同连同陈空三、陈声树、冯省三等11人，共同组成该校董事会。鲁迅为发起人和董事之一，并于本年9月至1925年3月在该校讲授小说史。1923年至1924年间陈声树常到鲁迅家商谈。

李茂如

李茂如，买卖房屋的掮客。1923年8月至10月，鲁迅为购房由他引领看了很多处房屋。

吴月川

吴月川，买卖房屋的掮客。1923年8月后，鲁迅为购房由他引领看房多处，最后由他做中间人确定购买西三条21号院。

俞平伯

俞平伯（1900—1990），原名俞铭衡，字平伯，清代朴学大

* 俞平伯孩提时像，由俞樾携之

师俞樾曾孙，浙江德清人，现代诗人、作家、红学家，著有《红楼梦辨》、《红楼梦研究》等。1923年时任北京大学国文系讲师。1923年11月10日曾托李小峰、孙伏园赠鲁迅照片，为俞平伯孩提时像，由俞樾携之。

连海

连海，阜成门内宫门口西三条21号院原房主。1923年12月2日鲁迅买房办完房契后，与其共饭。

伊立布

伊立布，鲁迅购买阜成门内宫门口西三条21号院时原房主连海方面的中间人。1923年12月2日鲁迅买房办完房契后，与其共饭。

陈蓉镜

陈蓉镜，应为陈荣镜，湖北荆门人。1923年12月7日因他夫人去世鲁迅赙以一元，时任教育部视学。

李德海

李德海，鲁迅翻修西三条21号院时请的瓦匠，1924年1月至5月共付他工钱1200元。

邓梦先

邓梦先，曾任北京世界语专门学校校医。1924年2月25日鲁迅到世界语专门学校讲课，校医邓梦先给他种痘三点，又为鲁迅诊断出肋膜炎，给开了药方。28日，鲁迅到山本医院复诊，得知所患疾病为神经痛而非肋膜炎；当晚邓梦先来拜访鲁迅，鲁迅赠他《桃色的云》一本。

顾竹侯

顾竹侯（1872—1935），名震福，字竹侯，江苏淮安人，声韵训诂学家、经学家、灯谜专家。著有《小学钩沉续编》、《方言校补》、《释名校补》等。曾为北京女子高等师范学校国文系教授。1924年4月16日，鲁迅赴女子高等师范学校文艺研究会时与他相见。

邓以蛰

邓以蛰（1892—1973），字叔存，安徽怀宁人，美学家、美术史家、教育家，清代大书法家、篆刻家邓石如之五世孙，著名核物理学家、两弹之父邓稼先之父。曾留学日本、美国，1912年任安徽教育司司长。1924年5月11日鲁迅与孙伏园到中央公园（今中山公园）饮茶，遇到邓以蛰等，“谈良久，逮夜乃归”。

杨荫榆

＊杨荫榆

杨荫榆（1884—1938），江苏无锡人。曾留学日本，1914年任北京女子师范学校学监，1918赴美留学。1924年任北京女子师范大学校长，1925年因女师大风潮被撤职。其间，鲁迅始终坚定地支持女师大学生反对杨荫榆的斗争。1924年9月14日，她曾与胡人哲一起到西三条鲁迅居所造访，劝说鲁迅不要辞职。

胡人哲

胡人哲，又名萍霞，《鲁迅日记》中又称作胡平霞、吴萍霞，湖北孝感人。1920年北京女子高等师范学校讲习科毕业，1924年间为该校舍监。1924年至1925年间鲁迅与她交往很多，她生病时，鲁迅还曾到医院探望。1925年她回孝感时还与鲁迅有书信往来。

章衣萍　吴曙天

章衣萍（1900—1947），名洪熙，字衣萍，《日记》又称作洪熙，安徽绩溪人，作家。1924年9月28日由孙伏园介绍携妻吴曙天首次拜访鲁迅并开始交往，后参加筹办《语丝》并成为撰稿人。1927年夏到上海暨南大学文学院任教。

吴曙天（1903—1942），名曙天，山西翼城人，章衣萍之妻。曾在《晨报·副刊》发表文章，译著有《雅歌》等。

1924年至1930年间章衣萍夫妇经常拜访鲁迅，常在一起聚餐宴饮，互赠书籍。还曾陪伴鲁迅母亲游过钓鱼台，关系很密切。

＊顾颉刚

顾颉刚

顾颉刚（1893—1980），江苏吴县人，历史学、民俗学家，著有《古史辨》等。1920年自北大哲学门毕业，留校任助教。1921年改任北大研究所国学门助教，任《国学季刊》编委。1923年底担任《歌谣》周刊编辑，1926年、1927年先后在厦门大学、广州中山大学任教授。1924年10月12日顾颉刚与常维钧首次拜访鲁迅，之后他们常有书信来往。《国学季刊》的封面就是鲁迅设计后寄给他的。他曾将《古史辨》赠鲁迅。1927年后两人因观点不同而疏远。

＊高长虹

高长虹

高长虹（1898—1954），本名高仰愈，笔名高长虹，山西盂县人，狂飙社的主要成员。1924年9月创办《狂飙》月刊，1925年与鲁迅、韦素园等合办《莽原》。他的第一本杂感与诗的合集《心的探险》就是由鲁迅选编、校正后编入《乌合丛书》出版的。1924年12月10日，他初次晤见鲁迅，之后他们往来非常密切，到1926年鲁迅离开北京之前，《鲁迅日记》中提及高长虹有一百多处 。鲁迅离京后，他开始对鲁迅进行攻击，鲁迅也著文予以批判。

项拙

项拙，又名亦愚，胡也频在海军学校学习时的同学。1924年12月至1925年月4月与胡也频、荆有麟等合编《京报·民众文艺周刊》，1924年12月28日，荆有麟在中兴楼餐馆设宴，鲁迅与他同在座。1925年在编刊期间与荆有麟数次拜访鲁迅。

胡崇轩

胡崇轩（1903—1931），后改名胡也频，福建福州人，作家，女作家丁玲的丈夫。1924年12月至1925年月4月与荆有麟、项拙等合编《京报·民众文艺周刊》，其间与鲁迅交往很多，鲁迅曾帮助审阅部分稿件并为其作杂文多篇。后加入“左联”，1931年2月7日被国民党秘密杀害于上海龙华淞沪警备司令部。

阎宗临

阎宗临（1904—1978），字琮琳，笔名已燃，又作已然，山西五台人。1925年经高长虹介绍认识鲁迅，同年底赴法留学，1929年曾访问法国著名作家罗曼·罗兰，并翻译其著作《米开朗琪罗传》，罗曼·罗兰亲自撰写了中译本序言。1925年2月8日在高长虹的陪同下首访鲁迅，并互赠书籍，到法国后还有书信往来。

＊冯文炳

冯文炳

冯文炳（1901—1967），笔名废名，湖北黄梅县人，京派小说家，著有《竹林的故事》、《莫须有先生传》等，语丝社成员。1922年考入北京大学预科班，1924年正式升入北大英国文学系。1925年至1929年间多次拜访鲁迅，并有书信往来。

黄昌谷

黄昌谷（1889—1959），字贻荪，湖北蒲圻人。曾留学美国，1912年后历任孙中山私人秘书、北京《民国日报》编辑。1925年2月17日与邵元冲一起请鲁迅宴饮，鲁迅“晚一赴即归”。

＊徐旭生

徐旭生

徐旭生（1888—1976），名炳昶，字旭生，河南唐河人，史学家。曾留学法国，1919年归国后，先后任河南留学欧美预备学校教授、北京大学哲学系教授，兼北京女子师范大学讲师。曾编辑《猛进》周刊。1929年任北平大学第二师范学院院长。1930年任中国西北科学考察团团长。他与鲁迅是好友，1925年至1929年间他们常有书信往来，并有互访和共同聚餐，曾将所著《西游日记》赠给鲁迅。

张辛南

张辛南（？—1949），名毓桂，字辛南，河北平乡人。1921年自北京大学英文系毕业，1924年任西北大学讲师，鲁迅赴西安讲学时他负责接待，后任北京师范大学讲师。曾登门拜访鲁迅。

刘子庚

刘子庚，名毓盘，字子庚，浙江江山人。1925年3月20日赠鲁迅自刻本《濯绛宧词》一本，时任北京师范大学国文系教员。

王又庸

王又庸（1891—1963?），字平秋，江西省兴国人。曾留学日本，1925年回国。章衣萍、吴曙天、孙伏园欲向他学习日语，1925年3月21日在西车站食堂设宴请客时邀鲁迅作陪。

陆士钰

陆士钰，曾与胡也频等办《京报》附设的第二种周刊《民众文艺》。1925年3月28日与荆有麟、胡也频一起拜访鲁迅。

李庆裕

李庆裕，《日记》中又记作李竹斋、李竹泉，北京琉璃厂云松阁店主之子。云松阁是一家古玩店，鲁迅常去云松阁购买古钱。门口横匾上写着李竹庵之名，当时的店主是李竹庵的儿子李尧臣，李庆裕在店中协助做生意。李庆裕懂得种树，《鲁迅日记》记载：1925年4月3日，“云松阁李庆裕来，议种花树”。又记载：4月5日，“云松阁来种树，计：紫白丁香各二，碧桃一，花椒、刺梅、榆梅各二，青杨三”。

陈空三

陈空三，名廷璠，字空三，陕西户县人。1922年自北京大学哲学系毕业。1923年与陈声树、冯省三等合办世界语专门学校，任该校董事。鲁迅于1924年4月7日曾到顺城街拜访过他，以后还有书信往来。

李小酩

李小酩，曾为北京大学学生，《莽原》周刊投稿者。1925年4月至10月间多次因稿件事造访鲁迅。

赵荫棠

赵荫棠（1893—1970），字憩之，河南省巩县人，音韵学家，著有《中州音韵源流考》等。1924年考入北京大学研究所国学门，1926年为北京师范大学国文系讲师。1932年至1939年，先后任教于北京大学、辅仁大学等。1925年5月29日、1926年6月9日曾两次拜访鲁迅，其间他们还有书信往来。

索非

索非（1899—？），原姓周，安徽绩溪人。1925年5月14日曾拜访鲁迅，时任北京《国风日报》副刊《学汇》编辑。

＊邵飘萍

邵飘萍

邵飘萍（1886—1926），原名镜清，后改振青，字飘萍，浙江金华人，著名报人，《京报》总编辑。1918年10月创办《京报》。鲁迅于1925年4月至11月为该报编辑《莽原》周刊，5月25日鲁迅寄邵飘萍由他拟稿的《对于北京女子师范大学风潮宣言》，27日在该报发表。

胡敩

胡敩，字成才，浙江龙游人。1924年自北京大学俄文系毕业。曾翻译勃洛克长诗《十二个》，鲁迅与韦素园对译文进行了校改，收入《未名丛刊》，并为其作后记一篇。1925年6月20日初次见鲁迅，7月至10月间曾8次造访鲁迅，应是讨论关于翻译的问题。

抱朴

抱朴，原名秦涤清，无政府主义者。1925年7月16日曾造访鲁迅。

李玄伯

＊李玄伯

李玄伯（1895—1974），名宗侗，河北高阳人，易培基之婿，李石曾之侄。曾留学法国。1925年间任北京大学法文系教授、北京师范大学讲师，是《猛进》周刊编者之一。鲁迅曾寄稿件给他，他曾赠鲁迅《百回本水浒传》。1926年3月7日刘半农在家设宴时与鲁迅同在座。

李福海

李福海，河北宛平人。1925年10月28日曾拜访鲁迅，鲁迅称他为“李福海君”，时任北京高等师范学校录事。

顾孟余

＊顾孟余

顾孟余（1888—1972），名兆熊，字孟余，《日记》中又称作孟渔、梦渔、顾君，祖籍浙江绍兴，生于河北宛平。曾留学德国，1925年时任北京大学经济系教授、北京教育会会长。后历任广州中山大学委员会副委员长、国民党中央执行委员。1925年至1934年他们多有书信往来，鲁迅曾多次拜访他。

邓飞黄

邓飞黄（1895—1953），原名声坦，字子航，湖南桂东人。1925年自北京大学经济系毕业后主编《国民周报》、

《国民新报》。1925年12月7日曾拜访鲁迅，鲁迅为他编辑《国民新报·副刊》（乙种），至1926年间，他们书信不断。

林语堂

＊林语堂

林语堂（1895—1976），原名和乐，后改玉堂，又改语堂，文学家、语言学家，福建龙溪人，出身于基督教家庭，父亲为教会牧师。曾留学美国、德国。1923年回国后，在清华大学、北京大学任教。1925年任北京女子师范大学教务长和英文系教授。1924年至1926年间常为《语丝》、《莽原》、《国民新报·副刊》撰稿。1926年到厦门大学任文学院长，研究语言。鲁迅与林语堂从1925年后关系颇深，书信往来频繁，1926年3月7日刘半农在家设宴时，鲁迅与他都出席了。之后他们曾多次聚餐。直到1934年他们都保持着密切联系。林语堂1966年定居台湾，1976年在香港逝世。

郑效洵

郑效洵（1907—1999），笔名孝嵩、郑岱，福建闽侯人，狂飙社成员。1929年肄业于北京大学。《鲁迅日记》载，1925年12月22日与向培良一起拜访鲁迅，1926年2月12日、13日与高长虹一起拜访鲁迅。

敬隐渔

敬隐渔（1901—1930），四川遂宁人，作家、翻译家。1925年留学法国，他把鲁迅的文章翻译成法语，发表在由罗曼·罗兰创立的《欧罗巴》杂志上，是第一个把鲁迅的短篇小说《阿Q正传》翻译成法语的人。1926年至1927年间他和鲁迅一直保持着书信往来。

缪金源

缪金源，字渊如，江苏江台人。1922年自北京大学哲学系毕业，后曾在辅仁大学任教。1923年时与鲁迅有书信往来，1926年5月1日曾拜访鲁迅，1935年时还有书信往来一次。

傅彦长

傅彦长（1891—？），湖南宁乡人。1926年5月15日曾拜访鲁迅，时为上海《音乐界》杂志编辑。

马珏

马珏（1901—？），浙江鄞县人，马裕藻之女。1926年在孔德学校读书，1929年入读北京大学预科，1931年至1934年为北京大学政治系学生。鲁迅与她是忘年密友，她在孔德学校读书时常随父亲到八道湾鲁迅家去玩，1925年间，曾写过《初次见鲁迅先生》一文，登在《孔德学校旬刊》上，她和鲁迅的通信持续到1932年，往来书信有五十多通。鲁迅常赠书给她。

陈慎之

陈慎之，名式金，字慎之，山东历城人。1926年时在北京大学总务处任办事员，该年6月15日、18日曾访鲁迅。

赵丹若

赵丹若（1892—1966），名廷炳，字丹若，浙江嘉善人。1918年毕业于北京大学化学系。1924年任北京女子师范大学教授、理科主任。女师大风潮时，曾与鲁迅等组织校务维持会，保护学生留校就读，反对迫害学生。1927年，任浙江大学教授。1926年8月14日曾拜访鲁迅。

趋时和复古

刘半农由趋时而复古，鲁迅则由复古而趋时。鲁迅的"复古"有些另类，并非为了"保留国故"，而是在延续儿时的梦。百草书屋里的小"长庚"就曾用荆川纸描《西游记》的绣像。

藏　书

书籍的世界浩如烟海。中国有"学富五车"的说法，形容读书广泛、知识渊博，鲁迅足以当之；又有"读书破万卷，下笔如有神"，鲁迅亦足以当之。鲁迅文章中的思想、哲理，以及喜怒哀乐等情感的变化大都是从博览群书中得来的。中国自古就有很多藏书家，而真正将书读懂、读透者并不多，鲁迅则是例外。在众多的藏书家中，鲁迅并不以所藏丰富著名，因为他毕竟不是经济意义上的富翁。鲁迅何以成为中国历史上的伟大思想家和作家，其思想经历了怎样的形成、转变和发展历程，我们可以透过鲁迅所读的书加以了解。

鲁迅出身于书香门第，从小就酷爱读书与藏书，与书结下了不解之缘。儿时的鲁迅喜爱收藏画谱类或带有插图的书，最早收藏的《山海经》被鲁迅称为"最心爱的宝书"。在南京读书时，他将所得的金质奖章卖掉，用所得的钱来买书。在日本学习期间，热衷逛书店，甚至节约订奶的钱来购书。读书、藏书、著书、编书是鲁迅一生最主要的生活内容。

因为鲁迅的生活多次经历动荡、迁徙、变故，所以其藏书的数量至今没有准确的统计。现在由北京鲁迅博物馆等单位保存的鲁迅藏书数量有四千多种，一万三千余册。其中包括中文线装书946种，7704册；中文平装书866种，1112册；中文报刊353种，2069册；外文藏书1158种，3167册。外文藏书中有日、俄、德、英、法等文字。鲁迅藏书类别很广，线装书除包括常见经、史、子、集各部，还有丛书杂著八十多部。平装书也涉及哲学、宗教、社会科学、教育、语言文字、文学、艺术、历史、考古、自然科学等学科。

在北京的鲁迅，由于有稳定的工作和不菲的收入，具备了一定的收藏基础，这一时期是他收藏书籍的一个高峰。据鲁迅的书账统计，他从1912年到北京至1926年离京，其间购书767种，4027册。

鲁迅藏书意在实用，线装书称得上善本的只有21种。许广平在《北行观感》之四《藏书一瞥》中回忆："国学方面的各种类书、丛书也占了一些地位，但似乎没有什么难得的海内孤本，不知是原来没有呢，还是偶有一二亦不能保？或则因为鲁迅先生平时对善本、珍本的购买力未必很多，而他的记忆力强和图书馆的徘徊恐怕对他更易借助。"有许多线装书鲁迅购买的是残本，然后亲手抄配补齐，装订成册。现存鲁迅藏书中的《石屏集》，就是鲁迅用了两个半月的时间，抄录272页补齐装订好的。

从鲁迅在北京时期的购书来看，历年购书侧重点有所不同。1912年至1913年购买艺术画册、书法集、丛书杂著较多。其中美术方面的图书有有正书局陆续出版的《中国名画》，鲁迅陆续购买了第一至第二十一集，可惜现在保留下来的鲁迅藏书中已不见此书。文明书局陆续出版的《神州大观》鲁迅也按期收藏。文明书局是我国最早采用珂罗版、铜版、锌版印刷书籍的书局之一，鲁迅很看重文明书局的印刷质量。《艺术丛编》共39册，鲁迅从1916年底至1921年陆续买全，内有：《戬寿堂所藏殷墟文字》一册，《殷墟文字考释》一册，《双玉珍斋金石图录》一册，《专门名家》一集两册、二集二册、三集二册，《古石抱守录》二册，《十友名言》二册，《寒云书影》一册，《艺术类征》二册，《南越文王冢黄肠木刻字四种》一册，《殷墟书契后编》二册，《殷文存》二册，《殷墟古器物图录》一册，《古器物范图录》一册，《古明器图录》二册、《金泥石屑》一册，《蒿里遗珍拾补》一册，《周金文存》十二册。鲁迅所购此书现存北京鲁迅博物馆。其他美术方面的画册还有《徐青藤水墨画》、《李龙眠九歌图》、《金冬心花果册》、《沈石田灵隐山图》、《文征明潇湘八景册》、《越中三不朽图赞》、《大涤子山水册》、《黄子久秋山无尽图卷》、《阮刻顾恺之画列女传》等数十种。鲁迅初到北京教育部工作，响应蔡元培关于美学教育的倡导，做了大量播布美术的工作。鲁迅购藏美术书籍，一方面是个人爱好，一方面也是工作之需。收藏美术图书是鲁迅一生的藏书重点。

1914年购买的佛学书籍较多，有八十多种。其中有《法句经》、《三教平心论》、《金刚般若经六种译》、《金刚经心经略疏》、梁译《大乘起信论》、唐译《大乘起信论》、《金刚经宗通》、《佛教初学课本》、《佛说般泥洹经》等。从所购的佛学书籍可以看出，鲁迅不但学习佛学经典，而且加以深入的研究。1914年9月，鲁迅还捐银元60元委托南京金陵刻经处刻印了100本《百喻经》。鲁迅曾对许寿裳说过："释迦牟尼真是大哲，我平常对人生有许多难以解决的问题，而他居然大部分早已明白启示了，真是大哲！"这说明鲁迅对佛学有过深入的钻研。

1915年至1924年间鲁迅大力搜集碑帖拓片并进行抄录研究，因此购买了大量金石方面的书籍。其中包括孙星衍《京畿金石考》、《敦煌石室真迹录》、《随轩金石文字》、《吉金所见录》、《金石契》、《遯庵秦汉瓦当存》、《补寰宇访碑录》、《金石续编》、《两汉金石记》、《越中金石记》、《古志石华》、《山右石刻》等。这些书籍对鲁迅辑校石刻的工作都是必不可少的资料。

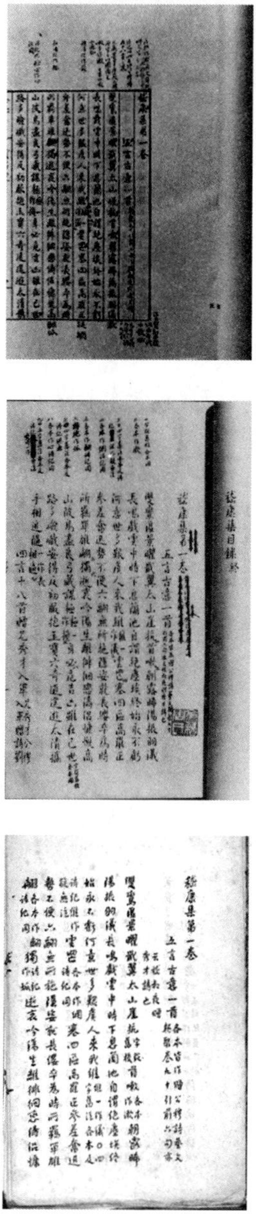

＊鲁迅抄校《嵇康集》的手稿三种

1924年后他所购买的外文书多起来，主要以日文书籍为主，其中以文学、文艺理论、美术方面的书籍居多，鲁迅的译著如《苦闷的象征》、《出了象牙之塔》、《思想·山水·人物》等都是根据这些藏书翻译的。

鲁迅做某个专题研究时，常常将相关资料穷搜殆尽。1923年他编写《中国小说史略》时，在砖塔胡同的居室里堆满了线装书，其中很多是从京师图书馆和通俗图书馆甚至朋友处借来的。在校勘《嵇康集》时，用力更勤：

从1913年10月开始，曾借明吴匏庵“丛书堂”写本抄写了一部，并参校了《北堂书钞》、《艺文类聚》等类书。

1915年7月，他又据蒋抑卮寄来的黄省曾刻本的抄本和另一明刻《嵇中散集》校了一过。

1916年2月，又用程荣刻本与黄省曾刻本的抄本对校一过。

1921年3月2日至8日，用明闽漳张燮（字绍和）整理的六卷本与黄刻本抄本校勘一过。

1921年3月20日，又以赵味沧校本与其所抄的吴宽“丛书堂”本相校一过。

1922年2月16日至17日，又以石印南星精舍本与汪士贤本对勘一过。

1922年8月，又用张溥《百三家集》本校黄刻本一过。

1924年6月，又用《四部丛刊》影印“南星精舍”本与吴宽“丛书堂”本校勘一过。在这次校勘过程中，又参校了黄本、汪本、程本、张溥本、张燮本及其他资料。

直至1935年，鲁迅校勘《嵇康集》十余次，历时长达23年。鲁迅在研究过程中并不局限于自己的藏书，而必求学问之本源，其治学之严谨，令人感佩。

鲁迅的藏书大部分为自己亲自购买，在北京时，除常在琉璃厂、劝业场、东安市场等地购书外，还有部分图书是从上海、杭州甚至日本等邮购的。再就是有一部分藏书是友人所赠，赠书者有季自求、钱稻孙、游允白、许季上、胡适、朱逖先、沈尹默、张凤举、顾颉刚、沈兼士等。这些赠书大多为签名本或毛边本，尤显珍贵。

鲁迅藏书是对其加以研究的最好资料。这是个庞大的话题，但是通过鲁迅藏书，我们可以窥见其思想脉络、知识结构、兴趣爱好等。

石刻

鲁迅自幼读经，国学修养深厚。赴日本留学时，师承国学大师章太炎学习小学，对金石、古文字颇有研究兴趣。1911年在绍兴教学期间，曾带学生去过兰亭、快阁、宋六陵、柯桥、七星岩等文化圣地，也曾与周建人、王鹤照一起郊游，采集植物标本或拓碑帖。鲁迅自1912年北上到北京的教育部任职，至1919年居住在绍兴会馆期间，搜集了两汉至隋唐时期的大量石刻拓片，其中包括造像、墓志、碑拓、砖拓、瓦拓，铜镜、钱币、汉画像等。此后，一直到晚年仍有零散的收藏。现在保留在北京鲁迅博物馆的有4217种，5900余张。

大约在鲁迅创作《狂人日记》并开始“一发而不可收”地创作小说以前，鲁迅的很多精力都用在收藏拓片、抄古碑和研究碑帖上。鲁迅在《〈呐喊〉自序》中曾描述在绍兴会馆的生活：“许多年，我便寓在这屋里钞古碑。”1916年至1918年的《鲁迅日记》中，多有“录碑”、“夜独坐录碑”、“夜校碑”的记载。

《鲁迅日记》载：1912年6月26日，“上午太学守者持来石鼓文拓片十枚，元潘迪《音训》二枚，是新拓者，我以银一元两角五分易之”。这是鲁迅购买拓片最早的记录。好友季自求、杨莘士、钱稻孙、胡绥之、陈师曾等知道鲁迅有此好，都曾赠送过拓片给鲁迅。1915年4月以后，鲁迅开始大量搜集和购买金石碑帖，其中重点是汉画像，唐以前的碑帖拓片，六朝造像及少量的秦汉砖、瓦当拓片。

1916年，鲁迅收集整套拓本较多：如1月12日，托汪书堂代买山东金石保存所藏石拓本全份117枚；1月22日，购买《响堂山刻经造像》拓本一份64枚；3月11日，购买孔庙中的六朝、唐、宋石刻拓本14枚；3月12日，购买孔庙汉碑拓本一份19枚；5月31日，购买江宁梁碑全拓一份16枚；9月8日购买云峰太基山摩崖刻旧拓不全本31种33枚。如此大力搜购，表明鲁迅当时致力于系统收藏古代碑拓。作为其主要收藏的碑拓和造像在时间跨度上从汉代、六朝延续至隋唐，在地域上涉及河南、山东、河北、陕西、山西、四川等省。鲁迅之所以大量地收购碑拓和造像拓片是在为其拟编《六朝碑拓文字集成》、《汉画像集》、《中国字体变迁史》等书做准备。鲁迅购买金石类图书又是为了系统的研究。鲁迅除广泛辑录大量碑拓外，还注意搜集精拓本。1916年鲁迅购买了晚清收藏大家端方的藏拓，如7月28日购买端氏藏石拓本一包，计汉、魏、六朝碑碣14种17枚，六朝墓志21种27枚，六朝造像40种41枚，总计75种85枚；8月8日收端氏所藏造像拓本32种35枚；8月12日收端氏所藏石刻小品拓片22种25枚，又收陶斋藏砖拓片11枚；10月29日购买端氏藏石拓本27种33枚；11月12日买端氏藏石拓本4种4枚；11月24日买端氏藏石拓片3种4枚。

1917年，鲁迅仍继续大量购买碑拓、造像和墓志，特别偏重于六朝造像和墓志的收藏。共购买拓片一千八百多枚。大宗购买

＊萧瑒墓志铭

*萧瑒墓志铭——附盖

的如3月18日，买洛阳龙门题刻全拓一份，大小约1320枚；3月20日，买河朔隋以前未著录石刻拓本30种共48枚；5月6日，买六朝杂造像11种28枚；5月19日，买六朝造像4种13枚；6月17日，买六朝造像7种13枚；11月4日，买吴兴姚氏所藏六朝造像10种13枚。

洛阳龙门题刻，出自河南洛阳龙门石窟，举世闻名，雕刻在伊河两岸的山崖上，长约一公里。从北魏孝文帝迁都洛阳时开始建造，经东魏、西魏、北齐、隋、唐至北宋，开凿400余年，现存窟龛2300百多个，碑刻题记2800余块，佛塔70余座，造像近11万尊，居中国石窟之首。鲁迅所购题刻全拓一份大小约1320枚，是当时所能拓到的较完整的拓片，虽然只是全部题刻的一半不到，但已经具有了相当的规模。这是鲁迅最大宗购买的整套拓片。鲁迅本年月工资为300元，鲁迅用33元的价格买下此套拓片占去月俸的十分之一，但33元的价格合每枚拓片2分5厘，可见当时的拓片是极便宜的。

鲁迅大量汇集六朝碑志是在为编纂六朝碑拓文字做准备，后来编写的《六朝墓名目录》、《六朝造像目录》和《直隶现存汉魏六朝石刻录》等，都是以鲁迅自己的收藏为基础的。

1918年至1919年间，鲁迅拓片收藏的重点仍在六朝墓志、秦汉砖瓦拓片，如1919年2月12日，在德古斋买端氏所藏砖拓一包，包括汉墓砖拓380枚，杂砖拓11枚，六朝墓砖拓25枚，唐、宋、元墓砖拓7枚，总计423枚。鲁迅博物馆现存瓦当拓片仅有169种317张，可见散佚很多。由于端方所藏拓片颇为精美，鲁迅购买其藏拓不遗余力。

收藏石刻拓片对鲁迅而言，很大程度上是一种乐

＊三体石经《尚书》残石

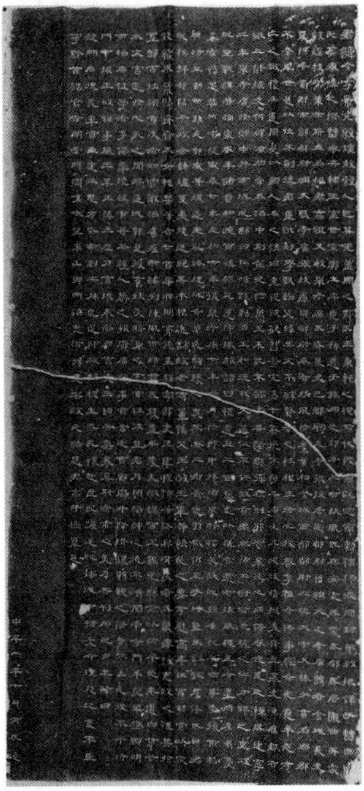

＊曹全碑

趣，但终归是为了解脱精神上的苦闷。以他的才学，在搜集整理基础上进行深入的研究，并取得了卓越的成果。1916年后，鲁迅先后撰写了《〈吕超墓志铭〉跋》、《吕超墓出土吴郡郑蔓镜考》、《〈大云寺弥勒重阁碑〉校记》、《会稽禹庙窆石考》等多篇金石考证文章，还编辑过《俟堂专文杂集》、《寰宇贞石图》等。

鲁迅收藏的石刻拓片无论质量还是数量都相当可观，专业性和艺术性都值得肯定，故而他可称为中国近代史上这一领域的收藏大家。特别是一些从未著录的拓片以及一些实物已损毁不存的拓片尤为珍贵。这些收藏品都是研究中国历史、美术史、书法史等方面的重要材料，鲁迅的石刻拓片收藏与研究对中国文化事业有巨大的贡献。

汉　画

1913年9月11日《鲁迅日记》载："胡孟乐贻山东画像石刻拓本十枚。"胡孟乐是浙江绍兴人，与鲁迅同期留学日本，后同在绍兴教书，同在教育部工作。鲁迅此次获赠的汉画像拓片是山东武梁祠画像佚存石拓本，这也是其收藏汉画像拓片的开始。

汉代画像石是汉代刻于地下墓室与地上祠堂、门阙等建筑上的装饰雕刻，是我国最早的浮雕艺术。汉画像的发现与研究早在北宋时期就已开始，金石学也由此发端，到民国初期已有大量的著录。上世纪初，开始用近代考古学方法整理汉画像资

＊白虎

＊朱雀

料。鲁迅做的正是这个工作。在民国初期，鲁迅是这门学问的开拓者之一。

鲁迅从1915年开始大量收藏汉画像拓片，这一工作一直延续到1935年。现保存在鲁迅博物馆中的汉画像拓片有600余幅，主要是山东汉画像和河南汉画像，其中山东汉画像360余幅，河南汉画像有290幅，此外还有出自四川、甘肃、江苏等地的汉画像。

鲁迅在汉画像的积累上不遗余力，曾想编一部《汉画像集》。1919年6月9日他在给台静农的信中表示了想印汉画像的“小野心”：“对于印图，尚有二小野心。一、拟印德国版画集，此事不难，只要有印费即可。二、即印汉至唐画象，但唯取其可见当时风俗者，如游猎，卤簿，宴饮之类，而着手则大不易。五六年前，所收不可谓少，而颇有拓工不佳者，如《武梁祠画象》，《孝堂山画象》，《朱鲔石室画象》等，虽具有，而不中用；后来出土之拓片，则皆无之，上海又是商场，不可得。兄不知能代我补收否？即一面收新拓，一面则觅旧拓（如上述之三种），虽重出不妨，可选其较精者付印也。”以后更是不断搜集，主要是从琉璃厂等书肆购买，还通过台静农等友人在各地搜集。1926年8月前曾作过一篇《汉画像集》拟目。但出版《汉画像集》的愿望由于财力不足等种种原因最终未能如愿。

鲁迅搜集汉画像的目的一是对文化遗产的保护，二是对文化遗产的开拓和建设。他曾说：“我已确切相信：将来的光明，必将证明我们不但是文艺上的遗产的保护者，而且也是开拓者和建设者。”（《引玉集·后记》）这一点今天已经得到了证明。鲁迅多是从美术考

＊南阳汉画像——女娲

＊南阳汉画像——伏羲

古的角度去搜集汉画像拓片的。对汉画像的收藏与研究是鲁迅一生的爱好，曾多次计划将收集的汉画像石拓片整理出版。为此，鲁迅做过大量的工作，1926年前，就写过《汉画像考》（见鲁迅《厦门通信（三）》），并计划编印出版，但未能完成，现只存残稿50多页。在鲁迅的手稿中还有一页鲁迅自拟的汉画像目录草稿，现存鲁迅博物馆。在上世纪20年代末鲁迅收集的汉画像已具有相当的规模。到鲁迅去世前，其所收集的汉画像数量已经颇具规模；在当时出土的汉画像拓片收藏者中，鲁迅是佼佼者。

鲁迅还主张把汉画艺术融入中国新兴版画艺术中，在1935年9月9日致李桦的信中说："汉人刻石，气魄深沉雄大，唐人线画，流动如生，倘取入木刻，或可另辟一境界也。"鲁迅深爱汉画像艺术，并把它应用在封面设计中，《国学季刊》与译文集《桃色的云》的封面是由鲁迅亲自设计的，其中就采用了汉画像的素材。当中国汉画像研究还处于金石学和考古学领域时，鲁迅就已经把它引申到美术领域了，这使中国新兴版画获益匪浅。

鲁迅还在他的文章中多次提及汉画像。《说胡须》一文中曾提到："清乾隆中，黄易掘出汉武梁祠石刻画像来，男子的胡须多翘上；我们现在所见北魏至唐的佛教造像中的信士像，凡有胡子的也多翘上，直到元明的画像，则胡子大抵受了地心的吸力作用，向下面拖下去了。"在《朝花夕拾·后记》中又这样描述武梁祠的汉画像："汉朝人在宫殿和墓前的石室里，多喜欢绘画或雕刻古来的帝王、孔子弟子、列士、列女、孝子之类的图。宫殿当然一椽不存了；石室却偶然还有，而最完全的是山东嘉祥县的武氏石室。我仿佛记得那上面就刻着老莱子的故事。但现在手头既没有拓本，也没有《金石萃编》，不能查考了；否则，将现时的和约一千八百年前

＊山东嘉祥武氏祠汉画像——人物故事

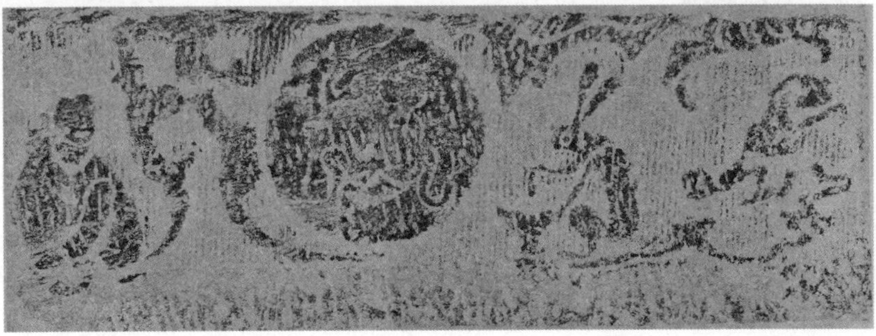

＊南阳汉画像——西王母与月宫

的图画比较起来，也是一种颇有趣味的事。”可见鲁迅对汉画像的观察与研究是多么细致。

藏　画

鲁迅热爱美术，曾收藏很多画谱，到北京后也购买了许多名家画册。鲁迅结识的友人中有好几位是画家，陈师曾、戴螺舲、包公超、刘笠青、林纾、孙福熙、陶元庆等人的画作鲁迅都有收藏。

鲁迅大量收藏版画是离开北京以后，在上海进行的。他的收藏中，有两千多幅中国现代木刻现存上海鲁迅纪念馆，另有近两千幅外国版画现存北京鲁迅博物馆。

＊西山　陈师曾作

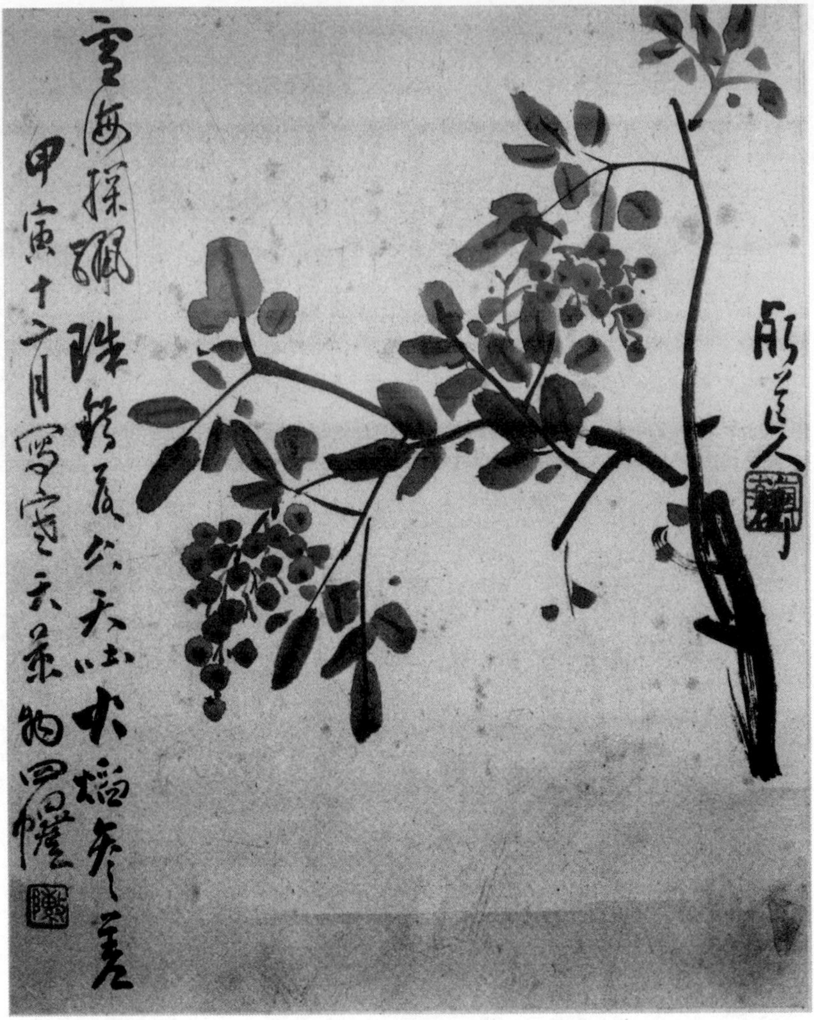

＊天竹　陈师曾作

* 山水　陶诗成作

* 天风海涛　笠青作

＊山水　包公超作

＊山水　林琴南作

* 菊花　孙福熙作

＊花鸟　邴荔丞作

* 山水　戴克让作

＊山水　袁陶盦作

其　他

钱币收藏

《鲁迅日记》载：1913年8月16日，“午后往琉璃厂，在广文斋买古泉十八品，银一圆”。这是鲁迅到北京后第一次购买古钱币的记载。据《鲁迅日记》统计，至1919年6月21日，鲁迅购买古钱共27次，计166枚。购买地点多在广文斋、李竹泉及古董小市等。钱币的种类有春秋战国时的刀币、布币，汉、唐、宋、元、明及清代的古钱。其中不乏较珍贵的品种，如战国时期的“三字齐刀”、“甘丹刀”，唐代“得壹元宝”，新莽时期的“大泉五十”、“小泉直一”等。

鲁迅收藏古钱币具有很专业的眼光，为了收藏古钱币，他专门购置了《古今泉略》、《古金待访录》等多种专业书籍。通过不断的学习，具有很强的辨伪能力，《日记》中常有“佳”、“系伪造品”的文字。鲁迅对古钱币不仅收藏，还有研究。在鲁迅未刊手稿中存有标明“泉志”的手稿23页，记有172种钱币，分别注明了形状、质地、文字字数及字体。

鲁迅收藏钱币时常与周作人交流，周作人当时还在绍兴，鲁迅购买的古钱约有一半寄往绍兴。鲁迅离开北京时将古钱都留在了西三条家中，几经迁徙变故，现北京鲁迅博物馆尚存鲁迅收集的古钱123枚。

俑

俑，亦称“偶人”，是古代随葬的造型艺术品，一般以泥、陶、瓷等材质制作，以人物、动物为主要题材，以秦汉至隋唐时期最为盛行。据统计，鲁迅收藏的俑有57件，其中人俑38件，动物俑19件；按朝代划分，则为汉代6件、南北朝3件，隋代3件，唐代36件，宋代4件，明代3件，清代2件。在鲁迅收藏的俑中，时代最早的是西汉彩绘陶女侍俑，此外还包括各时代的武士俑、

* 鲁迅收藏的陶俑

女乐俑及石猪、陶马、陶猫头鹰、三彩小鸟等。

通过对俑的研究，可以考证该俑所处时代的生活、服饰及艺术特点等。鲁迅购买俑的目的，一方面是收藏保护文物，一方面对俑进行研究。1913年2月2日鲁迅从琉璃厂买到河南北邙出土的随葬品五件，非常珍爱。鲁迅自幼白描功底很好，他将所购土偶以白描绘制下来，并在上面写了说明。

古砖

古砖是古代建筑的材料，战国时期就有使用。古砖上的纪年、纪址、文字、花纹等是一种重要的历史资料，也是金石学研究的重要组成部分。鲁迅从日本回国后在绍兴任职时就开始搜集古砖，1912年到北京后仍在搜集古砖实物及拓片，常与周作人互寄古砖拓片，并想编写一部绍兴地区古砖拓本集《越中专集》。《周作人日记》载：1914年6月23日，“在贯珠楼红木店得汉砖二，计洋一元。令为上蜡，约廿八九取。文一曰‘马卫将作’，一曰‘建宁元年八月十日造作’，皆萧山杭坞山物，光绪丙申出土，距今共一千七百四十八年矣”。《鲁迅日记》载：1915年6月22日，“得二弟信并‘马卫将作’砖拓本二枚，十九日发”。“马卫将作”是汉代制造砖时刻上的一种名号。由日记可看出兄弟二人在这一时期爱好相同，所研究的器物与所阅读的书也相近。周作人得到砖后令店主上蜡，后又制成拓片寄给鲁迅鉴赏。鲁迅所藏的“甘露”砖、“永和”砖、“河平”砖、“建宁”砖等拓片都是周作人从绍兴寄给鲁迅的。

至1924年，鲁迅已集到古砖实物二十多枚。1924年9月21

日，鲁迅以他十余年的藏砖及拓片为基础，编定了《俟堂专文杂集》，并撰写了《〈俟堂专文杂集〉题记》。俟堂，鲁迅早年的别号。《俟堂专文杂集》目录收入汉魏六朝砖拓170件，隋2件，唐1件。鲁迅在题记中写道："曩尝欲著《越中专录》，颇锐意蒐集乡邦专甓及拓本，而资力薄劣，俱不易致，以十余年之勤，所得仅古专二十余及打本少许而已。迁徙以后，忽遭寇劫，孑身逭遁，止携大同十一年者一枚出，余悉委盗窟中。日月除矣，意兴亦尽，纂述之事，渺焉何期？聊集燹余，以为永念哉！甲子八月廿三日，宴之敖者手记。"这段文字记载了鲁迅与周作人夫妇发生矛盾，被迫迁出八道湾并移居砖塔胡同61号时的感叹。1924年6月11日下午往八道湾宅取书及物品时，受到周作人和其妻的骂詈殴打，紧急中抢出的古物只有这块大同十一年的剡中砖砚，可见鲁迅对这方剡中砖砚的重视和珍爱。

鲁迅在北京时，收集古砖及拓片多在琉璃厂，"苌安雍州刘武妻"砖、"李巨妻"砖、"□阿奴"砖等拓片都是从琉璃厂购得。《鲁迅日记》载：1919年2月12日，"俟二弟至同游厂甸，在德古斋买端氏臧专拓片一包，计汉墓专三百八十，杂专十一，六朝墓专廿五，唐、宋、元墓专七，总四百廿三枚，券五十元。"本日所购为端方所藏砖拓最大的一宗，共423枚，花了50元，合每枚0.12元。鲁迅博物馆现存鲁迅藏砖拓片324种，338枚。可见有很多已经散佚。

鲁迅所藏拓片还有一个来源就是朋友赠送或代买，如上述的"大同十一年"砖即是商契衡所赠。《俟堂专文杂集》目录中有题记："大同十一年专——已制为砚——商契衡持来——盖剡中物"。"剡"即商契衡的家乡——浙江嵊县。大同十一年（545年）砖，已被改制成砖砚，有紫檀木盖及托。此砖砚经常置于"老虎尾巴"东壁下的书桌上。其他还有：1915年10月27日，"师曾赠'后子孙吉'专拓本二枚，贵筑姚华所臧"。1917年10月5日"季茀持来专拓片一枚，'龙凤'二字，云是仲书先生所赠，审为东魏物，字刻而非印，以泉百二十元得之也”。1918年3月11日，“陈师曾与‘好大王陵’专拓本一枚”。

在鲁迅所藏古砖拓片中，有一大批“刑徒砖”拓片。1918年5月23日《鲁迅日记》载：“往留黎厂德古斋买得恒农墓专拓片大小百枚，内重出二枚，二十四元。”为此，鲁迅曾购买过罗振玉辑《恒农冢墓遗文》一书，内容为洛阳地区出土的刑徒砖二百余种，该书为研究洛阳刑徒砖拓的重要参考书。鲁迅参照此书买得恒农墓砖拓片百枚。现存鲁迅所藏拓片目录中有刑徒砖拓113枚，多为本日所购。

鲁迅为了研究古砖，曾购买过《汉魏六朝专文》、《千甓亭古专图释》、《百专考》等多种专用工具，进而与实物及拓片比对研究。《鲁迅日记》载：1915年7月19日，“夜写《百专考》一卷毕，二十四叶，约七千字”。夜写7000字，可见其兴致之高。通过潜心研究和学习，鲁迅对于古砖及拓片的鉴定具有高超的眼力。有一次购买了一枚“大原平陶郝厥”砖，鲁迅怀疑是伪作，于是与商家商议换为“赵向妻郭”砖，次日换得。

铜镜

铜镜，即古代用铜铸造的镜子，是一种生活用具。古代铜镜制作精良，形态美观，通常铸有华丽的图纹与铭文。鲁迅对铜镜也有精到的收藏与研究。

《鲁迅日记》中有多次购买铜镜及铜镜拓片的记录。《鲁迅日记》载：1914年12月20日，“下午至留黎厂买……买古竟一面，一元，四乳有四灵文”。1915年2月28日，“午后往厂甸买十二辰竟一枚，有铭，鼻损，价银二元。又唐端午竟一枚，一元”。1915年3月1日，“夜季自求来，赠鼯鼠蒲桃镜一枚，叶上有小圈，内楷书一‘马’字，言得之地摊”。1918年3月25日，“午后往留黎厂……买青羊竟一枚，日有　竟一枚”。此外，鲁迅还曾购买收藏了数十种古镜拓片，现在北京鲁迅博物馆还存有

40多种。

鲁迅对古代铜镜颇有研究，曾购买过《遯庵古镜存》、《古镜图录》等著作，进行专门研究。1918年7月29日，鲁迅收到二弟周作人从绍兴寄来的《吴郡郑蔓镜》拓片二张，即作《吕超墓出土吴郡郑蔓镜考》一文加以考证。郑蔓，汉代吴郡（今江苏苏州）人，以铸镜著名，后人造镜多假托其名。此镜在浙江绍兴兰上乡灰灶头村，与《吕超墓志》同时出土。周作人回绍兴省亲时发现此镜，写信给鲁迅，“告言径建初尺四寸四分，质以铅，已裂为九，又失其二，然所阙皆华饰，而文字具在”。并寄拓片二纸。鲁迅收到拓片后，发现“与所传者绝异”。于是参照《古镜图录》、《志林》、《关中金石记》、《山海经》等书籍，并结合自己所藏，对此镜做了详细的考证，写出《吕超墓出土吴郡郑蔓镜考》一文。鲁迅此文，旁征博引，辞藻精练，言必有出处，论必有所据。关于此镜的考证，迄今无超越者。

1925年2月9日，鲁迅作《看镜有感》一文，载3月2日《语丝》周刊第十六期，后收入杂文集《坟》。鲁迅在文中通过品评自己收藏的铜镜，主张尽量吸收外来文化。文中可看出鲁迅对铜镜艺术有很深入的研究，“因为翻衣箱，翻出几面古铜镜子来，大概是民国初年初到北京时候买在那里的，‘情随事迁’，全然忘却，宛如见了隔世的东西了。一面圆径不过二寸，很厚重，背面满刻蒲陶，还有跳跃的鼯鼠，沿边是一圈小飞禽。古董店家都称为‘海马葡萄镜’。但我的一面并无海马，其实和名称不相当。记得曾见过别一面，是有海马的，但贵极，没有买。这些都是汉代的镜子；后来也有模造或翻沙者，花纹可造粗拙得多了。汉武通大宛、安息，以致天马蒲萄，大概当时是视为盛事的，所以便取作什器的装饰。古时，于外来物品，每加海字，如海榴，海红花，海棠之类。海即现在之所谓洋，海马译成今文，当然就是洋马。镜鼻是一个虾蟆，则因为镜如满月，月中有蟾蜍之故，和汉事不相干了。”鲁迅通过铜镜所表现的艺术图案，高度赞赏汉唐艺术，使用外来的花纹毫不拘束忌讳，“汉人的墓前石兽，多是羊，虎，天禄，辟邪，而长安的昭陵上，却刻着带箭的骏马，还有一匹驼鸟，则办法简直前无古人。”他进而批评现实道：“现今在坟墓上不待言，即平常的绘画，可有人敢用一朵洋花一只洋鸟，即私人的印章，可有人肯用一个草书一个俗字么？许多雅人，连记年月也必是甲子，怕用民国纪元。不知道是没有如此大胆的艺术家；还是虽有而民众都加迫害，他于是乎只得萎缩，死掉了？”

关于古镜，鲁迅对它的产生、品种和作用都有详细的介绍，“现在流传的古镜们，出自冢中者居多，原是殉葬品。但我也有一面日用镜，薄而且大，规抚汉制，也许是唐代的东西。那证据是：一，镜鼻已多磨损；二，镜面的沙眼都用别的铜来补好了。当时在妆阁中，曾照唐人的额黄和眉绿，现在却监禁在我的衣箱里，它或者大有今昔之感罢。但铜镜的供用，大约道光咸丰时候还与玻璃镜并行；至于穷乡僻壤，也许至今还用着。我们那里，则除了婚丧仪式之外，全被玻璃镜驱逐了。”“宋镜我没有见过好的，什九并无藻饰，只有店号或‘正其衣冠’等类的迂铭词，真是‘世风日下’。但是要进步或不退步，总须时时自出新裁，至少也必取材异域，倘若各种顾忌，各种小心，各种唠叨，这么做即违了祖宗，那么做又象了夷狄，终生惴惴如在薄冰上，发

* 鲁迅曾捐赠历史博物馆的铜镜

抖尚且来不及，怎么会做出好东西来。”鲁迅通过古镜艺术的发展史，提出要“放开度量，大胆地，无畏地，将新文化尽量地吸收”。

《鲁迅日记》载：1923年7月23日，“上午以大镜一枚赠历史博物馆”。此枚无购买记录，就像鲁迅的书账一样，他的记账并不是很全的。此“大镜一枚”被专家鉴定为明代“湖州镜”，1956年鲁迅博物馆建馆时，中国历史博物馆将此镜调拨给鲁迅博物馆，并一直在陈列厅展出。鲁迅的古代铜镜收藏现仅存这一件实物。

夜独坐录碑

一九一七年初，鲁迅于日记中写道："旧历除夕也，夜独坐录碑，殊无换岁之感。"因其长年"向笔海而啸傲兮，倚文冢以淹留"，故而他的书法成就颇为可观。

鲁迅一生著述文字三百多万字，译著三百多万字，此外还另有大量的辑校中国古代典籍、石刻文字。这一切都是用毛笔完成的。鲁迅无意做书法家，也并不以书法家名世，但鲁迅近千万字的墨迹，不仅记录了他自己的书写史，也留给后人一份宝贵的艺术财富。虽然在鲁迅的文字中少有关于书法的论述，但是在书写工具意义上的毛笔行将消亡的20世纪前半期，鲁迅始终以他的"金不换"毛笔用于战斗，直到去世。

鲁迅的重要写作活动大都发生在民国时期，这一时期是整个中国书写史中毛笔作为主流书写工具的最后阶段，也是中国书法史上一个重要环节——既是中国古代书法史的自然延续，也是古代书法史向现代书法史演进的一个重要转折点。

纵观鲁迅手稿，他的书法在一生中有很多变化，而鲁迅在北京的岁月是他书法定型的重要时期。鲁迅书法的形成有三个主要来源。

幼　学

人杰地灵的绍兴，稽山镜水之中，从古越国到晚清、民国的两千年中，产生出众多的文化伟人。绍兴的兰亭因书圣王羲之而得“书法之乡”的盛名，宋代的陆游，明代的徐渭等都是中国的书法名士。清代至民国时期更有赵之谦、俞樾、孙诒让、沈曾植、王国维、章太炎、鲁迅、钱玄同、罗振玉、蔡元培、沈兼士、马一浮等书法家和国学家。这并不是偶然的现象，而是绍兴这片特有的土地孕育了这么多杰出人物。

在中国的科举制度下，一手好字是考取功名的敲门砖。书法教育自然是官宦读书之家的必修课，鲁迅正是出生在这样的家庭。

鲁迅的祖父周福清（1838—1904）在鲁迅出生前十年，考中进士，被钦点为翰林院庶吉士，后又任江西金溪县知县，升内阁中书，在京城“候补”。鲁迅8岁时，祖父实授内阁中书，做了“京官”。父亲周凤仪有秀才功名，但因周福清牵涉科场弊案，阻断了升官之路，在鲁迅16岁时撒手人寰。祖父对鲁迅的影响是大于父亲的。从北京鲁迅博物馆藏的鲁迅祖父致鲁迅的信笺手稿，我们可以看出一个翰林学士的带有欧体和章草味道的书法。在馆藏手稿中，我们还可以看到鲁迅认真抄录的其祖父所撰写的诗作《桐华阁诗钞》和治家格言《恒训》，这是我们能看到的最早的鲁迅手稿，从中我们能看到鲁迅书法所受祖父的影响。

鲁迅12岁时进“绍兴城内最严厉的书塾”——三味书屋。他的业师寿镜吾先生是绍兴城中极方正、质朴、博学的人。鲁迅有一次因迟到受到批评，他便在书桌上用刀刻了一个“早”字。这可看作鲁迅最早的木刻，亦即最早的书法。由文物照片中我们可以看到鲁迅所刻的这个“早”字是小篆体。鲁迅在三味书屋读了大量古代典籍，鲁迅曾说他“几乎读过十三经”。除此之外还阅读了很多小说、野史、杂说。抄书，也是塾中基本训练之一。寿镜吾先生就常常手抄汉魏六朝古文，鲁迅在这期间抄写过《康熙字典》中的古文奇字、《唐诗叩弹集》中的百花诗等。鲁迅自陈“余少喜披览古说，或见讹敚，则取证类书，偶会逸文，辄就写

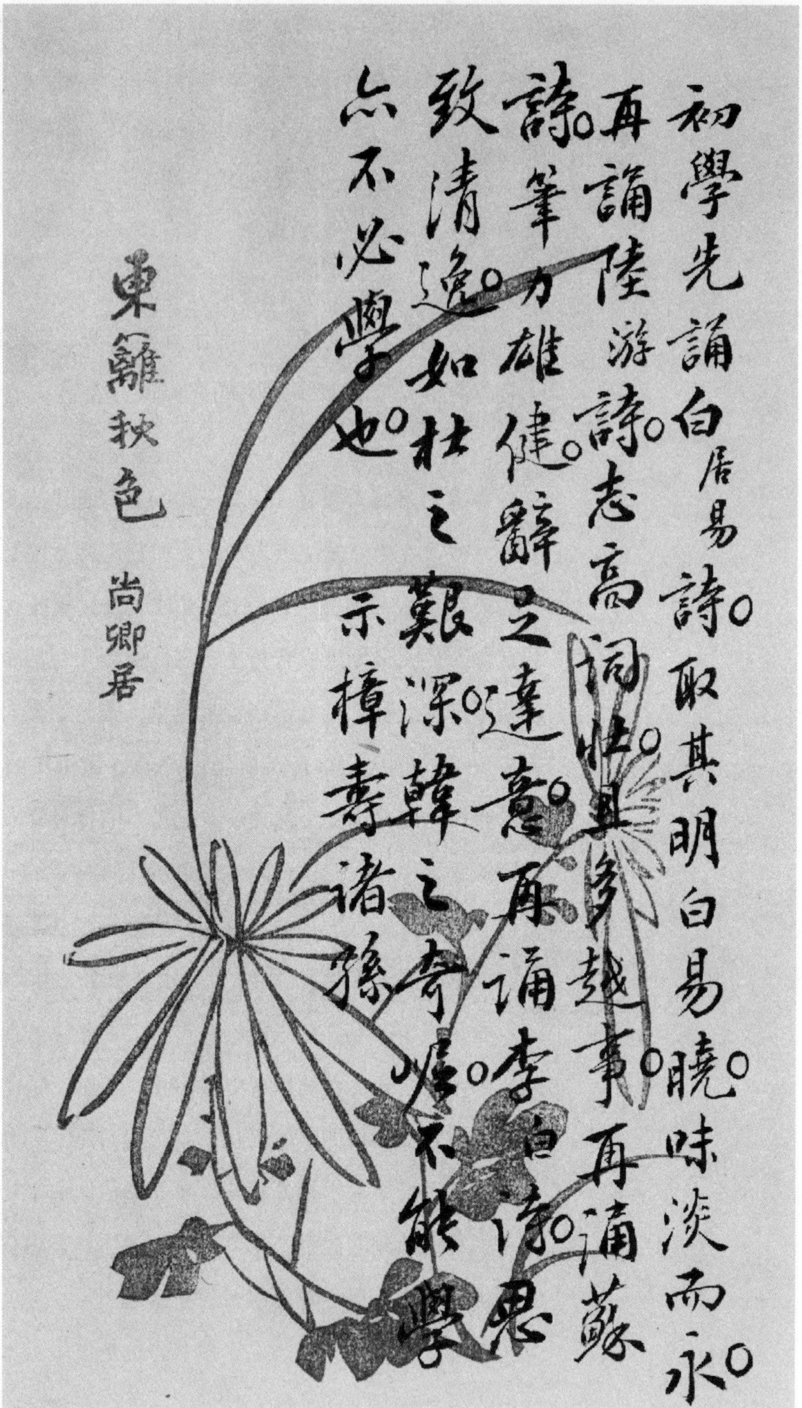

＊周福清手迹——致樟寿诸孙信

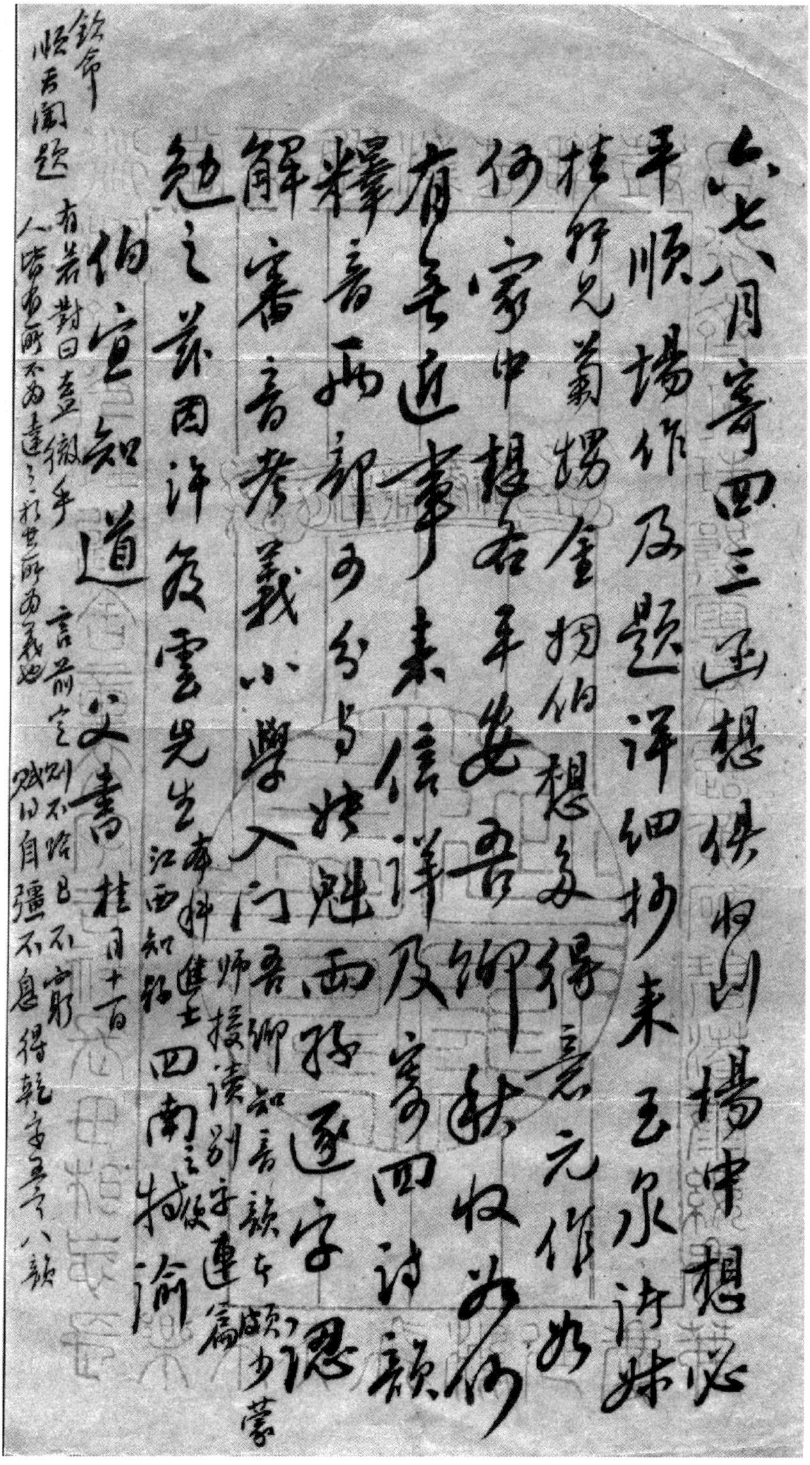

＊周福清手迹——致鲁迅父亲信

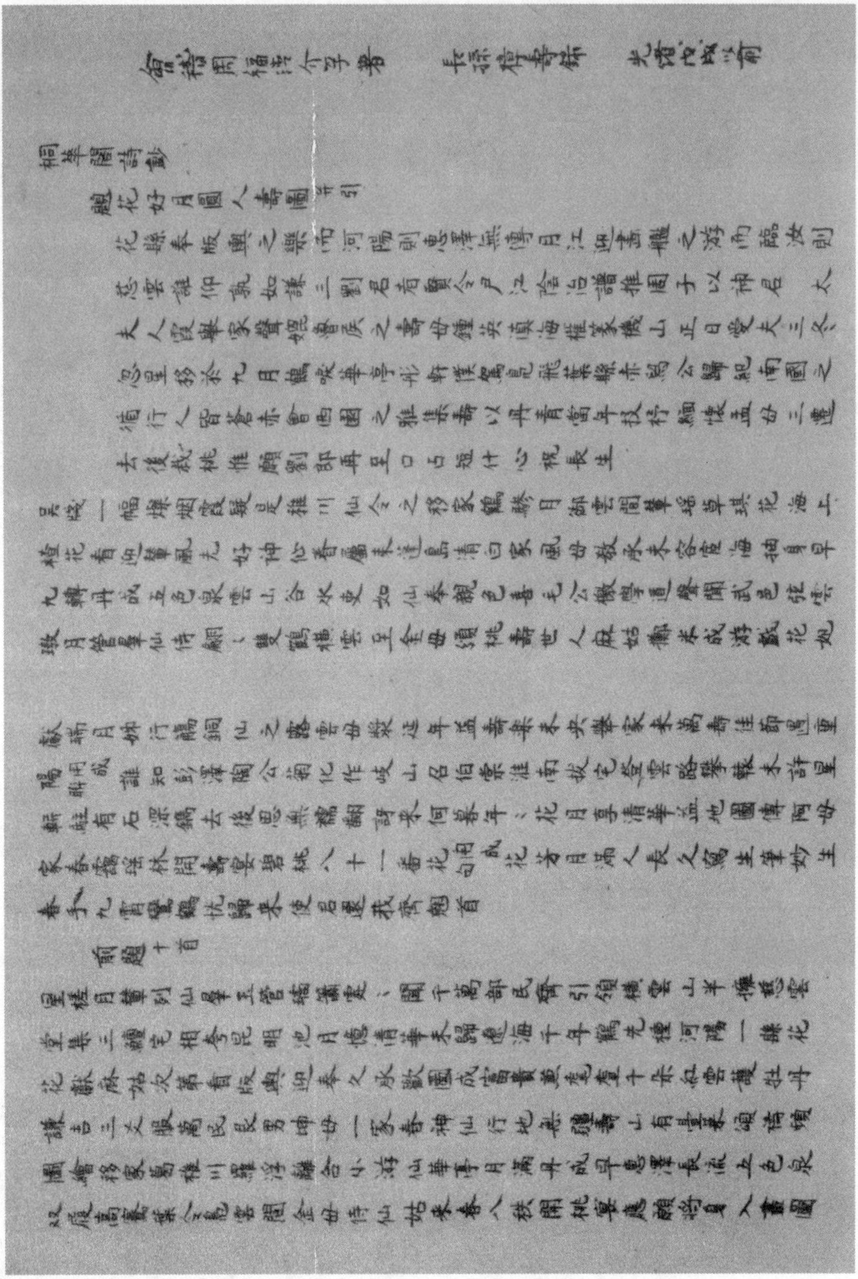

會稽周福清介孚著　長孫樟壽錄　光緒戊戌以前

桐華閣詩鈔

題花好月圓人壽圖并引

花縣奉版輿之樂而河陽則惠澤無傳月江迎畫艦之游而臨汝則
慈雲誰仰孰如謙三劉君者賢令尹江陰治譜推周子以神君　太
夫人霞舉家聲媲魯屐之壽母鍾英滇海權篆幾山正日愛夫三冬
忽星移於九月鶴唳華亭形軒僕駕鳧飛葉縣赤舄公歸紀南國之
循行人皆蒼赤會西園之雅集壽以丹青當年技特細懷孟母三遷
去後栽桃惟願劉郎再至口占短什心祝長生

吴峨一幅爛烟霞疑是稚川仙令之移家鶴驂月御雲間輦瑶草琪花海上
槎花香迎輦風光好神仙眷屬來蓬島清白家風母教承未容宦海抽身早
九轉丹成五色泉雲山谷水吏如仙奉觀色喜毛公檄學通聲聞武邑弦雲
璈月管羣仙侍翩翩雙鶴橫雲至金母須桃壽世人麻姑擲米成游戲花妣
獻瑞月姊行觴銅仙之露雲母漿延年益壽樂未央舉家來萬壽佳節遇重
陽閒成誰知彭澤陶公菊化作岐山召伯棠淮南拔宅登雲路攀轅未許星
軺駐有石深鍋去後思無糯翻詩來何暮年年花月享清華益地圖傳阿母
家春露瑤林開壽宴碧桃八十一番花閏成句花芳月滿人長久寫生筆妙生
春手九霄鸞鶴忱歸來使君還我齊觥首

前題十首

星槎月輦列仙羣玉管瑤簫處處聞千萬部民齊引頜橫雲山半擁慈雲
堂集三鱣宅相夸昆明池月憶清華未歸遼海千年鶴先種河陽一縣花
花獻麻姑次第看版輿迎奉久承歡團成富貴萬年臺千朵紅雲護牡丹
謙吉三爻服萬民長男坤母一家春神仙行地無疆壽山有臺萊頌禱頻
圖繪移家葛稚川羅浮離合小游仙華亭月滿丹成早惠澤長流五色泉
雙履高騫葉令鳧雲間金母侍仙姑來春八秩開桃宴應願將身入畫圖

* 鲁迅早年手抄祖父所作《桐华阁诗钞》

出”（《〈古小说钩沉〉序》），从而养成了抄书的习惯，形成很强的比较、校勘、钩沉能力。写字的人都知道，字要写得好，必须要有写字量的积累，大量的抄写对鲁迅的书法是很好的训练。现在北京鲁迅博物馆保存的，鲁迅于1897年所抄录的会稽童钰作《二树山人写梅歌》手稿，可见鲁迅早年抄书之一斑，从其工整端庄的小楷中，可以见到家学和塾师的严格与鲁迅的天赋和认真。

鲁迅从小喜爱美术，曾用薄纸影描了许多《荡寇志》、《西游记》等书中的插画。中国的书画是同源的，象形文字即来源于图画。鲁迅少年时的书画修养，使他对汉字的解读、对书法线条的理解，有着超乎常人的敏感，进而使其在书法实践中有极强的驾驭线条的能力。

师　承

中国书法史是与中国学术史紧密联系的，从民国书法史来看，乾嘉学派一脉是影响中国书法发展的最重要因素。所谓“道之所存，师之所存”是中国学术传衍的一个规则。而清代史学家章学诚所谓“学者不可无宗主，而必不可有门户”，则道出学术的发展不能囿于门户之成见。书法的发展同此道理，它最初仅仅是记录语言和文字的符号，但经过数千年文人们代代相传的演绎，早已发展成为一大艺术门类。师承是书法发展的脉络，而不断的个性探索形成了纷繁多样的表现形式。在民国文人中，鲁迅是极具代表性的书法家。

清代初期，以经学大师顾炎武、黄宗羲、王夫之为代表，主张以“求本证源”的实证方法考证经学。至乾隆、嘉庆年间，形成“乾嘉学派”。作为乾嘉学派的一个分支，以阮元（1764—1849）为代表的“扬州学派”达到清代朴学的最高境界。由于扬州学派的经学研究涉及与书法有关的小学、史学、金石等方面，于是相关成果立刻反映到书法理论中。阮元在研究金石学的基础上撰写了著名的《南北书派论》和《北碑南帖论》，阐述了自己的碑学思想。他在《南北书派论》中指出北碑“笔法劲正遒秀，往往画不出锋，犹如汉隶”，主张倡导碑学以救帖学书风日渐靡弱之弊。朴学巨子的治学思想与金石碑学是相通的，既然治学要求本证源，言之有物，言之成理，博而能精，触类旁通，那么书学亦然。由于扬州学派的巨大影响力，又因为当时的许多学者如邓石如、伊秉绶、包世臣，直至清末的康有为同时又是书法家，自觉把碑学思想付诸书法实践，故而形成了一种带有朴学学术巨大影响力的碑派书法的中兴。

阮元去世后，俞樾（1821—1907）在阮元建立的诂经精舍做主讲，仍沿袭阮元“师法唐碑”的书法理论，并形成风气。俞樾为清代道光年间的进士，经学大师，工书法，尤为擅长篆隶。俞樾的弟子章太炎、刘师培是晚清国粹派最主要的代表。被鲁迅称为“有学问的革命家”的章太炎生于1868年，1906年曾在日本东京开办国学讲习会。1908年—1909年间，鲁迅、周作人、钱玄同、沈兼士、马幼渔、朱希祖、许寿裳等都曾听章太炎讲《说文》。鲁迅的文艺修养由此中西兼修，古今交融。“鲁迅的旧文学，本来很渊博，很笃实，经过这一番启发，境界更进一阶了。”（曹聚仁《鲁迅评传》）鲁迅不仅折服于章太炎渊博的学识及和蔼可亲的长者风度，更钦敬他的革命精神。章太炎于1936年去世，鲁迅写的《关于太炎先生的二三事》是他最后的文字之一。章太炎很早就有书名，鲁迅珍藏有章太炎赠送的书法条幅，可见他也曾以章氏书法为楷模。章氏擅长篆书，曾以篆书作板书讲课。他给周氏兄弟写信居然也用篆书。他的书法主张也是尚碑的，书论有《小学略说》、《论碑版法帖》、《说单钩》等。周作人说：“我以为章太炎先生对于中国的贡献，还是以文字音韵学的成绩为最大，超过一切之上的。”（周作人《知堂回想录》）这是周氏兄弟对章太炎看法的分歧，也说明他们的性格、思想、世界观的分野。

以乾嘉学派的书法思想来审视，书法家意义上的鲁迅可称为乾嘉学派的遗老，而且是民国最后一代以毛笔创作的文人。

抄碑

可以说，在北京的抄碑经历成就了鲁迅由稚嫩到成熟的碑派书法。

鲁迅从1912年至1926年在中华民国教育部供职共14年。鲁迅于1912年5月5日到北京，10日开始上班。上班第一天的《日记》鲁迅这样写道："晨九时至下午四时半，至教育部视事。枯坐终日，极无聊赖。"鲁迅在《〈呐喊〉自序》中也描述了他在绍兴会馆的生活："许多年，我便寓在这屋里抄古碑。客中少有人来，古碑中也遇不到什么问题和主义。"鲁迅抄古碑的原因，是出于苦闷、彷徨和寂寞，试图以此来逃避现实。他有感于《新生》杂志创刊的失败，说道："凡有一人的主张，得了赞和，是促其前进的，得了反对，是促其奋斗的，独有叫喊于生人中，而生人并无反应，既非赞同，也无反对，如置身毫无边际的荒原，无可措手的了，这是怎样的悲哀呵，我于是以我所感到者为寂寞。……我于是用了种种法，来麻醉自己的灵魂，使我沉入于国民中，使我回到古代去……"

此时是鲁迅精力最旺盛的时期，但时局动荡，政局多变，教育部并无多少工作，所以独自一身的他只得在长夜孤灯下把自己的精力投入到中国古籍的整理、辑录、勘正、编辑中。辑校古籍，本是鲁迅少年时期的爱好。1909年，他从日本留学回国，1910年开始搜集古代逸书，包括小说佚文和古越丛书。"归国后他就开始抄书，在这几年中不知共有若干种，只是记得的就有《穆天子传》，《南方草木状》，《岭表录异》，《北户录》，

《桂海虞衡志》，程瑶田的《释虫小记》，郝懿行的《燕子春秋》、《蜂衙小记》与《海错》，还有从《说郛》抄出的多种。其次是辑书。清代辑录古逸书的很不少，鲁迅所最受影响的还是张介侯的《二酉堂丛书》吧。如《凉州记》，段颎铿的集，都是乡邦文献的辑集。他一面翻查古书抄唐以前小说逸文，一面又抄唐以前的越中史地书。”（周作人《鲁迅的青少年时代·关于鲁迅》）大量的辑抄，为后来汇成《古小说钩沉》和《会稽郡故书杂集》做了充分的准备，也由此积累的丰富的小说史料，才有后来的《中国小说史略》。1911年，他又抄录了古小说七种：《搜神记》、《搜神后记》、《十州记》、《神异经》、《异苑》、《王子年拾遗记》和《洞冥记》。题集为《小说备校》。后收入唐弢编的《鲁迅全集补遗续编》，手稿收入《鲁迅辑校古籍手稿》。鲁迅抄书的速度也是很快的，例如1915年7月19日，“夜写《百专考》一卷毕，二十四叶，约七千字”。《百专考》，清代吕佺孙著。砖瓦上的文字画像在考古学上对判定遗址、墓葬的性质、名称及年代极具价值，进而对文字发展史、美术史、书法史的研究也有重要作用。鲁迅夜写七千字，可见其兴致之高。1915年他辑录了《会稽郡故书杂集》，此后的一年多时间，鲁迅抄校了《谢承后汉书》、《云谷杂记》、《易林》、《石屏集》等，后又抄录了《嵇康集》、《沈下贤文集》、《志林》等。单是《嵇康集》自1913年至1935年鲁迅校勘有十余次，现存校勘本5种，抄本3种30卷，校文、考证等手稿7种。已出版的《鲁迅辑校古籍手稿》计6函49卷。习碑、临帖是一个书家的基本功，鲁迅的抄录虽然是为了研究小说史和中国古代文化，但大量的毛笔书写正是一个书法家的必由之路。

1917年起，鲁迅开始大量抄校石刻古碑。他在北京的日记中常有“录碑”、“夜录碑”的记录，1917年除夕，鲁迅在日记中写道：“旧历除夕也，夜独坐录碑，殊无换岁之感。”

鲁迅到北京教育部时被临时大总统任命为教育部佥事，继而

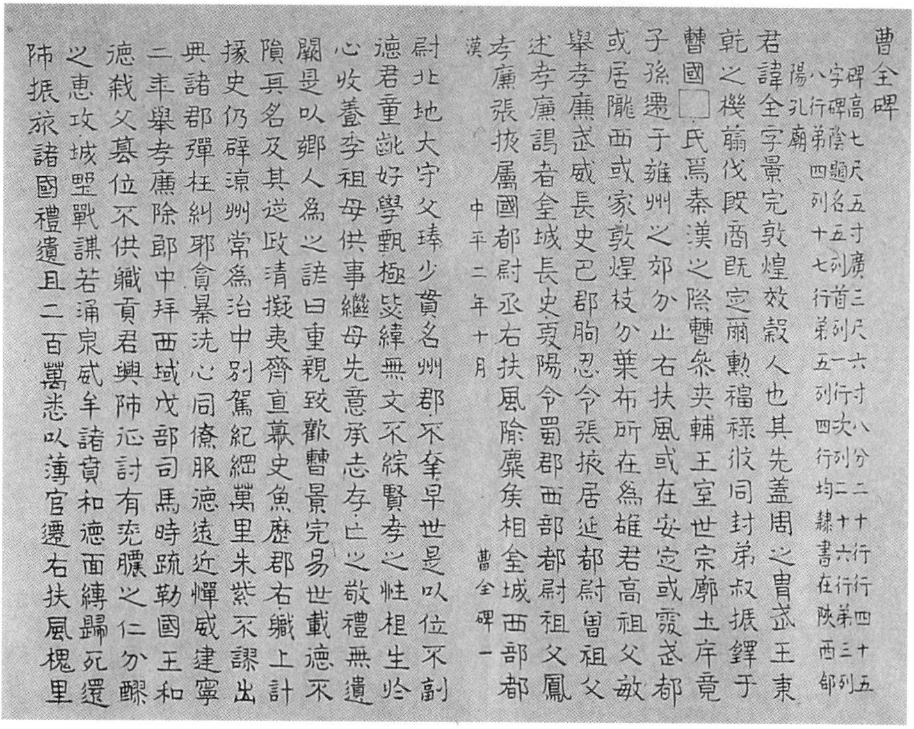
曹全碑
碑高七尺五寸廣三尺六寸八分二十行行四十五字碑陰題名五列首列一行次列二十六行第三列八行第四列十七行第五列四行均隸書在陝西郃陽孔廟
君諱全字景完敦煌效穀人也其先蓋周之冑武王秉
乾之機翦伐殷商既定爾勳福祿攸同封弟叔振鐸于
曹國□氏焉秦漢之際曹參夾輔王室世宗廓土斥竟
子孫遷于雍州之郊分止右扶風或在安定或處武都
或居隴西或家敦煌枝分葉布所在為雄君高祖父敏
舉孝廉武威長史巴郡朐忍令張掖居延都尉曾祖父
述孝廉謁者金城長史夏陽令蜀郡西部都尉祖父鳳
孝廉張掖屬國都尉丞右扶風隃麋侯相金城西部都
漢 中平二年十月 曹全碑一
尉北地大守父琫少貢名州郡不幸早世是以位不副
德君童齔好學甄極毖緯無文不綜賢孝之性根生於
心收養季祖母供事繼母先意承志存亡之敬禮無遺
闕是以鄉人為之諺曰重親致歡曹景完易世載德不
隕其名及其從政清擬夷齊直慕史魚歷郡右職上計
掾史仍辟涼州常為治中別駕紀綱萬里朱紫不謬出
典諸郡彈枉糾邪貪暴洗心同僚服德遠近憚威建寧
二年舉孝廉除郎中拜西域戊部司馬時疏勒國王和
德弒父篡位不供職貢君興師征討有兗膿之仁分醪
之惠攻城野戰謀若涌泉威牟諸賁和德面縛歸死還
師振旅諸國禮遺且二百萬悉以薄官遷右扶風槐里

＊鲁迅手抄《曹全碑》手稿

被任命为教育部社会教育司第一科科长。鲁迅的业务范围是：关于博物馆、图书馆、美术馆及美术展览会、调查及搜集古物等事项。《鲁迅日记》载：1912年6月25日，“午后视察国子监及学宫，见古铜器十事及石鼓，文多剥落，其一曾剜以为臼。中国人之于古物，大率尔尔”。鲁迅非常痛心于中国人对文物的轻率，曾在《拟播布美术意见书》中提出对文物要“所当保存，无令损坏”的意见。鲁迅所见石鼓为先秦文物，损毁严重，次日“上午太学守者持来石鼓文拓片十枚，元潘迪《音训》二枚，是新拓者，我以银一元两角五分易之”。这是鲁迅在北京最早的购买石刻拓片的记录，并成为大量购买研究碑拓的开始。石鼓文是现存最早的石刻文字，书法价值很高，被历代书家称为“石刻之祖”、“篆书之宗”。潘迪评价石鼓文书法“字画高古，非秦汉以下所及，而习篆籀者，不可不宗也”。鲁迅慧眼独具，深知所购拓片在金石书法领域的重要性，因此买下来。1914年末，鲁迅购买了大量金石学著作、古代名家书法集和古代碑帖书籍，应该是为系统收藏金石碑帖做准备工作。

鲁迅从1915年开始大规模收藏石刻拓片，同时进行研究、考证和校勘。1915年鲁迅曾作《〈大云寺弥勒重阁碑〉校记》一篇，以他所得拓片与《山右石刻丛编》勘校，补正了该书20多处错讹，并指出错误出在胡聘之所据拓本“恶耳”。1917年至1918年又作《会稽禹庙窆石考》、《〈吕超墓志铭〉跋》等多篇金石考证文章，由此可以见证鲁迅国学工作的成果。鲁迅抄碑时间在1915年至1919年之间，鲁迅抄写拓片的主要目的并非练习书法，而是辑录和校勘，所抄内容为两汉至隋、唐的石刻拓片，其中包括碑铭、墓志、造像。他按照石刻上的原文字体摹写，对损泐之处据金石学书籍进行校补，之后又以工整的小楷对多数碑文辑录宋代以来金石著录或方志上与之相关的资料，手稿中还有一些用行书作的眉批、夹注和标有“树案”的按语。其间共辑录和校勘石刻近800种，现存手稿1700多页。针对其中的94种石刻拓本，鲁迅完全采用乾嘉学派“求本证源”的校勘方法，他用王昶《金石萃编》、翁方纲《两汉金石记》、陆增祥《八琼室金石补正》、罗振玉《金石萃编校字记》等金石学著作比对校勘，对拓片进行了订误补缺，现存手稿99页。学识与书法共进，鲁迅对于书法的鉴赏力达到相当高的境界。而他的书法，自然也沾染了清阮元以降的碑派风气，“笔法劲正遒秀，往往画不出锋，犹如汉隶”（阮元《南北书派论》）。

翻开鲁迅抄校的石刻古碑，数千页的手稿中楷书、隶书、行书、篆书诸体皆工，一丝不苟。摹写，是鲁迅本来就具有的童子功，又近似于学习书法中的临摹，除开鲁迅的天赋不说，如此大量抄碑，不成书家才怪。鲁迅抄录古碑的目的一是整理中国文化遗产，一是出于对碑文书体的喜爱。鲁迅对中国文字线条的感悟力是超乎常人的。鲁迅抄录古碑的字体多以楷书为主，参以隶书，有些还参照原碑字体原样摹写，其中有金文及篆书，甚至描出残碑的边缘线，残字则以“□”填写。大量抄录古碑对无心做书家的鲁迅来说确是一种书法功力的积累。如此深厚的功力，如此大量抄录古人优秀的书法碑拓，如此大量的手稿存世，恐怕从民国至今无第二人。鲁迅的抄碑，不是临帖，而是汇集、校勘和整理，但又有临写倾向。如抄录的《曹全碑》、《三体石经尚书残字》等手稿，真可称为杰出的书法作品。鲁迅于1915年春，连续摹写22天，完成了罗振玉编的《秦汉瓦当文字》，其书其画更是让人叹为观止。鲁迅花费大量的精力去购买碑拓，抄碑校碑，其目的不仅是保护文化遗存和逃离现实，更是做学问和研究。此时的鲁迅并非社会名流，但他所从事的工作、坚实的国学基础和他的出生地绍兴、工作地北京等条件自然形成他做学问的优势。从他所想编写的几个题目可以看出他研究的偏好——《中国字体变迁史》、《汉画像集》、《俟堂专文杂集》等，都侧重于美术和书法，但严谨的考证是在先的。

鲁迅搬入八道湾后，“一发不可收”地做起小说来。然而令人遗憾的是，鲁迅小说的手稿除《故事新编》外，仅存《阿Q正传》残页。从这一时期鲁迅书信、日记及杂文手稿来看，鲁迅的书法已日臻成熟，特别是行书在取法高古的基础上形成独具个性的书体。古代碑帖是中国书法的集大成，鲁迅所处的时代，北京的琉璃厂给了他能购买到大量碑帖的条件，他收藏的各种拓片现存六千多件，大量的阅碑与抄碑，使鲁迅的书法境界达到了相当的高度。如果说鲁迅的早期书法有颜、欧或章草的影子，此时已脱离窠臼，独树一帜地屹立于中国书法名家之林。

＊鲁迅手抄的《三体石经》

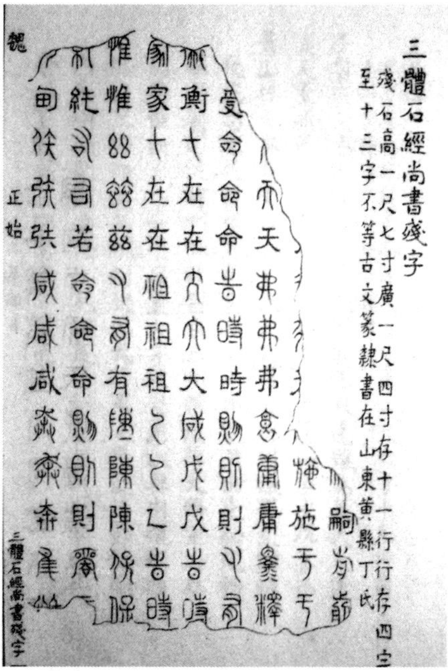

性 情

"字如其人"，是书法史上被人们认同的一个定则。汉代扬雄说："言，心声也；书，心画也。声画形，君子小人见矣。"刘熙载说："书者，如也。如其学，如其才，如其志，总之曰如其人而已。"孙过庭说："达其情性，形其哀乐。"古人所云"以心主笔"、"书法传心"，都是在强调书写者的内在修养、经历、学识、性情与其外在书写传达的信息是统一的。

鲁迅是性情中人，他的书法也反映了其卓尔不群的个性特点。越人鲁迅，从出生起就于浓郁的古越文化氛围中接受熏陶。治水大禹的雄才智慧，越王勾践的卧薪尝胆，兰亭书圣王羲之，青藤书屋徐文长……太多的名贤文化孳乳着古越大地的人们。鲁迅的祖父"清癯孤介，好讽刺，喜批评，人有不为其意者，辄痛加批评不稍假借"（周冠五《三台门的遗闻佚事》）。鲁迅13岁时祖父案发，他去亲戚家避难，被称为"乞食者"，家境一落千丈。15岁时父亲病重，16岁时丧父，周家经济破产。加上18岁时四弟夭折，短短五年间，年轻的鲁迅饱受生存与精神的压力。这一时期应是鲁迅性格形成的最重要的时期。

1902年鲁迅东渡日本，后弃医从文，断发革命，积极学习中西文化，倡导"文艺立人"思想，成为20世纪中国最出色的精神战士。鲁迅以伟大的文学家、思想家名世。鲁迅的爱憎十分鲜明，对"怨敌"一个都不宽恕，对友人、青年爱护有加。鲁迅不爱朱安是一种性情，爱许广平是一种性情，宠爱周海婴也是一种性情。鲁迅的诗句"无情未必真豪杰"（《答客诮》）、"岂有豪情似旧时"（《悼杨荃》）、"有弟偏教各别离"（《别诸弟》）、"我以我血荐轩辕"（《自题小像》）、"梦里依稀慈母泪"（《为了忘却的记念》）、"十年携手共艰危"（《题芥子园画谱》赠许广平），乃至名句"横眉冷对千夫指，俯首甘为孺子牛”（《自嘲》），都倾注了他的真性情。鲁迅的性情，其爱，其憎，其美学思想、文化底蕴都诉诸笔端，从字里行间流露出来，然而鲁迅并不以书法家名世。翻检《鲁迅全集》，少有关于书法的专门论述，更无专论书法的文章。“鲁迅先生亦无心作书家，所遗手迹，自成风格。融冶篆隶于一炉，听任心腕之交应，朴质而不拘挛，洒脱而有法度。远逾宋唐，直攀魏晋。世人宝之，非因人而贵也。”郭沫若这样说。

书　体

鲁迅书法的字体丰富多彩。《鲁迅日记》中的字体变化不是很大，是偏瘦长的行书。日记是给自己看的，因此可以快速地书写，所以常有行草书或草书在其中。鲁迅熟悉草法，他写的草书都是合乎草书规范的。鲁迅文稿的字体因为写在带格子的稿纸上居多，基本为方形行书体，略带隶意，虽为行书，但带有明显的碑派特征。稿子是要人家能看懂的，所以鲁迅的稿件一般都以规整的行书书写，更接近于行楷，绝无草书。鲁迅书信中的字体较多样，不同时期变化也较大，有行书、行草、行隶、隶楷、行楷等，其中间有草书；晚年多为标准的“鲁迅体”。诗稿最能代表鲁迅书法深厚的功力和艺术表现力。诗稿以行书为主，隶意明显，颇具金石味。字形多为正方或略长方，章法讲究，布局合理，自然疏朗。鲁迅辑校、抄录古籍的字体类似日记中的字体，多为略长的行书体。鲁迅辑校、抄录石刻的字体变化最为丰富，多依据原碑、志上的字体抄摹，其中篆书、隶书、楷书居多，批注多以行书或行草书字体，字字认真，一丝不苟。鲁迅抄碑的临摹倾向很重，但又不是单纯的临摹，总有他自己的风格在其中。

鲁迅谈做文章、美术创作时都曾多次论述关于“懂”的问

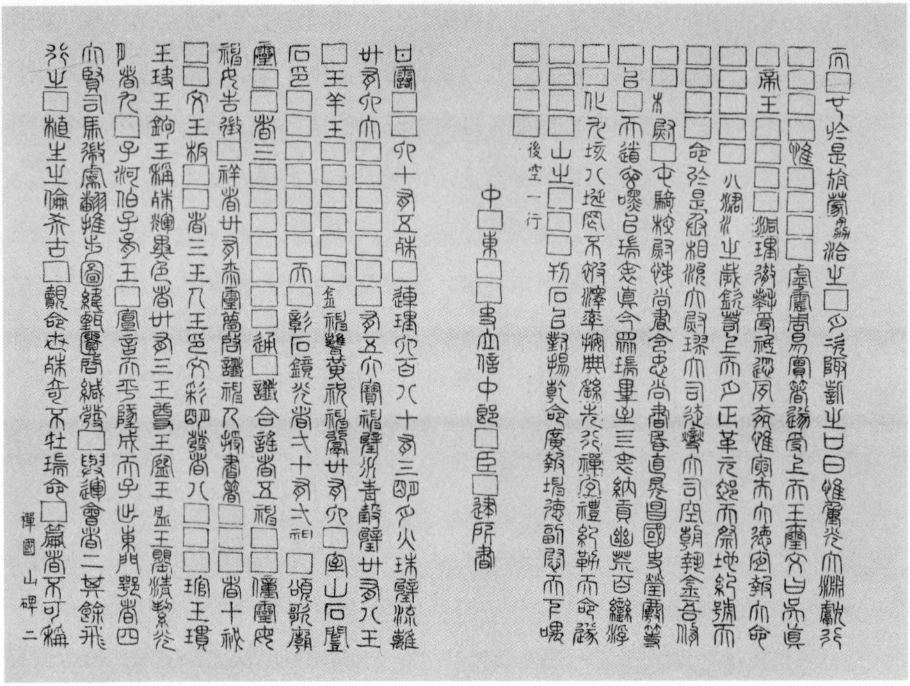

＊手抄石刻中的篆书（二页）

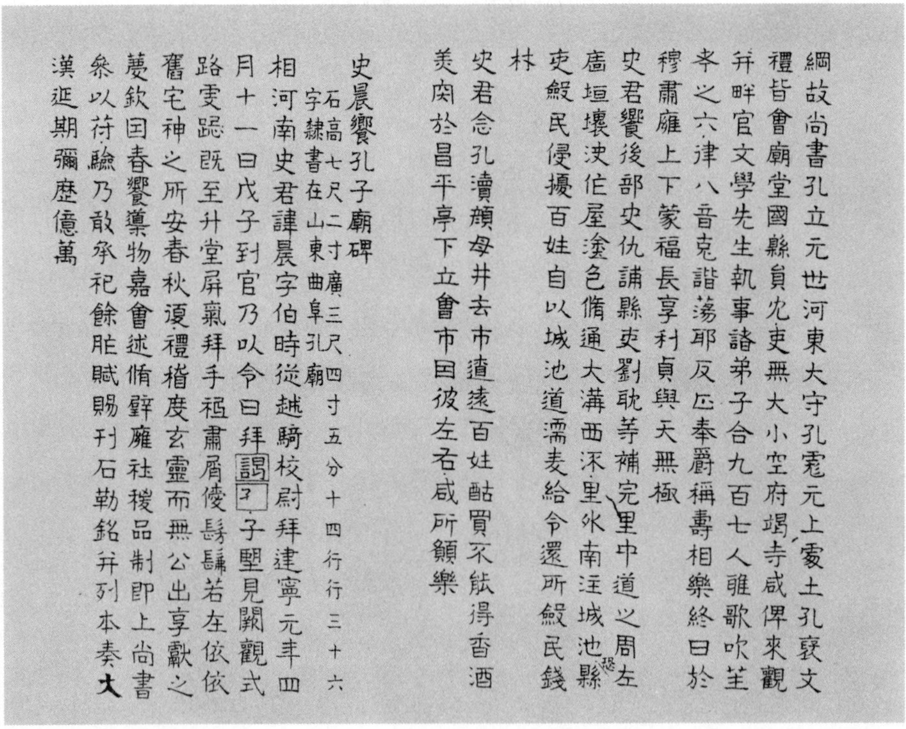
綱故尚書孔立元世河東大守孔彪元上處士孔褒文
禮皆會廟堂國縣員冗吏無大小空府竭寺咸俾來觀
并畔官文學先生執事諸弟子合九百七人雅歌吹笙
考之六律八音克諧蕩耶反正奉爵稱壽相樂終日於
穆肅雍上下蒙福長享利貞與天無極
史君饗後部史仇誧縣吏劉耽等補完里中道之周左
廧垣壞决作屋塗色脩通大溝西流里外南注城池恐縣
吏斂民侵擾百姓自以城池道濡麦給令還所斂民錢
林
史君念孔瀆顏母井去市遼遠百姓酤買不能得香酒
美肉於昌平亭下立會市因彼左右咸所願樂

史晨饗孔子廟碑

石高七尺二寸廣三尺四寸五分十四行行三十六字隸書在山東曲阜孔廟

相河南史君諱晨字伯時從越騎校尉拜建寧元年四
月十一日戊子到官乃以令日拜謁孔子望見闕觀式
路虔跽既至升堂屏氣拜手祗肅屑僾髣髴若在依依
舊宅神之所安春秋復禮稽度玄靈而無公出享獻之
薦欽因春饗導物嘉會述脩辟雍社稷品制即上尚書
參以符驗乃敢承祀餘胙賦賜刊石勒銘并列本奏大
漢延期彌歷億萬

＊手抄石刻中的隶书（二页）

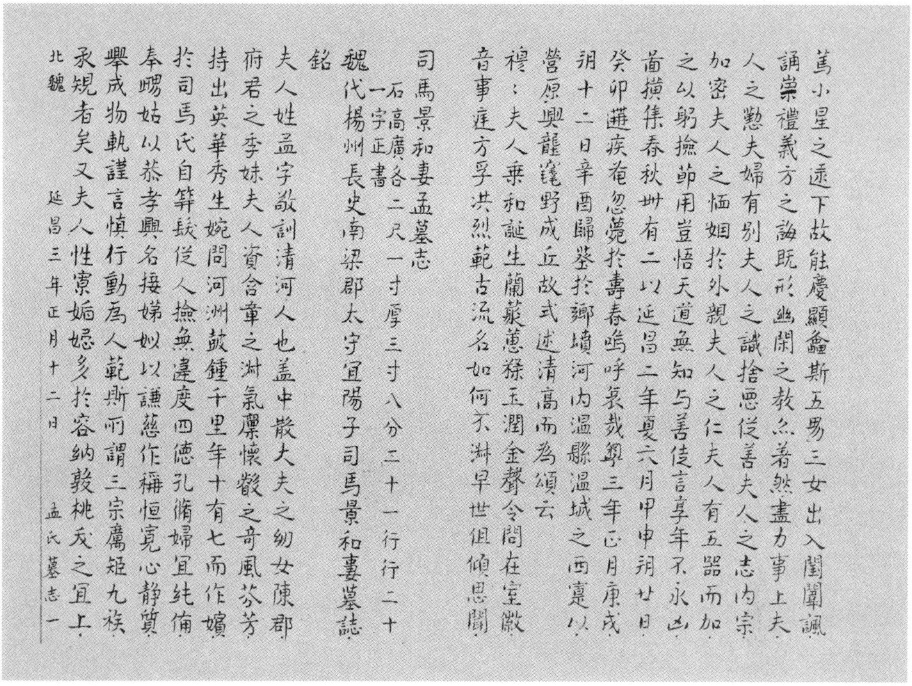

* 手抄石刻中的楷书

题，做文章要使读者易懂，美术创作要使观者易懂，这是鲁迅对待创作的态度。至于书法，鲁迅没有专门论述过，但鲁迅给他人看的文字，一定是易于辨识的，因此鲁迅极少用到草书，手迹中也极少潦草的书写。鲁迅以其深厚的书法功底写出的文字，无论是书法创作，还是行文抄书，字字合乎书法的法度。他还有一个写作观点，即是“有真意，去粉饰，少做作，勿卖弄”（《作文秘诀》）。鲁迅的写作态度、生活态度、为人态度都是这样的；他对书法的创作、运用和表现，态度也是如此。

成　就

中国古代论书的文章，对于书法作品的价值估价有多种说法。南朝梁书法家庾肩吾撰有著名的《书品》一卷，将书法作品分上、中、下三品九个等级。唐代张怀　《书断》把三品定名为神品、妙品、能品；唐李嗣真《后书品》中又在三品之上加

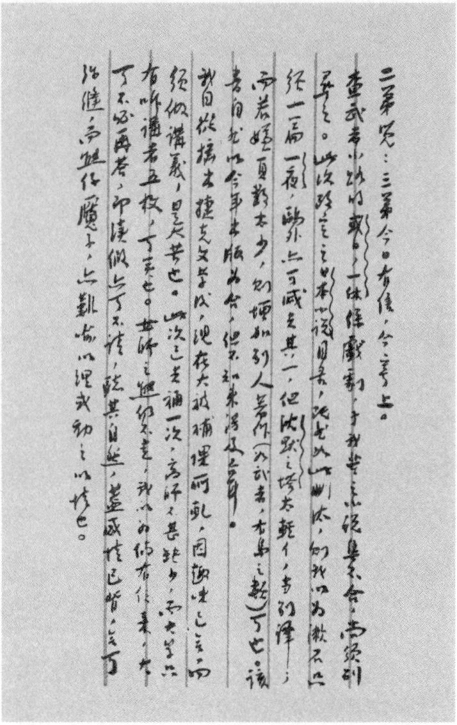

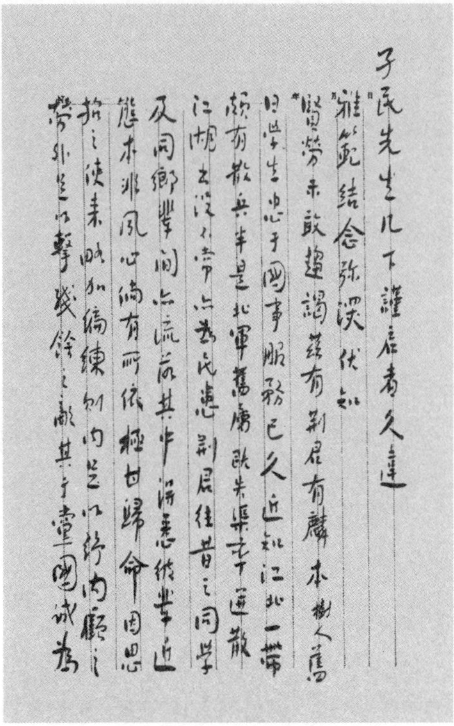

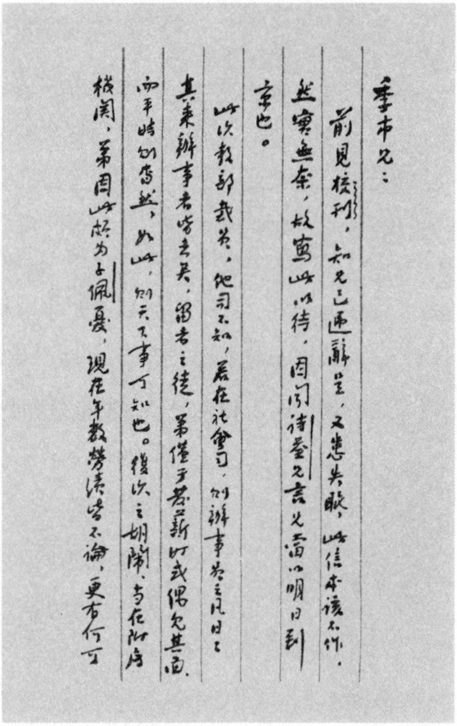

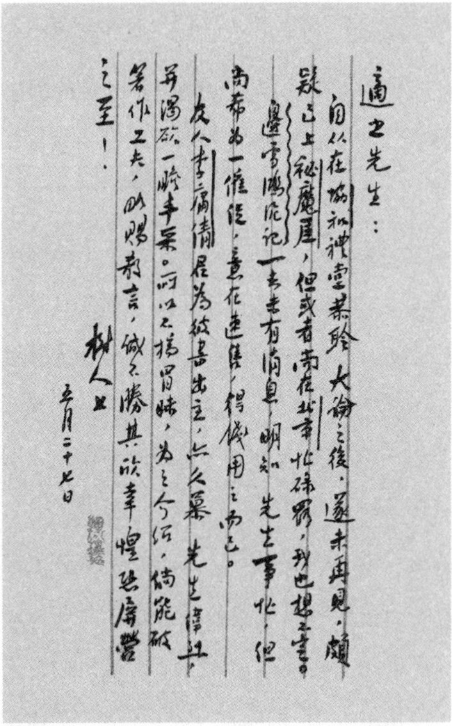

* 鲁迅行书信札（四页）

逸品一层。此后又有《续书断》、《书估》等评判书法作品品级的一些文章。至康有为《碑品》，总结为："昔庾肩吾为《书品》，李嗣真、张怀瓘、韦续接其武轨，或师人表之九等，或分神、妙、精、能之四科，包罗古今，不出二类。"（《广艺舟双楫》）书法作为艺术，其评判标准自古有之，但终归仁者见仁，智者见智。徐渭《题白书一枝堂帖》中就说："高书不入俗眼，入俗眼必非高书。然此言只与知者道，难与俗人言也。"

民国书法家们主要还是在文人群体中。政治家如孙中山、毛泽东；学者如蔡元培、陈独秀、罗振玉、王国维、梁启超、胡适、吴昌硕、沈尹默、于右任；书画家如黄宾虹、陈师曾、齐白石。总之，民国时期字写得好的人太多了，可谓碑帖并举，异彩纷呈。在五四新文学精英群体中，鲁迅、沈尹默、刘半农、胡适、周作人、钱玄同等几乎都可以说是书法家，然而他们都不曾以书法家名世。书法对鲁迅等人来说，只是一桩文人余事。鲁迅的行书常被称为"鲁迅体"，就是指鲁迅书法具备独特的个性风格。纵观民国书法家，以行书闻名的有张謇、王同愈、叶恭绰、柳亚子、缪荃孙等。鲁迅的行书能够独树一帜，自成风格，在民国应是屈指可数的。

鲁迅作为现代文化史上的巨人，具有超凡的人格魅力、深厚的文化修养和艺术修养。鲁迅的思想深邃，文笔犀利，对中国历史文化及小说的研究有巨大的贡献。鲁迅是20世纪的最伟大的反封建斗士，是中华民族的脊梁。总之，鲁迅的影响力贯穿中国文化的现在与未来，而其具有独特个性的书法也是留给后人的宝贵的艺术财富。

鲁迅对书法和线条有着天然的感悟。虽然"无心做书家"，但其书法自成风范。历来中国的书法家都以师法古人碑帖为发端，然而只有跳脱古人旧窠者才能成为书法大家。民国书法家能达此境界的不多。沈尹默被陈独秀称为"其俗入骨"，周作人、刘半农、李叔同、马一浮、郭沫若等书法虽各具趣味，但都难达

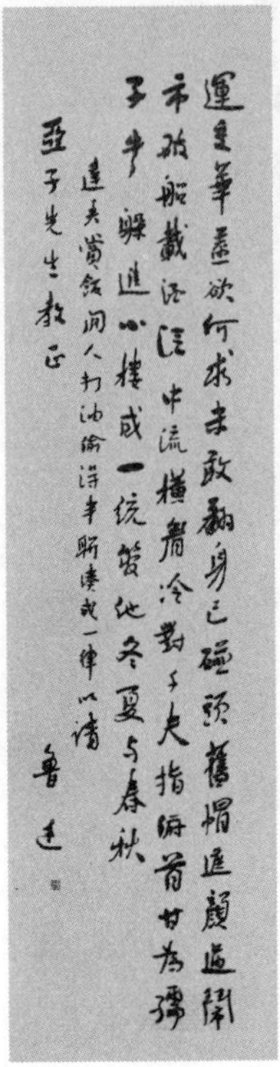

＊鲁迅书赠柳亚子《自嘲》诗墨迹

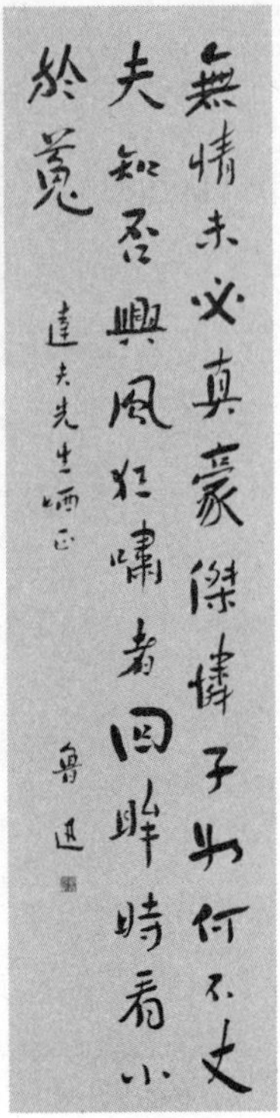

＊鲁迅书赠郁达夫《答客诮》诗墨迹

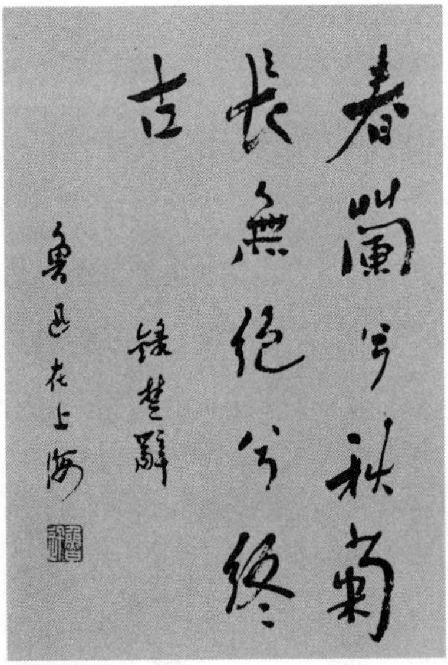

＊鲁迅录《楚辞》句

书中逸品。鲁迅行书取法自然，笔力雄沉，源于帖而出于碑，略带隶书意趣，简淡古雅，笔墨遒润，线条气韵内涵，章法萧疏自然。其书法个性，乃同代书家所不具。

书法一定要有量的积累。鲁迅的文稿、书信、日记、译著六百多万字均以毛笔完成，抄碑也有数百万字，这在任何一个书家中都可称得上佼佼者，无疑为其书法成就奠定了坚实的基础。加上其幼年所学，碑学大师如章太炎的影响，其本人的天才与勤奋，共同使鲁迅成为独具碑派个性的书法家。

鲁迅书简是欣赏鲁迅行书的门径。鲁迅时代的主要通信还是书信的往来。鲁迅书信手稿现存2000余通，从使用信笺的选择到通篇布局的讲究，没有一封是潦草敷衍之作，如此规模的数量和如此认真的书写质量在中国书法史上都是罕见的。其中既体现了鲁迅对每一位收信人的尊重，也表明其所具有的、良好的书写习惯。鲁迅信札随意天然，行书间有草隶，往往一气贯通，章法疏散而形神不乱，起笔落款极为讲究。很多民国文人或书家信札多随意率性而劣端毕见，鲁迅也随意率性却功力毕见。

诗稿是鲁迅书法的最高境界，多兼糅楷、隶、行书，形成独特的书法艺术品位。宋代黄休复《益州名画录》对书画之最高品格——逸品是这样评说的：“画之逸格最难其俦。拙规矩于方圆，鄙精研于彩绘。笔简形具，得之自然；莫可楷模，出于意表。”

鲁迅书法，堪称逸品。鲁迅书作虽“莫

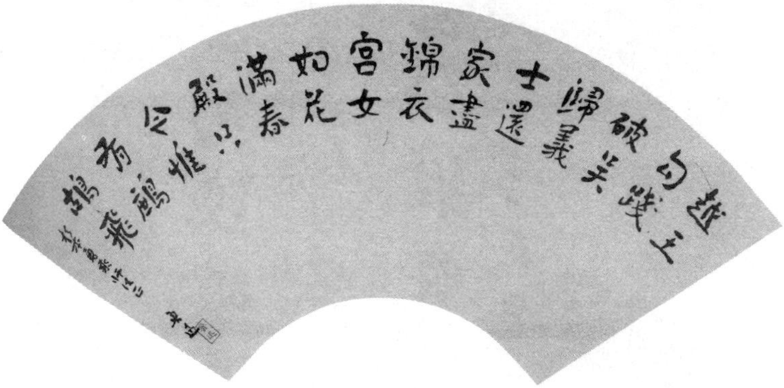

＊鲁迅书赠杉本勇乘李白《越中览古》扇面

可楷模，出于意表”，但颇得后人喜爱。许多大学校名、报头名称、书名都集录鲁迅手迹而成，可见，其影响力是巨大的，流行也是最广的。现在仍在发行的许多报纸如《参考消息》、《浙江日报》、《安徽日报》、《湖北日报》、《广西日报》、《贵阳晚报》、《兰州晚报》、《沈阳晚报》、《钱江晚报》、《新乡晚报》等报头均用鲁迅手稿集成。《鲁迅手稿全集》、《鲁迅墨宝真迹》、《鲁迅诗稿》以及若干研究鲁迅书法的书籍相继出版，这说明大众对鲁迅书法的喜爱。

鲁迅在北京年表

1912年（民国元年） 32岁

五月~八月

五月 随教育部迁至北京，任教育部社会教育司第二科科员。住宣武门外绍兴会馆中的藤花馆。现存《鲁迅日记》从五月五日起记。

六月至七月 赴教育部主办的夏期讲学会讲演《美术略论》。

八月 被教育部任命为教育部佥事、社会教育司第一科科长。

⊙本年开始辑录谢承《后汉书》等古籍。以“说目”为题，撰写《古小说钩沉》各篇短序。注意收藏乡邦文献及美术画册。

1913年 33岁

二月 被教育部加派为读音统一会会员。发表《拟播布美术意见书》。

二月~十月

五月 发表译文《艺术玩赏之教育》。

六月 回绍兴省亲，八月返京。

十月 发表译文《儿童之好奇心》、《社会教育与趣味》。

⊙本年开始辑校《云谷杂记》、《石屏集》、《嵇康集》等。对佛学开始有兴趣。

1914年　34岁

二月~十一月

二月 发表译文《海涅的诗》。

四月 出席全国儿童艺术展览会开幕式。

五月 参加教育部召开的儿童艺术展览会展品审查会。

七月 出资金陵刻经处，拟刻印《百喻经》。翻译《儿童观念界之研究》。

十一月 辑成《会稽郡故书杂集》并作序。

⊙本年开始大量购买并研究佛学经典。注意收集古钱。抄录《谢氏后汉书补逸》，作《〈范子计然〉序》、《〈魏子〉序》、《〈任子〉序》、《〈广林〉序》。

1915年　35岁

三月~九月

三月 摹写《秦汉瓦当文字》。

七月 抄录《百专考》。

八月 被教育部指定为通俗教育研究会会员。

九月 被教育部指派为通俗教育研究会小说股主任。至次年，共主持召开十余次小说股会议。

⊙本年开始搜集并研究金石拓本，对汉画像艺术尤为注意，共购买各种拓片119种。

1916年　36岁

二月 辞去通俗教育研究会小说股主任职务。被教育

二月~十二月

部任命“全国专门以上学术校成绩展览会”干事。出席京师图书馆开馆茶话会。

三月 出席“全国专门以上学术校成绩展览会”开幕式。历时十三日，抄《法显传》，共12900余字。

五月 由绍兴会馆内的藤花馆移入补树书屋。

十二月 为母亲六十寿，回绍兴省亲。

⊙本年继续搜集并研究金石拓本，其中包括碑拓、墓志、造像及汉画像等。还买到了大量的端方所藏拓本。

1917年　37岁

一月~十一月

一月 结束省亲由绍兴返回北京。参加京师图书馆开馆式。

二月 参加教育部主办的通俗教育研究会茶话会并参观名人书画展。

四月 二弟周作人来到北京，鲁迅多方为其谋职，经北大校长蔡元培同意在北京大学任教。

七月 因张勋拥溥仪复辟，愤而离职。同月乱平，即回教育部复职。

八月 将所设计的北京大学校徽寄呈蔡元培校长，后被采纳并延用至今。钱玄同为《新青年》约稿，多次访鲁迅。

十一月 与周作人合写的《〈欧美名家短篇小说丛刊〉评语》发表。

⊙本年继续搜集并研究金石拓本，购买各种拓本1800余张。作有《会稽禹庙窆石考》、《〈□肱墓志〉考》、《〈徐法智墓志〉考》、《〈郑季宣残碑〉考》。

1918年　38岁

一月~十二月

一月 参加《新青年》改组后的编辑工作。

四月二日 作小说《狂人日记》，载五月《新青年》第四卷第五号，署名鲁迅。这是五四新文学运动的第一篇反封建的白话小说。

五月 发表新诗《梦》、《爱之神》、《桃花》，旨在打破诗坛寂寞，载《新青年》第四卷第五号，署名唐俟。

七月二十日 作《我之节烈观》，载《新青年》第五卷第二号，署名唐俟，强烈抨击封建礼教。

九月 开始陆续为《新青年》杂志“随感录”栏写短评，至一九二一年八月，共撰写随感录27篇。

十二月 发表《美术杂志第一期》。载《每周评论》第二号，署名庚言。阐述美术观点。

冬作小说《孔乙己》（载一九一九年《新青年》第六卷第四号，署名鲁迅）。

⊙本年继续搜集金石拓片并研究金石学，作有《〈吕超墓志铭〉跋》、《吕超墓出土吴郡郑蔓镜考》等。以文言翻译德国尼采《察罗堵斯德罗绪言》部分。

1919年　39岁

三月~十二月

三月 小说《狂人日记》在《晨报》转载。

四月二十五日 作小说《药》，载《新青年》第六卷第五号“纪念马克思专号”。

六月 作小说《明天》，载十月《新潮》月刊第二卷第一号，署名鲁迅。

八月 开译日本作家武者小路实笃著剧本《一个青年的梦》，至一九二〇年一月十八日译毕，一九二二年七月上海商务印书馆出版。

十一月二十一日 与周作人全家移居西直门内八道湾十一号住宅。作小说《一件小事》，发表在十二月一日的《晨报周年纪念增刊》，署名鲁迅。

十二月 回绍兴接母亲及三弟全家来京。

⊙本年在《新青年》杂志上发表《随感录五十七：现在的屠杀者》、《随感录五十八：人心很古》、《随感录五十六："来了"》及《随感录五十九：圣武》等。自一月至十一月，共发表《随感录》21篇。继续搜集碑帖、砖、瓦、汉画像拓片500余枚。

1920年　40岁

三月～十月

三月 作《〈域外小说集〉序》，载一九二一年上海群益出版社重印本《域外小说集》。

四月 被教育部指派往故宫清理德文图书。

八月二日 被北京大学聘为讲师。二十六日，被聘为北京高等师范学校讲师。本月，作小说《风波》，载《新青年》第八卷第一号，署名鲁迅。以白话译毕德国尼采《察拉图斯忒拉的序言》并作《译者附记》，载九月《新潮》第二卷第五期，署名唐俟。

九月 作小说《头发的故事》，载十月十日上海《时事新报》副刊《学灯》，署名鲁迅。

十月 翻译俄国阿尔志跋绥夫小说《工人绥惠略夫》毕，一九二二年五月上海商务印书馆出版。

⊙本年结合教学系统研究中国小说史，整理大量中国小说史料，继续搜集碑帖拓片等。

1921年　41岁

一月～十二月

一月 作小说《故乡》，载本年五月《新青年》第九卷第一号，署名鲁迅。

二月 校《嵇康集》。

十月 参加教育部部员发起的"索薪"运动。

十二月四日 所作小说《阿Q正传》开始在《晨报

副刊》连载，署名巴人。

⊙本年翻译俄罗斯、日本作家的小说10余篇，翻译介绍捷克、俄罗斯文艺情况的论文多篇。又作《“生降死不降”》等杂文数篇。搜集碑帖拓片140多枚，购买多种美术、金石、文学等方面的书籍。

1922年　42岁

一月~十二月

一月　任北京大学研究所国学门委员会第一届委员。编订《爱罗先珂童话集》，并作序。

二月九日　作杂文《估“学衡”》，揭露复古主义的“学衡派”。本月再校《嵇康集》。

五月　翻译爱罗先珂著童话剧《桃色的云》毕，一九二三年三月由上海商务印书馆出版。所编《现代小说译丛》由商务印书馆出版，为《世界丛书》之一，内收鲁迅译文九篇。

六月　作小说《白光》，载七月十日《东方杂志》第十九卷第十三号，署名鲁迅。作小说《端午节》，载九月十日《小说月报》第十三卷第九号，署名鲁迅。

七月　《爱罗先珂童话集》由商务印书馆出版，为《文学研究会丛书》之一。

八月　再校《嵇康集》。二十七日至九月三日抄完《遂初堂书目》。

九月　抄校《桂海虞衡志》、《隋遗录》。

十月　作小说《兔和猫》，载《晨报副刊》，署名鲁迅。作小说《鸭的喜剧》，载十一月二十九日上海《民国日报》副刊《妇女评论》，署名鲁迅。作小说《社戏》，载十二月十日《小说月报》第十三卷第十二号，署名鲁迅。

十一月　作小说《不周山》，载《晨报四周年纪念增刊》，署名鲁迅。

十二月　作《呐喊·自序》，收入一九二三年八月出版的

《呐喊》。

⊙本年还写了《为“俄国歌剧团”》等杂文10余篇。翻译外国童话、小说等10余篇。继续搜集碑帖拓片。

1923年 43岁

四月~十二月

四月 校阅《太平广记》。编定《中国小说史略》上卷。

五月 编定所作小说从《狂人日记》到《不周山》共15篇为一集，题名《呐喊》。这是鲁迅的第一本小说集，封面由鲁迅亲自设计。一九二三年八月由北京大学新潮社出版，列为新潮社文艺丛书之一。

六月 《现代日本小说集》由商务印书馆出版，为《世界丛书》之一。内收鲁迅译文十一篇。

八月迁居砖塔胡同六十一号。

十月 作《〈中国小说史略〉序言》，收入本年十二月出版的《中国小说史略》。

十一月 作论文《宋民间之所谓小说及其后来》，载十二月一日《晨报五周年纪念增刊》“文艺评论”栏，署名鲁迅。

十二月 《中国小说史略》上卷由北京大学新潮社出版。二十日，写定《中国小说史略》下卷。一九二四年六月由新潮社出版。二十六日，在北京女子师范大学讲演，题为“娜拉走后怎样”。

⊙本年又译爱罗先珂童话二篇。从秋季起，除原兼北大、北师大讲师外，又兼任北京女子高等师范学校及世界语专门学校讲师。继续搜集碑帖拓片。

1924年 44岁

一月十七日 在北京师范大学讲演，题为“未有天才之前”。

二月 作小说《祝福》，载三月二十五日《东方杂志》第二十一卷第六号，署名鲁迅。作小说《在酒楼上》，载五月十日《小说月报》第十五卷第五号，署名鲁迅。作小说《幸福的家庭》，载三月一日《妇女杂志》第十卷第三号，署名鲁迅。

三月 为北京大学歌谣研究会《歌谣周刊》设计封面图案二枚。作小说《肥皂》，载三月二十七—二十八日《晨报副刊》，署名鲁迅。

五月 开始在集成国际语言学校兼课。出席调解女师大风潮会议。迁居西三条胡同二十一号。

六月 再校《嵇康集》，并作《〈嵇康集〉序》、《〈嵇康集〉逸文考》、《〈嵇康集〉著录考》。《中国小说史略》下卷由北京大学新潮社出版。

七月 西北大学与陕西教育厅合办暑期学校，请各科教授、专家担任讲师，鲁迅亦应聘前往。在西安共讲八天，演讲十一讲，计十二小时，题为“中国小说的历史的变迁”。

八月 中旬，由西安回京。

十月 译成日本厨川白村著文艺论集《苦闷的象征》，十二月由未名社出版，为《未名丛书》之一。

十一月十七日 《语丝》周刊创刊，鲁迅为发起人之一。创刊号上发表了杂文《论雷峰塔的倒掉》。

⊙本年撰写《说胡须》等杂文十多篇。开始作散文诗，有《秋夜》、《影的告别》、《求乞者》、《复仇》等。翻译日本、荷兰文艺理论文章多篇。购买多种美术及外国文艺理论著作。继续搜集碑帖、六朝造像等拓片。

1925年 45岁

二月 翻译厨川白村著文艺论集《出了象牙之塔》毕，十二月由未名社出版，为《未名丛书》之一。

三月 得许广平信并于当日热情复信，这是和许广平的第一次通信。作小说《示众》，载四月三十日《语丝》周刊第二十二期，署名鲁迅。

四月 创办并主编《莽原》周刊，随《京报》附送，至本年十一月二十七日共出版32期。一九二六年《京报副刊》停刊后，由未名社改为半月刊。

五月 作小说《高老夫子》，载五月十一日《语丝》周刊第二十六期，署名鲁迅。为女师大学生代拟呈教育部文。

八月 月初，段祺瑞军阀政府的教育总长章士钊非法解散北京女子师范大学，鲁迅为支援学生的正义斗争，十多次参加校务维持会，并任委员。十四日，被章士钊非法免除教育部佥事职。二十二日，赴平政院递交控章士钊诉状。

九月 到黎明中学讲课，每周讲两小时，历时三个月。到大中公学讲课，历时两个月，共授课八次。到中国大学兼课，讲授小说学科，至次年五月底。

十月 作小说《孤独者》、《伤逝》，未另发表，收入《彷徨》。

十一月 编定一九一八至一九二四年所作杂文，题名《热风》，并作《〈热风〉题记》，本月由北新书局出版。作小说《弟兄》，载一九二六年二月十日《莽原》半月刊第三期，署名鲁迅。作小说《离婚》，载十一月二十三日《语丝》周刊第五十四期，署名鲁迅。

十二月 任《国民新报》乙刊编辑，至次年四月停刊。编定杂文集《华盖集》，并作《题记》，一九二六年六月由北新书局出版。这是鲁迅的第二本杂文集。

⊙本年夏倡议发起未名社，译介出版外国进步文学著作，成员有韦素园、李霁野、台静农等。本年撰写了杂文《忽然想到》、《青年必读书》、《灯下漫笔》、《论睁了眼看》等70多篇；又作散文诗《希望》、《雪》等10余篇；翻译外国文艺理论等文章10余篇。搜集购买多种美术及进步外国文艺理论著作。

1926年　46岁

一月～八月

一月　女子师范大学复校。与北大多人同赴国务院索要欠薪。控告章士钊胜诉。教育部佥事复职，仍到教育部任事。创刊并主编《莽原》半月刊，共出版48期。

二月　作散文《狗·猫·鼠》，其副题为《旧事重提之一》，载三月十日《莽原》半月刊第五期，署名鲁迅。开始写作回忆散文。

三月　“三一八”惨案发生。二十五日往女师大参加“三一八”被害同学刘和珍、杨德群的追悼会。为避军政府的迫害，先后移住莽原社、山本医院、德国医院、法国医院等，至五月始回家。

四月　作《记念刘和珍君》，载十二日《语丝》周刊第七十四期，署名鲁迅。

六月　编辑《小说旧闻钞》，本年七月由北新书局出版。为高长虹的散文及诗集《心的探险》作封面。

七月　与齐宗颐一同开译荷兰作家望·蔼覃著长篇童话《小约翰》。一九二八年由未名社出版。

八月　编定《小说旧闻钞》，并作《序言》，本月由北新书局出版。二十二日赴女师大毁校周年纪念会并发表演讲。二十六日离京赴厦门，应厦门大学之聘，任文科教授。

⊙本年至离开北京前，撰写杂文20篇，翻译10篇，购买美学、艺术理论方面的书籍多种。

1929年　49岁

五月～六月

五月十三日　回北平探亲，十五日抵北平。二十二日，在燕京大学国文学会讲《现今的新文学的概观》。二十九日，在北平大学第三院演讲，题佚。

六月二日　在北平大学第二师范学院演讲，又在第一师范学院演讲，题均佚。三日，离北平南返。

⊙在北平探亲期间，为编辑《北平笺谱》到琉璃厂搜集信笺数十种。

1932年　52岁

十一月

十一月九日　因母亲生病赴北平探亲，十三日抵北平。二十二日，在北京大学第二院演讲，题为“帮忙文学与帮闲文学”。同日，在辅仁大学演讲，题为“今春的两种感想”。二十四日，在北京女子文理学院讲《革命文学与遵命文学》（讲稿佚）。二十七日，在北平师范大学讲《再论“第三种人”》（讲稿佚）。二十八日，在中国大学讲《文艺与武力》（讲稿佚）。当晚离北平回上海。

新秋杂识（后记）

今秋寒露的这天，北京重度雾霾。书稿终于校完了。北京燕山出版社的张永奇先生负责本书的审读，十分感谢他的认真细致，指出了书稿中的许多错谬，使我的这一校感到很轻松。本书的目录原是很简陋的，永奇先生重新为之赋予了漂亮的标题，用的全是鲁迅的言辞，增加了文学性，使得本书能开卷生辉，也足见他于新文学的功底。

我的书斋就在鲁迅故居的后面，可以望见那小四合院的枣树，金黄色的树叶还没有落完，上面还挂着零零星星的红枣，鲁迅的《秋夜》就是在那里写成的。鲁迅说那时的“天空非常之蓝”，那枣树“默默地铁似的直刺着奇怪而高的天空”，“直刺着天空中圆满的月亮，使月亮窘得发白”。今秋的雾霾比晴天要多，月亮也不多见了。

鲁迅似乎很与秋天有关联。他生在秋天，逝在秋天，1926

年离开北京也在秋天。鲁迅是饱含情感的作家，他的文章中有许多许多关于“秋肃”的文字，小说如《孔乙己》、《药》、《阿Q正传》等常有秋天悲凉的背景；散文如《秋夜》、《腊叶》等常有秋肃浓郁的色彩；杂文如《新秋杂识》、《文床秋梦》等常有辛辣幽默的讽刺；诗歌如“曾经秋肃临天下”、“扶桑正是秋光好”、“春兰秋菊不同时”等诗句，描述了秋天的季节与心情。

本书的写作大约经历了一年，写作中仿佛随鲁迅走过了北京的大街小巷、春夏秋冬。鲁迅说：

“创作总根源于爱。

“创作虽说抒写自己的心，但总愿有人看。

“创作是有社会性的。但有时要有一个人看便满足：好友，爱人。”

但愿这本小书在这个时代有人看。

萧振鸣

2013年10月8日于而已斋